《合同法》释解与应用

刘瑞全　编著

中国铁道出版社

2010年·北　京

内 容 简 介

本书共九章，以解决实践中的合同问题为目的，注重对《合同法》条文理解的阐述。内容与《合同法》总则为主线，涉及分则中的买卖合同、租赁合同、建设工程合同和运输合同。书中以编者多年调研、收集、整理而成的案例辅佐，阐释《合同法》在适用中的重点、疑点、难点问题，旨在使读者通过案例分析，理清其中的法律关系，找到解决合同问题、防范合同风险的切入点。

本书适合企业领导干部在工作中自学，也可作为成人教育、干部培训用书，或学习《合同法》的辅助参考。更适合铁路行业从事运输、多种经营工作的领导干部作为工作用参考书。

图书在版编目(CIP)数据

《合同法》释解与应用/刘瑞全编著．—北京：中国铁道出版社，2010.5

ISBN 978-7-113-11303-2

Ⅰ.①合…　Ⅱ.①刘…　Ⅲ.①合同法－法律解释－中国②合同法－法律适用－中国　Ⅳ.①D923.65

中国版本图书馆 CIP 数据核字(2010)第 079654 号

书　　名：《合同法》释解与应用
作　　者：刘瑞全　编著

责任编辑：程东海　　　**电话**：010-51873135
教材网址：http：//www.tdjiaocai.com
封面设计：冯龙彬
责任校对：张玉华
责任印制：陆　宁

出版发行：中国铁道出版社（100054，北京市宣武区右安门西街 8 号）
网　　址：http：//www.tdpress.com
印　　刷：北京鑫正大印刷有限公司
版　　次：2010 年 5 月第 1 版　　2010 年 5 月第 1 次印刷
开　　本：850 mm×1168 mm　1/32　印张：8.625　字数：216 千
书　　号：ISBN 978-7-113-11303-2
定　　价：26.00 元

前　言

《中华人民共和国合同法》（以下简称《合同法》）颁布至今已10年有余，十年间，我国经济发展举世瞩目，作为市场交易制度基石的《合同法》功不可没。对合同法的基本知识，人们大多已经知晓。但实践中如何正确地理解、把握、运用好《合同法》，防范交易风险，解决合同纠纷，仍需要不断地探索、研究。

为了便于读者对照《合同法》自学，本书在阐述合同观念、规则、原理的基础上，在架构安排上，注重保持合同法总则的逻辑结构。考虑到铁路行业经营及干部培训的特点，在内容上，有选择地纳入合同法分则中的部分内容。其中涉及最高人民法院《关于适用〈中华人民共和国合同法〉若干问题的解释（一）》（法释［1999］19号）、《关于适用〈中华人民共和国合同法〉若干问题的解释（二）》（法释［2009］5号）、《关于审理人身损害赔偿案件适用法律若干问题的解释》

（法释［2003］20号），还将新近出台的《关于审理铁路运输人身损害赔偿纠纷案件适用法律若干问题的解释》（法释［2010］5号）及2010年7月1日实施的《侵权责任法》等相关内容纳入，并注意到《合同法》与上述法律及司法解释在适用中的衔接，以便更好地发挥相关立法及司法解释对合同实践及纠纷解决的指导作用，有助于读者在经营中娴熟运用法律知识及规则防范合同风险，在处理企业合同纠纷时，把握好《合同法》与相关法律的关系，选择适当的方法与策略。除了理论阐述、观点介绍外，书中使用了大量通过调研收集的案例，并立足于本书内容和成人教育的特点进行了整理，使其更简洁明了、重点突出、通俗易懂。以一定篇幅的案例分析辅佐，阐释合同法在适用中的一些重点、疑点、难点问题，是本书的一大特色。目的在于启发读者分析解决合同实际问题的思路，提高读者综合运用法律的能力。

从各国法治发展的趋势看，判例对指导实践、引领法条使用者深入理解法的精义、正确运用法律，发挥着越来越重要的作用。对合同实践的总结，是进一步丰富合同法理论的基础。无论是进行合同法的应用研究，还是顺应“理论联系实际”的干部培训要求，案例都是最直观地反应法的运用问题的一个重要方面，也是案例教学的重要载体。从另一角度看，没有实例做基础，不可能真正理解合同法精神，也很难形成观点和学说。运用案例进行深入浅出的法理分析，以说明复杂的法律关系，由此引出不同的观点、学说，最终找出处理合同问题、解决合同纠纷的方法，给读者以思路上的启迪，不仅是本书追求的目标，也是干部培训中行之有效的正确理解《合同法》的方法与手段。

对于从事企业干部教育培训的同行，书中选择的案例大多源于企业经营实践，其中不乏编者的研究心得，如能以此方式与同行交流，得到同行的指正，为同行的合同法案例或举例教学提供些许素材，也是编者的一大荣幸。由于本人对《合同法》理解不深，其中难免缺点错误，殷切地希望读者能提出批评指正。

中国铁路的快速发展，需要大批知法懂法、能正确运用法律解决实际问题的管理者。作为一名多年工作在铁路干部培训岗位的法学教师，在亲身感受铁路和谐快速发展步伐并深受鼓舞的同时，很想将自己从事合同法教学，深入实际调查研究、收集整理案例的收获写出来与大家分享。感谢中国铁道出版社，给了我这一机会，使得我为铁路干部培训尽一份微薄之力的愿望得以实现。也借此对在多次调研中为我提供帮助的铁路法院、铁路局的相关同志表达谢意。

编著者　刘瑞全

于2010年3月

目　录

第一章　概　述

第一节　合同的概念

合同的类别很多，人们工作和生活中所涉及的有劳动合同、行政合同、民事合同等。每类合同的含义及适用的法律各有不同，仅以民法上的合同为例，其中的物权合同、债权合同、身份合同，涉及的相关法律有《中华人民共和国物权法》（以下简称为《物权法》）、《中华人民共和国合同法》（以下简称为《合同法》）、《中华人民共和国收养法》（以下简称为《收养法》）等。那么，如何界定合同法意义上的合同呢？《合同法》第 2 条第一款对合同的概念做了明确界定："本法所称合同是平等主体的自然人、法人、其他组织之间设立、变更、终止民事权利义务关系的协议。"

从第 2 条可以归纳合同的法律性质：首先，合同是一种以双方以上当事人意思表示为要素的法律行为；第二，合同是双方以上当事人意思表示一致的法律行为；第三，合同是以当事人之间设立、变更、终止民事权利义务关系为目的的法律行为；第四，合同是当事人各方法律地位平等、意思表示自愿、真实的法律行为。同时，第 2 条也明确了合同主体不仅限于自然人、法人，其他组织也具有合同主体资格。

第二节　合同法的适用范围

合同法是我国社会主义市场经济下交易制度的基石，合同法主要调整平等主体之间基于平等、自愿原则而发生的交易关系。不属于平等主体之间订立的明确权利义务关系的协议，被排除在合同法适用范围之外。如：体现政府行使行政管理权的行政合同、行政管理协议。法人、其他组织内部的管理协议由公司、企业法律调整,也不适用合同法。劳动合同专门由劳动合同法、劳动法调整。依据《合同法》第2条第2款规定:“婚姻、收养、监护等有关身份关系的协议适用其他法律的规定。”可见,合同法只限于对财产性合同的调整而不包括身份性合同。因此,抚养、收养协议,监护协议,婚姻合同等涉及身份内容的民事合同不受合同法调整。

第三节 合同法的基本原则

合同法是民法的组成部分,民法的基本原则当然也是合同法的基本原则。民法通则规定的平等、自愿、公平、诚实信用、民事权益受法律保护、合法、公序良俗原则,同时也是合同法的基本原则,在此不赘述。这里重点介绍合同法的专有基本原则,即合同自由原则、合同正义原则和鼓励交易原则。

一、合同自由原则

合同自由是指当事人在法律允许的范围内,就与合同有关的事项,享有选择和决定的自由[①],即当事人是否签合同,与谁签合同,签什么内容的合同,选择何种合同形式,是否需要变更或者解除合同,皆由当事人自由决定,他人不得随意干涉。合同自由原则体现在合同立法中,主要表现在条文更加体现对当事人意思表示的尊重,当事人的约定优于合同法的规定等。如《合同法》第130条规定:“标的物的所有权自标的物交付时起转移,但法律另有规定或当事人另有约定的除外”。

当然,合同自由不是绝对的自由。目前社会主义市场经济体制下,客观上还存在强制缔约等现象,一些领域格式条款的使用也构成对合同自由的冲击。为了维护社会公共利益,强调公平,追求合同正义,我国颁布了一系列法律对合同自由进行必要的限制,

---

① 参见崔建远:《合同法总论》,28页,北京:中国人民大学出版社,2008。

如:《中华人民共和国产品质量法》(以下简称《产品质量法》)、《中华人民共和国消费者权益保护法》(以下简称《消费者权益保护法》)、《中华人民共和国反不正当竞争法》(以下简称《反不正当竞争法》)等,是十分必要的。

二、合同正义原则

公平正义是民法的精神,是来自道德的观念,提倡公平、谴责偏私是社会公德的要求,现今需要借助法律使之实现。该原则是法律所追求的正义价值的体现。对合同法而言,平等的正义观典型地体现为公平原则,在合同内容的设定上,强调不论当事人身份地位如何,其在合同中的权利与义务应当对等,当事人双方既公平地享受合同权利,又合理地分配合同风险和负担。实践中,由于对公平的判断缺乏明确的标准,故操作时当事人主观上认为双方权利义务的内容是公平的即被认定为公平合理。对公平的违反被合同法规定为显失公平。

三、鼓励交易原则

合同法是调整交易关系的基本法律,其中的规则即是规范交易程序、维护交易制度的基本规则。交易活动是市场活动的基本内容,交易活跃对于社会主义市场经济的发展起到积极作用,反之,会抑制市场发展的步伐。

鼓励交易自然是合同法义不容辞的任务,同时,鼓励交易有利于实现当事人的合同目的。为此,合同法在规定无效合同范围上给予了严格限制,仅将违反法律强制性规定,违反社会公共利益和社会公德方面的合同当然纳入无效合同范畴;而一些有效力瑕疵的合同,如:基于欺诈、胁迫而成的合同,纳入可撤销合同范畴。即便对于可撤销合同,也是先倡导变更而不是撤销。只要通过变更合同即可达到双方当事人的利益平衡,就不提倡撤销合同。这样做既从维护交易安全的角度出发尊重受害人的选择,又达到了鼓励交易的目的。又如：主体不合格而订立的合同，被纳入效力待定合同的范畴，给了当事人一个补救主体瑕疵的机会，大大提高了缔约成功率，凸显了鼓励交易的精神。

合同法对违约解除合同条件的限制是鼓励交易原则的又一体现，在违约方有继续履约能力，守约方愿意接受履行的场合，合同法限制解除合同，鼓励交易。

目前司法实践中，鼓励交易的原则被充分体现。除非合同属于法定无效范畴，一般法院很少作出合同无效判决。

第四节　合同关系的相对性

合同的相对性，指合同是特定当事人之间的关系，除特定缔约当事人之外，任何第三人不得享有他人特别约定的权利、负担他人特别约定的义务。即使因第三人的行为致使一方当事人不能履行约定的义务，另一方当事人也只能要求该方当事人承担违约责任，而不能要求第三方承担违约责任[①]。“合同是当事人之间制定的法律”，这句话形象地表达了合同关系的相对性。

合同作为一种民事法律关系，其重要特点在于合同关系的相对性。合同的相对性主要体现在主体、内容和责任三个方面。

合同主体的相对性体现为：合同关系是发生在特定的当事人之间的法律关系，因此只有合同关系的当事人可以基于合同规定向对方提出请求或诉讼；合同内容的相对性体现为：合同中双方当事人约定的权利义务的内容也只有合同当事人能够享受与履行，其中一方当事人享受的权利正是另一方当事人履行的义务，反之亦然；合同责任的相对性体现为：一旦由于一方当事人行为不当，违反了合同约定，应向对方（非违约方）承担违约责任。由于第三人的原因造成合同不能依约履行的，由债务人（违约方）向债权人

① 参见朱广新：《合同法总则》，14 页，北京：中国人民大学出版社，2008。

(非违约方)承担违约责任后,可以依据《合同法》第121条[①]向第三人追偿。债务人为第三人的行为向债权人负责,既是合同相对性的体现,同时也是为了保护债权人的利益所必需。基于合同出现的法律后果,不论是积极的还是消极的,都应该在合同当事人双方之间承担,同与合同当事人没有发生合同上权利义务关系的第三人无关。非依法律或合同规定,第三人不能主张合同上的权利,也不履行合同上的义务。

实践中,即便由于生产者或销售者制造或销售的产品,造成了第三人的损害,也不能随意扩大合同责任的适用范围。例如:某车辆厂制造并销售给铁路局的客车有缺陷,致使旅客在运输途中受到伤害,旅客就不能要求车辆厂承担合同责任,否则将会与合同相对性规则发生尖锐的冲突,因为旅客不是客车买卖合同一方当事人。但旅客可以基于与铁路局的旅客运输合同关系,要求承运方(即铁路局)承担违约责任。如果旅客要追究产品制造和销售者(即车辆厂)的责任,在此情况下,只能依《产品质量法》按侵权责任处理。我国《产品质量法》第41条规定:"因产品存在缺陷造成人身、缺陷产品以外的其他财产(以下简称他人财产)损害的,生产者应当承担赔偿责任。"由此看来,我国现行法律实际上是把产品缺陷致他人损害的责任作为侵权责任来对待的,《产品质量法》第41条所说的赔偿,实际上是指侵权损害赔偿。《民法通则》也将产品责任规定在侵权责任中。因此,实践中不必扩大合同责任对第三人的保护范围,也能使因产品缺陷造成第三人损害的受害人的利益得以有效地保护。

总之,合同相对性是规范交易活动的极为重要的行为规则,处理合同问题时,应首先考虑合同相对性规则的适用。如果没有法律的明文规定,则不能突破合同的相对性[②]。只有这样,才能正确

① 《合同法》第121条:"当事人一方因第三方的原因造成违约的,应当向对方承担违约责任。当事人一方和第三人之间的纠纷,依照法律规定或者按照约定解决。"

② 《合同法》第73条关于代位权的规定,突破了合同的相对性。

运用合同法律，公平和公正地处理各种合同问题。

【实例 1】甲与乙签订了一份二手房买卖合同，甲把自己的一处房屋卖给乙，合同约定甲应在房屋产权过户到乙名下前将自己在该房中的户口迁走，否则构成违约，但没有约定违约金。在房屋过户到乙名下时，甲并未将户口迁出。一个多月后，乙又将该房屋转卖给丙，双方在合同中约定：丙向乙支付 2 万元定金，乙在合同订立后六日内将该房屋中的户口迁出，如不能按期迁出，合同自动解除，乙还需向丙双倍返还定金。乙和丙在办理房屋过户手续时，发现甲的户口还在该房内没有迁走。于是，乙按照与丙的合同约定向丙双倍返还了 4 万元的定金。之后，乙向法院起诉，认为因甲未按约定将户口迁出导致自己违约，要求甲赔偿自己因双倍返还定金造成的损失 2 万元。

【问题】对乙的损失甲是否应当赔偿？

【分析】对本案应当如何处理，有两种不同观点。

第一种观点认为，按照我国《合同法》第 6 条规定，当事人在行使权利、履行义务时，应当遵循诚实信用原则。《合同法》第 107 条规定，当事人一方不履行合同义务或履行义务不符合约定的，应当承担继续履行、采取补救措施或者赔偿损失等违约责任。乙与甲的合同中约定，甲在房屋过户到乙名下前应当履行迁出户口的义务，在此情形下，乙以一般人的正常推理和社会正常的诚信度，有理由相信甲此后已将户口迁出。由于甲的违约，造成乙的损失，甲应当赔偿。

第二种观点认为，按照合同相对性理论，合同仅在缔约人之间发生效力，对合同以外的第三人不发生效力，合同的双方当事人不得为合同以外的第三人设定义务。乙和丙签订的合同中关于不迁户口便双倍返还定金的约定，对甲没有拘束力，乙在此合同中负责迁户口的义务不能当然地转给甲。依据合同的相对性原则，甲应当承担的责任，只是其与乙所签订的合同中应当承担的未按约迁户口的违约责任，而甲乙签订的合同中对甲不迁出户口的违约行为没有约定违约金,因此,乙无法向甲主张违约金,但乙可以主张甲赔偿其违约行为给自己造成的损失。乙所主张的损失,不是其与丙合同中约定的2万元。《合同法》第113条规定,当事人一方不履行合同义务或者履行合同义务不符合约定,给对方造成损失的,损失赔偿额应当相当于因违约所造成的损失,包括合同履行后可以获得的利益,但不得超过违反合同一方订立合同时预见到或者应当预见到的因违反合同可能造成的损失。本案中,在甲与乙的合同中,甲违反合同对乙造成损失的赔偿额,应当限于甲订立合同时应当预见因违反合同可能给乙造成的损失。乙在与丙签订合同时,特别对户口的迁出约定了违约责任,就应当对此有特别的注意义务,乙却一直没有询问甲户口是否已迁出,对于自己的履约能力未尽到必要的注意义务,自身也有过错,因此,乙在主观上对自己损失的产生也有一定的责任。因甲之前一直对乙做出愿意迁出的意思表示,之后未告知乙自己已改变初衷不愿迁出户口,因此,甲应当承担相应的责任。故甲、乙在2万元的损失中应根据各自的过错,适当地承担相应的部分。

本书赞同第二种观点。

【实例2】某工程公司将承包工程的附属部分分包给A建筑有限责任公司,A公司在建设中向B建筑材料公司购买螺纹钢,并欠B公司材料款80万元。B公司多次向A公司索要未果,便将A公司和某工程公司一并诉至法院,索要80万元材料款。法院以"建设单位对合同段工程质量负有责任;在该合同段工程款结算中属受益单位"为由,判决建设单位某工程公司承担80万材料款的连带责任。

【问题】工程总承包人对分包人的外欠材料款是否应当承担连带责任?

【分析】一种观点认为,材料供应商B建筑材料公司提供的材料用于某工程公司承建的工程项目中,分包是为完成建筑项目而为的建筑单位内部行为,对外不能形成抗辩事由,某工程公司应该与分包的 A 建筑有限责任公司对材料供应商的材料款承担连带责任。

另一种观点认为，就工程质量而言，基于《合同法》第 272 条的规定，总承包人与分包人应该向发包人承担连带责任。但这并不意味着分包人以自己的名义对外签订的合同也要由总承包人与其承担连带责任，且工程质量责任与分包人外欠材料款的合同责任没有逻辑联系。根据合同相对性原理，支付材料款是买卖合同中买方应当履行的义务，同时也是卖方享受的权利，因此本例中只有卖方可以基于合同规定向对方提出支付货款的请求或诉讼。卖方 B 建筑材料公司与总承包人没有合同关系，因此，判建设单位某工程公司承担 80 万材料款的连带责任值得商榷。

本书赞同第二种观点。

第二章　合同的订立

合同的订立是一种法律行为。与非法律行为不同，它是为法律所规定并产生法律后果的行为。合同的订立是设立合同法律关系的第一步，只有订立了合同，而后才能履行，才能产生预期的经济目的和法律后果。因此，防范合同风险应从订立合同做起。实践中对以下问题的把握应该重视，以防范合同风险。

第一节　合同的主体

基于合同相对性的特点，合同是在两方或两方以上当事人之间成立的一种权利义务关系。《合同法》第 2 条规定："本法所称合同是平等主体的自然人、法人、其他组织之间设立、变更、终止民事权利义务关系的协议。"由此可见，就合同当事人而言，自然人、法人、其他组织皆可，其主体资格不受法律上限制，但是要求当事人具备相应的缔约能力。《合同法》第 9 条规定："当事人订立合同，应当具有相应的民事权利能力和民事行为能力。"这也是基于主体的具体情况，在订立合同时，法律为保护其自身利益而设定的保护措施。

依合同法的规定，合同主体分为自然人、法人和其他组织三类。

一、自然人

自然人是基于出生而依法成为民事法律关系主体的人。自然人的范围比公民的范围宽。在我国，公民是指具有我国国籍的一切成员，包括成年人、未成年人和儿童。而自然人除了包括公民外，还包括外国人和无国籍人。自然人作为合同主体时，法律为不具有完全民事行为能力的自然人[①]设定了某些保护措施。对于限制民事行为能力人,可以订立与其年龄和智力相应的合同,否则,所订合同事后经其法定代理人追认方为有效。无民事行为能力人需要得到其法定代理人同意或者纯为其获得利益的合同为有效。例如:一名八岁孩童,将家中一幅名画变卖。此买卖合同不属于纯为孩童获利的合同,就需要其法定代理人同意。

二、法　人

法人是具有民事权利能力和民事行为能力,依法独立享有民事权利和承担民事义务的组织。我国《民法通则》依据法人是否具有营利性,将法人分为企业法人和非企业法人两类,其中非企业法人包括机关法人、事业单位法人、社会团体法人。法人应具备如下条件:依法成立;有必要的财产和经费;有自己的名称、组织机构和场所;能够独立地承担民事责任。依现行法律规定,企业法人除上述条件外,还需要具有组织章程。需要指出的是,《公司法》修改后废弃了越权原则,充分尊重公司的意思自治,公司的经营范围除依法需要经过批准的项目外,都可以由公司章程规定。

实践中,混淆法人与法定代表人概念的事时有出现,在此加以澄清。法定代表人是法人的主要负责人。其在行使职权时,应当做到:按照工商行政管理部门核准的法人章程和规章行使职权;严格在核准的业务经营范围内进行民事活动;遵纪守法。例如:铁路局是企业法人,局长为法定代表人。如果法人是公司法意义的公司,法定代表人的确定需依《公司法》第13条的规定:"公司法定代表人依照公司章程的规定,由董事长、执行董事或者经理担任,并

① 我国《民法通则》规定:十八周岁以上的公民是成年人,是完全民事行为能力人。十六周岁以上不满十八周岁的公民,以自己的劳动收入为主要生活来源的,视为完全民事行为能力人。十周岁以上的未成年人是限制民事行为能力人。不满十周岁的未成年人是无民事行为能力人。

依法登记。公司法定代表人变更，应当办理变更登记。”需要注意的是：法定代表人的变更属于企业重大事项的变更，例如：铁路局更换局长，必须到原登记机关进行变更登记，否则无法律效力。

三、其他组织

《合同法》第 2 条提到的其他组织是指依法或者依据有关政策设立，有一定的组织机构和财产，但又不具备法人资格的组织。现实中往往将这些组织统称为非法人组织。如：个人独资企业、合伙企业、个体工商户、农村承包经营户等。赋予这些组织以合同主体资格，有利于保护其合法权益，规范其合同行为，维护正常的经济秩序，促进社会主义市场经济的发展。

四、合同主体的审查

订立合同首先要做的工作就是对合同主体资格进行审查。

签订一份合同，交易对方是否处于有效状态，会对合同的未来产生影响。如果对方是自然人，应当按照《民法通则》关于民事责任能力的规定，通过对方的年龄、身份、有无被授权等等因素确定对方的签约资格。如果交易对象是法人，就要审查法人的能力。如：看其有无执照，执照是否年检等。这一切不仅影响签约，也会对未来合同的履行产生影响。如果主体所从事的行业和交易特殊，涉及行政许可的话，许可证的审查必不可少。涉及行业资质管理规定的，应对合同主体的资质进行审查，符合规定才可签约。如果合同涉及标的数额大，情况复杂，必要时还要请专门机构进行尽职调查。如：某公司计划买一栋办公楼，在其交付定金之前，通过律师调查发现，该楼有两层被卖方抵押，一层牵扯到一宗案件，被法院查封。由于某公司及时发现上述情况，避免了定金损失。

目前市场经济下，政府参与经济活动的情况时有出现，如：政府采购等。当政府作为民事合同的一方当事人时，与其他民事主体的法律地位是平等的。

【实例 1】某单位经过招投标与 A 公司签约建一幢办公楼，建好后保修期内发现楼下水箱漏水，通知 A 公司来修，A 公司不来。于是某单位找到老合作单位 B 公司签订了修理水箱的合同。待水箱修完使用后，某单位将 A 公司告到法院，要求 A 公司赔偿其修理费用。某单位依据 B 公司出具的发票，作为损失数额的证据，一审胜诉。

A 公司不服，提起上诉。

二审法院审理时发现，B 公司在与某单位签订和履行修理水箱合同期间没有依法年检，而一审时某单位举证由于 A 公司在保修期内不履行义务给其造成损失，由此向 A 公司索赔的证据恰恰是 B 公司在此期间出具的发票，别无他证。鉴于此发票系 A 公司执照未年检期间所开，应属无效发票，不能作为本案证据使用。所以，二审法院将本案发回重审。重审中某单位无法提供发票之外的其他证据证明自己的损失。

原审法院考虑到本案中某单位的损失确实存在，但同时认为损失数额的确定只能通过鉴定。结果，鉴定出的数额与实际发生额相差 40%。法院只能据此下判。某单位也只好承受损失 40% 修理费的后果。

【分析】某单位的教训在于：签订合同时，鉴于对方是长期合作单位，疏忽了对其主体资格和相关手续是否处于有效状态的审查，即有无法人执照、营业执照等手续，或执照是否经过年检等。由于 B 公司的执照未经过年检，理论上该公司此时处于法律不承认的无效状态，在此期间开出的发票当然是无效的。某单位一审时用一张无效票据作为自己损失的唯一证据，结果只能承担对己不利的后果。

【实例 2】某局工务段出于工作需要向 A 企业订购了一批石砟，履约中发现石砟不符合铁路施工要求，于是买方拒收，拒付货款。双方发生纠纷。

经查，卖方企业既无《碎石道砟合格证》，又不在铁道部运输局公布的“铁路用道砟合格生产单位目录”(见“运基线路[2004]410号文”)中。

【分析】选择合同主体时应当注意的是,如果法律法规及相关规定对合同主体有特殊要求时,应依照要求选择,否则应当承担相应责任。上例中,某局工务段没有在铁道部运输局公布的“铁路用道砟合格生产单位目录”中选择供货单位,A企业明知自己不具备供应道砟资格,却与某局工务段签订供应道砟合同,双方皆有过错,各自承担相应的责任。

五、实践中需要关注的问题

社会组织要成为民事主体,必须由法律赋予其资格,目前这一过程多体现为注册登记。对赋予民事主体资格的组织应有其自身独立性;赋予其主体资格必须对第三人有益无害,对其内部成员利多弊少。

法律保障民事主体依法享有免受他人侵扰、作出自主决定或向他人提出积极主张的权利。一旦权利受到侵犯,民事主体有权依法请求保护。当然,民事主体在注重享有权利的同时也应注重履行自己的义务。如作为合同当事人在合同中的主合同义务、从合同义务、附随义务、间接义务等。

在目前的法制环境和竞争环境下,企业必须强化其市场主体意识,不仅应当遵守主体设立的法定程序,而且在工作中要坚决杜绝主体间法律关系和财产关系不清,诸如关联企业之间财产的无偿划拨、不公平的有偿占用等现象。同时还应明确以下问题:

1. 分公司的主体资格

分公司是指由公司设置,直接从事生产经营的分支机构。分公司不具有法人资格,其民事责任由公司承担。对于分公司是否具有签订合同的主体资格问题,说法不一。《公司法》第14条规定:“公司可以设立分公司。设立分公司,应当向公司登记机关申请登记,领取营业执照。分公司不具有法人资格,其民事责任由公司承担。”由上述规定可以看出:法律在强调分公司与公司的从属地位的同时,也突出了分公司的相对独立性,并以发放营业执照的方式确认了分公司的营业资格。营业行为的主要表现方式之一是交易行为,既然法律确认了分公司的营业资格,那么分公司当然获得了进行交易的主体资格,为此以自己的名义签订与经营有关的合同也无可厚非。一旦分公司所签合同出现纠纷,《民事诉讼法》第 49 条规定:“公民、法人和其他组织可以作为民事诉讼的当事人。法人由其法定代表人进行诉讼。其他组织由其主要负责人进行诉讼。”《最高人民法院关于适用〈中华人民共和国民事诉讼法〉若干问题的意见》(法发[92]22 号)(以下简称“法发[92]22 号”)第 40 条第 5 款规定,《民事诉讼法》第 49 条中的“其他组织”是指合法成立、有一定的组织机构和财产,但又不具备法人资格的组织,包括法人依法设立并领取营业执照的分支机构。可见,由公司设置的经过登记注册的分公司可以成为民事诉讼的当事人。如果分公司的财产不足以承担合同责任的话,根据“法发[92]22 号”第 272 条规定,“申请执行人可以要求法院执行法人财产。”显然,公司此时承担的是分公司的补充责任。当然,现实中还有一部分分公司没有经过登记注册,那么它就仅是公司的一个普通分支机构,不具备合同主体和诉讼参加人的资格。

依我国《公司法》规定,外国公司在中国境内设立的分支机构不具有中国法人资格。外国公司对其分支机构在中国境内进行经营活动承担民事责任(《公司法》第 196 条)。在中国注册登记是外国公司分支机构的成立要件,公司登记机关为其签发营业执照之日即是外国公司分支机构成立之日。经过登记注册的外国公司分支机构可以在中国境内营业。问题是外国公司的分支机构能否归类到“非法人组织”而成为合同及民事诉讼主体?根据《最高人民法院关于适用〈中华人民共和国民事诉讼法〉若干问题的意见》第 40 条第 5 项规定的精神,法人依法设立并领取营业执照的分支机构可以作为诉讼参加人,而此处的分支机构并未将外国公司在中国境内设立的分支机构排除在外。因此,外国公司分支机构可以作为诉讼参加人,即指民事诉讼中可以将外国公司在中国境内设立的分支机构作为原告、被告,当然也可以直接将设立分支机构的外国公司作为原告、被告。在经营活动中,外国公司分支机构也可以作为合同主体。如果外国公司分支机构发生了债务,首先由该分支机构清偿。如果该分支机构的财产不足以清偿其所欠债务,债权人可以直接向设立该分支机构的外国公司请求清偿。

综上,在我国现行法律规制下,将经过登记,领取了营业执照的公司分支机构作为合同主体和诉讼参加人并无不妥。

2. 对铁路局站、段的法律定位

铁路局是企业法人,站、段和其他企业法人设立的内部机构一样,是由铁路局根据其生产布局和经营需要设置的从事生产经营的内部组织。站、段不具有法人资格,其民事责任由铁路局承担。与上述分公司不同,铁路局站、段的设立没有经过工商登记注册,自然也就没有营业执照。因此,站、段既不能以自己的名义独立地对外为民事行为,也不具备诉讼主体资格,不能做诉讼参加人。但是,出于生产经营的需要,铁路局内的站、段在工作中又需要经常进行合同操作,如购买一些设备、车辆配件等。由于不具备合同主体资格,不能对外签订合同,工作中常感不便。于是,一些铁路局就采取局长(企业的法定代表人)定期给站、段长授权的办法来弥补上述不便。这样做本身无可厚非,需要指出的是:站、段长接受委托后,应当在局长委托的范围内(往往以其工作范围为限)以铁路局的名义签订合同。一旦合同履行中出现纠纷,由铁路局做原告或者被告,对外承担合同责任,站、段无诉讼主体资格。实践中出现的站、段在授权范围外签订合同,越权发布文件、处置财产等行为应当杜绝。

例如:某段将其段内一块空地(系铁路用地)租与一地方企业,签订了土地租赁合同,合同期限为10年。合同签订后该地方企业便在所租地面上盖了旅馆、库房,进行经营。两年后,铁路局统一规划用地，将这块地划作它用，某段提出与地方企业终止合同，地方企业认为自己在这块地上的投入还未收回，且目前经营效益不错，不同意终止合同，双方协商未果，酿成纠纷。在诉讼过程中，铁路局提出，合同涉及的用地为铁路划拨用地，对其如何经营使用，决定权在铁路局。某段只是局下属的一个生产部门，不具备对外签订土地租赁合同的主体资格，该土地租赁合同系某段越权所为，因此，其所签合同无效。地方企业不同意铁路局的观点，认为与某段所签土地租赁合同实际履行已两年有余，期间铁路局及某段未就合同主体及内容提出任何异议，由此推定对合同的效力铁路局是认可的，现单方提出终止合同于法不符。且承租方在该地上盖了房，经营效益也不错，一旦合同终止会给承租方企业带来巨大损失，因此提出应该继续履行合同至合同期满。地方企业又提出，退一步说，即便认定合同无效，过错方也是铁路局某段，与我方无关，铁路局应该赔偿由此给我方造成的损失。

分析上述案例，地方企业的观点不无道理。站、段不具有法人资格，也不属于登记注册的法人的分支机构，一旦对外行为，形成一定法律后果，其民事责任要由铁路局承担。

与站、段不同的是由铁路局出资设立的多元经营企业（以下简称多经企业）。虽然多经企业的表现形式不一，有企业法人，也有一般的经过登记注册，有生产经营资格的非法人企业，但他们符合合同法意义上的合同主体条件，具备合同主体资格，可以以自己的名义对外签订合同，也可以以自己的名义作为民事诉讼参加人参加诉讼，能够对外独立地承担民事责任。如果铁路多经企业与铁路局有交易行为的话，那么多经企业与铁路局是平等民事主体的关系，同是合同当事人。

3. 合同履行中合同主体变化情况的处理

实践中，常常碰到以下情况：合同履行中，遇到当事人企业改制，当事人一方分立或者合并，此时会不会影响合同的履行？这一问题涉及《合同法》第 90 条的适用。

【实例3】原告：某工程材料有限责任公司（下称工程材料公司）。

被告一：中国某集团公司上海供销公司（下称上海供销公司）。

被告二：中国某集团公司上海工程公司（下称上海工程公司）。

2000年12月15日，原告工程材料公司与第一被告上海供销公司签订了一份买卖合同。合同约定，由原告向第一被告上海供销公司购买生铁、每吨单价1 095元，款到发货。合同签订后，原告按约向第一被告上海供销公司支付了货款。2002年12月31日，原告与第一被告上海供销公司对账确认，原告已向第一被告上海供销公司支付货款460 211.25元。截至2003年7月31日止，原告支付的货款在第一被告账上仍余255 074.73元。

此后，第一被告上海供销公司既未返还货款，又未向原告供货。在此期间，即2002年9月23日，中国某集团公司做出决定，将第一被告上海供销公司并入第二被告上海工程公司。某工程材料公司向法院提起诉讼，请求法院判令二被告赔偿原告预期利润损失23 533.69元，原告因催货、催款造成的损失10 000元；返还原告货款255 074.73元，支付合同约定逾期付款违约金30 907.40元。

第二被告上海工程公司辩称：涉诉合同的双方当事人是工程材料公司与上海供销公司，从合同签订到合同履行我方都没参与，列我方为被告没有依据。虽然集团公司决定将上海供销公司并入我公司，但这并不意味着我公司应当为上海供销公司承担债务清偿责任。

本案在处理时的焦点问题在于：第二被告上海工程公司该不该承担已经并入其中的前上海供销公司的债务？

【分析】《合同法》第90条规定："当事人订立合同后合并的，由合并后的法人或者其他组织行使合同权利，履行合同义务。当事人订立合同后分立的，除债权人和债务人另有约定的以外，由分立的法人或者其他组织对合同的权利和义务享有连带债权，承担连带债务。”本案第一被告上海供销公司在订立合同后被并入第二被告上海工程公司，合并后的上海工程公司就应该依法承接原第一被告未履行完的合同，包括享受合同权利和履行合同义务。因此得出结论：上述案中第二被告上海工程公司应该承担清偿责任。

当然如果当事人订立合同后，遇到法人分立的情况，如果有分立协议的，按分立协议的约定处理。如果分立的双方没有订立分立协议，则由分立后的法人组织向原合同的另一方当事人承担连带责任，包括享受连带债权和履行连带债务。可见，除当事人另有约定的以外，合同不会因为一方当事人的变更而受到影响，更不会因此而当然终止。

第二节　合同订立的过程

一、要　　约

1. 要约的概念及要件

《合同法》第 14 条规定：“要约是希望和他人订立合同的意思表示。该意思表示应当符合下列规定：(一)内容具体确定；(二)表明经受要约人承诺，要约人即受该意思表示约束。”在实际工作中，要约有不同的称谓或表现形式，如报价、发价、发盘等。一项交易的促成，往往是当事人多次洽商的结果，在此过程中可能会出现多个意思表示，如何确定一项意思表示是否是要约呢？应当从要约的构成要件上进行判断。

首先，要约的内容应具体确定。因为合同的内容是由要约的内容决定的，要约不确定，受要约人就难以承诺，合同也就难以成立。工作中如何把握要约内容的确定性呢？从实质上看，要约的确定性要求要约必须根据合同的种类性质不同，具备能够使合同成立的必要条款，但“必要条款”正是因为合同种类繁多、性质各异而难有统一标准。《合同法》第 12 条规定了多项合同条款，其中当事人、标的、数量条款应是合同必不可少的，具备上述条款一般情况下即达到“内容确定”的要求。如买卖合同的要约，只要货物及货物的数量价格可以确定，要约即可以认定为“内容确定”。要约内容的确定性除了要具备上述“硬件”外，在表达上要明确、肯定，切忌模糊不清和混淆不明。

其次，要约还须表明要约人受约束的意思。即要约人应当有一经受要约人承诺即成立合同并受其约束的表示。当然，此类表示在实践中有多种表现形式，如：要约人在要约中明确了承诺期限，即“请于 15 个工作日内答复。”其中的“15 个工作日”就是要约人为自己设定的约束期间。又如：“我局愿意购买贵厂生产的某型号的机车配件 300 件，并将遵守该要约。”就明确表示了“我局”的该意思表示为要约。

2. 要约邀请

实际缔约的过程中经常出现与要约相似的意思表示，如：要约邀请。《合同法》第 15 条对要约邀请作了规定：“要约邀请是希望他人向自己发出要约的意思表示。”为了便于区分要约与要约邀请，介绍几种实践中的判断方法：(1)看当事人的意思表示。有的当事人明确表示所发为要约邀请而非要约。(2)依《合同法》第 15 条的规定确定。即“寄送的价目表、拍卖公告、招标公告、招股说明书、商业广告等为要约邀请。商业广告的内容符合要约规定的，视为要约。”依照法律规定，商业广告原则上属于要约邀请，属于要约是例外情况。实践中对悬赏广告性质的确定一直有争议，占主流的观点认为悬赏广告具备要约的必备要件，是要约。

要约向不特定人发出，法律未禁止。因此，不能以对象是否为特定人来区分要约和要约邀请。随着市场交易形式的多样化，一些交易对象往往是不特定的人，例如：网上交易。网页上出现的能即时交易的商品广告，就是面向不特定的公众发出的要约，如果需要通过网上交易平台购买，只需要点击确认，就可以完全依照广告的条件进行交易。此种情况下，就不能以交易对象不特定来否定上述网上商品广告的要约性质。可见，实践中要约人向不特定人发要约，并自愿承担由此产生的后果，在法律上是允许的。但须具备两个条件：(1)必须明确表示其作出的建议是一份要约，而非要约邀请，如："本广告构成要约"等；(2)对信息发布者具有相当的拘束力，即必须明确承担向多人发出要约的责任。如果实践中广告发出者所作的广告只有部分内容明确地自我课加了义务或有限制自身行为的表述，则只有这部分广告内容可视为具有要约的性质，广告发出者若不受该内容的约束，应当承担法律责任。而广告中其余的内容仍属于要约邀请。可见，一份广告可能同时容纳要约和要约邀请的内容。

对销售广告和宣传资料性质的认定，实践中出现纠纷较多的当属房地产行业。

【实例 4】×年 4 月 25 日，原告甲与被告某房地产开发有限责任公司(下称房地产公司)签订《商品房买卖合同》。该合同约定：卖方应于同年 11 月 30 日前将验收符合本合同约定的合格商品房交付给买方；如果逾期交房需要承担违约责任，即逾期 30 天后，卖方应按已付款的 0.1％乘以逾期天数向买方支付违约金；双方中任何一方若单方提出解除合同或者变更本合同约定的，守约方可以要求违约方支付合同标的金额 10％的违约金。合同还对逾期付款、逾期交房的违约责任等事项作了约定。合同签订后，甲按约支付了购房款 296 000 元。同年 11 月 25 日，房地产公司电话通知甲可以收房。甲于同年 12 月 5 日签收了交房确认书，但发现房地产公司交付的商品房与该房销售宣传资料所列的环境绿化及公共设施内容不相符(宣传资料上有一幅中央水景广场音乐喷泉的宣传画，中心广场有水池、喷泉、花圃、花坛、水带图案)。甲当初以高出 2 万元的价格购买靠近中央水景广场的房屋，是因为能看到中央水景广场的音乐喷泉。而房地产公司施工中，在未告知甲的情况下，将中心广场一带由宣传资料图片中的喷水池、水景观、花圃改建为香榭丽舍牌坊，将宣传资料图片中的水池、水带改建为绿化带。于是，甲以房地产公司擅自对宣传资料中的绿化景观、公共设施建设作了变更，违反合同约定为由，向某市人民法院提起诉讼。原告甲认为：被告房地产公司虽然按时通知原告收房，但被告已建好的绿化景观和公共设施严重缩水，仅仅是种上几棵树和修砌几个普通的花圃，与销售宣传资料所述内容有天壤之别，被告已违反了合同中的承诺，属于合同所述“单方变更合同约定”的情形，因此，被告应向原告支付合同标的金额10%的违约赔偿29 600元。

被告房地产公司辩称：其宣传资料、效果图上有关绿化景观和公共设施的样式不是最终的方案，而规划部门认可并验收的方案才是实际建好的方案；更重要的是，宣传资料、效果图是用于房屋销售的，其中有关绿化景观和公共设施的样式既不是最终的方案，也不是合同内容，建设中改变原效果图和宣传资料纯属正常，不构成违约。

【分析】本实例中双方当事人争议的焦点在于商品房的销售广告和宣传资料的内容是不是《商品房买卖合同》的一部分？即商品房的销售广告和宣传资料的性质是要约邀请还是要约？明确销售广告和宣传资料是否纳入合同后，就不难判断被告在建设中更改宣传资料确定的建设内容是否违约。

一种意见认为，依《合同法》第15条的规定：“寄送的价目表、拍卖公告、招标公告、招股说明书、商业广告等为要约邀请”，本案商品房的销售广告和宣传资料是要约邀请，其中内容不能当然地进入《商品房买卖合同》，成为合同条款。因此建设中改变销售广告和宣传资料中描述的绿化景观和公共设施的做法不构成卖方违约。

另一种意见认为，一般情况下，商品房的销售广告和宣传资料在性质上为要约邀请。但也有例外，《合同法》第15条规定：“商业广告的内容符合要约规定的，视为要约。”2003年3月通过并于同年6月实施的《最高人民法院关于审理商品房买卖合同纠纷案件适用法律若干问题的解释》（法释[2003]7号，以下简称《商品房司法解释》)第 3 条规定:“商品房的销售广告和宣传资料为要约邀请,但是出卖人就商品房开发规划范围内的房屋及相关设施所作的说明和允诺具体确定,并对商品房买卖合同的订立以及房屋价格的确定有重大影响的,应当视为要约。该说明和允诺即使未载入商品房买卖合同,亦应当视为合同内容,当事人违反的,应当承担违约责任。”

本例中,被告房地产开发有限责任公司的销售广告和宣传资料中对小区内环境绿化及公共设施的描述具体确定,宣传资料上有中央水景广场音乐喷泉的宣传画,中心广场有水池、喷泉、花圃、花坛、水带图案。且原告为所选房屋的位置优于其他房屋而多支付了 2 万元房款,因此,可以认定,被告对原告的商品房销售广告和宣传资料符合合同法规定的要约的条件,对“房屋价格的确定有重大影响”,其中内容是商品房买卖合同的一部分。

法院支持第二种意见,判决由被告某房地产开发有限责任公司支付给原告甲违约金 29 600 元。

上述案件在审理中,《商品房司法解释》第 3 条的规定对明确被告销售广告和宣传资料的的法律性质起到了至关重要的作用。由于现在大多数商品房买卖合同的标的是期房而非现房,因此造成了买方只能通过卖方提供的资料了解所构房屋的情况,在房屋买卖中处于弱势。基于此类原因,最高院出台了《商品房司法解释》。该解释很有现实针对性,对于遏制开发商通过广告承诺引诱购房者、但在合同或履约中却不兑现且逃避责任的不诚信行为,有积极的作用,有利于购房者利益的保护和房地产市场的规范。本案被告在未告知原告的情况下,将销售宣传资料中允诺的中心水景广场的喷水池、水池、水带、水景观、花圃改建,使小区景观建设严重缩水,其行为违背了双方签订的商品房买卖合同,违反了《合同法》第 60 条“当事人应当按照约定全面履行自己的义务……”的规定,构成违约。依照甲与房地产公司之间的《商品房买卖合同》的约定,单方提出解除合同或者变更本合同约定的,守约方可以要求违约方支付合同标的金额10%的违约金。房地产公司应按合同约定承担支付违约金的责任。因此，法院支持了原告的诉讼请求。

对《商品房司法解释》第3条的运用，下述案件在审理中作了扩张解释。

【实例5】2006年，上海市某区人民法院审结的原告俞某诉上海某置业股份有限公司（以下简称置业公司）、第三人上海市民办某置业实验学校（以下简称实验学校），要求按照《合同法》、《商品房司法解释》等规定，判令置业公司履行售楼广告中的承诺，按“义务教育学校收费标准”接收原告之子继续在实验学校就读。

2003年6月，原告与被告置业公司签订上海市商品房预售合同，约定原告向置业公司购买上海市某小区商品房一套。在该合同中，双方对业主子女入学就读事宜无约定。但被告在某小区的报刊广告中，载有“小区业主子女享受免试入学、义务教育收费标准”、“不出社区，轻松入读名校”等内容，在《某小区新生活书卷》的售楼资料中，同样载有上述内容。第三人实验学校由案外人某集团公司（系置业公司的股东之一）于1996年9月开办。在相关的审批备查登记表中，明确记载“某小区内学生按照义务教育公办学校标准收费，小区之外学生按照民办学校标准收费”。另在上海市教委《关于同意设立上海市民办某置业实验学校的批复》中明确：“经审核，同意设立上海市民办某置业实验学校，学制为九年，对某小区的学生按义务教育标准收费……。”在2005年《中华人民共和国民办教育促进法》实施之前，实验学校对在校就读的某小区业主子女，按公办义务教育收费标准收费，但在上述法律实施之后，对入学新生，则按每生每学期5 000元的民办校标准收费。原告入住后，其子在实验学校就读，每学期向学校支付5 000元。于是，俞某于2006年6月将置业公司诉至上海市某区人民法院。

被告置业公司辩称，首先，原、被告签订的商品房预售合同中并无有关子女入学的条款，售楼广告只是一宣传形式，其中内容不是预售合同的一部分，且子女入学事宜与商品房买卖无关，不应适用《商品房司法解释》，被告应该只受预售合同的约束。其次，置业公司与实验学校系各自独立的法人，前者无权对后者招生收费进行干预。请求法院驳回原告诉请。

第三人实验学校同意被告的抗辩，并认为其在2005年后对新收学生按民办学校所订的收费标准是经过有关主管部门核准的，不是乱收费。再者，原、被告之间即使对小区业主子女上学费用有约定，对第三人也无约束力。

法院审理时向原告释明，如果置业公司存在违约行为，原告是否考虑依法选择要求被告以其他方式承担违约责任，但原告仍坚持其原审诉请。于是法院判决置业公司应全面履行合同，由实验学校按“义务教育学校收费标准”接纳原告之子就读。

【分析】上例中售楼广告中的教育优惠承诺能否适用《商品房司法解释》第3条的规定，是本案法律适用的焦点问题。

毫无疑问的是出卖人就商品房开发规划范围内的房屋及相关设施所作的说明和允诺具体确定，并对商品房买卖合同的订立和房屋价格的确定有重大影响，应当视为要约。但该案售楼广告中涉及的教育优惠的内容可否纳入“相关设施”范畴？从法院的判决结果推断，司法实践对《商品房司法解释》第3条涉及“相关设施”作了扩大化理解，不仅包括有关会所、健身设施、绿化面积等有形的附属物，还包括出卖人承诺的有关服务，其中包括对教育优惠的承诺。

就广告而言，那些有明确自我课加义务或限制自身行为内容的广告，应当视为具有要约的性质，广告发出人应当受其约束，如果违反应承担法律责任。由此看来，在售楼广告中，对于业主子女就读的承诺内容明确，完全属于开发商自我课加义务，虽然本案售楼广告中有关业主子女就学的内容未出现在原、被告的预售合同中，但该承诺仍然应该被视为要约。其理由在于：原告出于对被告广告宣传的信赖与之签订了预售合同，对于这种信赖应当给予法律上的保护。因此，广告中有关子女就学的内容应视为合同内容，对开发商具有约束力。据此，依照《合同法》第 44 条、第 60 条、第 110 条，《商品房司法解释》第 3 条之规定，法院作出了上述判决。可以说这是对《商品房司法解释》第 3 条在审判实践中作了扩张解释的典型案例。

从理论上说，依照对《商品房司法解释》第 3 条规定的扩张解释，有关广告中教育优惠的明确承诺应视为要约，作为合同内容对待，如果开发商不能兑现的，应承担违约责任。但在实际操作中，该违约责任以何种方式承担，却是一个值得探讨的问题。

如果开发商有兑现教育优惠承诺的条件的，可以判令履行承诺。像该案中，置业公司和实验学校均系某集团公司投资，两者具有关联关系，基于该案中的一些具体情况，在原告坚持其子继续入读并降低收费的情况下，法院认为开发商有履行承诺的能力，因此作出上述判决。如果开发商不具备兑现教育承诺条件的，假设该案原告之子虽然入读售楼广告中承诺的实验学校，但该校与开发商没有协议或关联关系，开发商不可能兑现广告中教育优惠承诺的，基于合同关系的相对性，法院也可以选择由开发商负担原告为其子就读该实验学校而多支出的教育费用的方式了结此案。

总之，解决实践中的合同纠纷，需要区分不同情况。

3. 要约的生效

《合同法》第 16 条对要约的生效时间作了具体规定。要约到达受要约人时生效。实践中，根据要约发出的形式的不同，判断一份要约是否到达受要约人，应掌握以下标准：(1)采用数据电文形式订立合同，收件人指定特定系统接收数据电文的，该数据电文进入该特定系统的时间，视为到达时间；未指定特定系统的，该数据电文进入收件人的任何系统的首次时间，视为到达时间(第 16 条第 2 款)；(2)口头要约一经向对方当事人作出，为对方了解，即视为到达；(3)要约以信件或者电报形式作出的，信件载明的日期或者电报交发之日为到达时间。信件未载明日期的，以投寄该信件的邮戳日为到达时间;(4)要约以电话、传真等快速通讯方式作出的,到达受要约人的时间是生效时间。我国合同法采用要约到达生效的规定,是兼顾保护要约人与受要约人利益的平衡性选择。与此同时设立要约撤回与撤销制度,使要约人在不损害受要约人利益的前提下获得后悔的机会,以充分保护要约人的利益。

4. 要约的撤回与撤销

(1)要约的撤回

要约的撤回,是指要约在到达受要约人之前或同时,取消要约的行为。《合同法》第17条对要约的撤回作了具体规定:“要约可以撤回。撤回要约的通知应当在要约到达受要约人之前或者与要约同时到达受要约人。”从《合同法》第16条看出,撤回要约的通知需要在要约到达受要约人之前或者与要约同时到达受要约人时才产生撤回的效力,但撤回要约的通知后于要约到达受要约人时又当如何?法条对此虽然没有明确规定,但不难作出推断,此时要约的撤回已经成为不可能,要约人只能通过撤销要约的方式来取消要约。

(2)要约的撤销

要约的撤销,是指在要约生效后,受要约人承诺之前,取消要约的行为。《合同法》第18条规定:“要约可以撤销。撤销要约的通知应当在受要约人发出承诺通知之前到达受要约人。”为了保护受要约人对生效要约的合理信赖,我国《合同法》对要约的撤销加以限制。第19条规定:“有下列情形之一的,要约不得撤销:(一)要约人确定了承诺期限或者以其他形式明示要约不可撤销;(二)受要约人有理由认为要约是不可撤销的,并已经为履行合同作了准备工作。”实践中,基于对要约人的信赖,有的受要约人在承诺之前已经为接受要约做了一些准备,如:花时间和金钱作调查或咨询,准备将来履约的设备和材料等。此时要约人一旦撤回要约会给受要约人造成损失,对这部分损失要约人应当赔偿。

5. 要约的失效

要约的失效,是指要约丧失其法律效力,要约人和受要约人均不再受其约束。依据《合同法》第 20 条的规定，受要约人明确拒绝要约或对要约内容提出实质性变更又或承诺期满未作出承诺，要约人依法撤销要约，都会导致要约失效。要约人或受要约人死亡或丧失行为能力时，如果未来合同需要由要约人或受要约人本人履行的，如：为邀某位演员出演而发的要约，雇佣私人助理等，此时要约失效。要约人或受要约人为法人时，法人终止，要约也会消灭。

6. 实物要约

在工作实践中，一些直接销售产品的公司或厂家，常采取带着产品上门推销的做法，客户中意买卖就成交，这一缔约过程中的要约是以实物形式发出的，称为实物要约。实际操作中，实物要约一般附文字说明，以实物的方式发出要约，要约人应该考虑到其缔约过程中的费用投入，因为法律没有规定受要约人对收到的实物有退回义务，但如果受要约人使用之则构成承诺。

【实例 6】建筑公司盖楼急需水泥，时值建筑旺季，建筑公司怕一时买不到合适标号的水泥，就向水泥一厂和水泥二厂同时发文，称："我公司需要某标号的水泥 100 吨，如果贵厂有货，请于 3 日内通知我公司，我公司将派技术员前往验货并购买。"水泥一厂和水泥二厂接到建筑公司通知后，都及时回复，表示自己厂子有符合要求的水泥，并将标号、包装、价格等相关信息发给了建筑公司。随后水泥二厂定了车皮并派人将 100 吨水泥运往建筑公司工地。此时，建筑公司已派技术员赶往水泥一厂验货后与之签订了 100 吨水泥的买卖合同，并交由铁路部门发运至建筑公司工地。三天后，水泥二厂的水泥运到，被建筑公司告知他们已经购买了水泥一厂的水泥并支付了货款，因此没有资金再购买二厂的水泥。水泥二厂则认为建筑公司既然向他们发了要约，而本厂又在要约约定的有效期内作了承诺，建筑公司应当受要约的约束。据此，水泥二厂坚持要建筑公司收货并付款，建筑公司则以自己发出的仅是购买水泥的意向书而非要约为由拒绝收货并支付货款，双方协商不成，水泥二厂遂向人民法院起诉,要求法院判令建筑公司支付货款,被法院驳回。

【分析】本案中建筑公司向水泥一厂和水泥二厂发文的法律性质是要约邀请而非要约,建筑公司当然不受该要约邀请的约束而接受水泥二厂的水泥。水泥二厂将水泥运往建筑公司工地的行为是一种要约行为,即实物要约。水泥二厂先发文通知建筑公司水泥的价格,又将水泥(实物)送货上门以此作出要与建筑公司订立买卖合同的意思表示,而水泥二厂与建筑公司的水泥交易能否达成取决于建筑公司是否对水泥二厂的实物要约作出承诺,如果不作出承诺,建筑公司与水泥二厂的合同不能成立,水泥二厂只能自行承担此次实物要约所发生的费用,而建筑公司则不承担任何法律责任。这便是法院判决驳回水泥二厂诉讼请求的原因。

以该案看,实际工作中,要约人以实物要约的形式来表达己方缔约的意思需要慎重,否则,会加大己方支出,造成不必要的损失。

二、承　　诺

1. 承诺的概念及构成要件

《合同法》第21条规定:“承诺是受要约人同意要约的意思表示。”一项意思表示是否构成承诺,要看是否具备以下要件:(1)承诺须由受要约人作出。(2)承诺须向要约人作出。(3)承诺须是对要约的肯定答复。(4)承诺须在要约的存续期间内作出。上述四要件同时具备,即构成承诺。

2. 承诺的方式

承诺应当以通知的方式作出,但根据交易习惯或者要约表明可以通过行为作出承诺的除外[①]。这里的“行为”在实践中常常表现为履行行为,如:装运货物、预付价款等。

承诺一般用明示方式作出,沉默或者不作为一般不构成承诺。

---

① 见《合同法》第22条。

但是,约定或法定的沉默,可以作为承诺的形式。如甲去书店购书,书断货,于是甲与店主约定:该书到货后即刻通知他,若甲接到通知后两天内未表示已经买到该书,店主就以快递方式将书递给甲。此为约定的沉默。法定的沉默,如《合同法》第236条规定:"租赁期间届满,承租人继续使用租赁物,出租人没有提出异议的,原租赁合同继续有效,但租赁期限为不定期。"

3. 承诺的效力

承诺通知到达要约人时生效。承诺不需要通知的,根据交易习惯或者要约的要求作出承诺的行为时生效[①]。因承诺的方式不同,承诺生效的时间有差异。以对话方式作出承诺的,要约人了解承诺时发生效力;采用数据电文形式订立合同的,承诺通知到达的时间适用要约到达的规则(《合同法》第16条);以其他方式作出承诺的,应当在承诺通知到达要约人时生效。

就一般而言,承诺的内容应当与要约的内容一致,如果承诺方对要约的内容作实质性变更的,视为新的要约;承诺方对要约的内容作非实质性变更的,除要约人及时反对或要约中表明不得变更要约内容以外,该承诺有效,合同内容以承诺为准。

受要约人超过承诺期限发出承诺的,除要约人及时通知受要约人该承诺有效外,视为新的要约。承诺迟到有因,除要约人及时通知受要约人不接受该承诺以外,该承诺有效。

承诺生效时合同成立。

4. 承诺的撤回

所谓承诺的撤回,是指承诺人阻止承诺发生法律效力的行为。撤回承诺的通知应当先于或者与承诺通知同时到达要约人,才发生阻止承诺生效的效力[②]。如果撤回承诺的通知迟于承诺到达要约人,此时承诺已经生效,合同随之成立,承诺已经不能撤回。

---

① 见《合同法》第26条第一款。

② 参见《合同法》第27条。

三、合同的成立

1. 合同成立概说

合同是双方当事人意思表示一致的产物，即双方合意，合同成立。合同成立必须具备当事人合格、当事人意思表示一致和合同内容明确三个条件。

《合同法》第 44 条规定“依法成立的合同，自成立时生效。”由此可知，通常情况下，合同成立的时间就是合同生效的时间。可见，合同成立时间的确定具有理论和实践意义。实践中，确定合同成立的时间因缔约情况的不同而适用不同的规则。

《合同法》第 25 条、第 32 条、第 33 条、第 36 条、第 37 条都是对合同成立的规定。第 25 条：“承诺生效时合同成立。”第 32 条：“当事人采用书面形式订立合同的，双方当事人签字或盖章时合同成立。”第 33 条：“当事人采用信件、数据电文等形式订立合同的，可以在合同成立之前要求签订确认书，签订确认书时合同成立。”第 36 条：“法律、行政法规规定或者当事人约定采用书面形式订立合同，当事人未采用书面形式，但一方已经履行主要义务，对方接受的，合同成立。”第 37 条：“采用书面形式订立合同，在签字或者盖章之前，当事人一方已经履行主要义务，对方接受的，该合同成立。”面对上述关于合同成立的法律规范，操作中应当按照下列顺序适用：首先适用第 36 条、第 37 条；其次适用第 32 条、第 33 条；再次适用第 25 条。

实践中，签字或盖章在保证交易安全上有三项功能：一是表明合同各方身份；二是表明接受合同条款的约束；三是发生纠纷时作为证据。因此保管好单位的公章（包括单位内部的部门章）、介绍信、盖过章的空白合同书等尤为重要。如果由于管理疏忽，工作人员私盖公章或者盖过章的空白合同书被他人利用签订了合同，一旦出现问题，单位应当对外承担法律责任。对此类情况，“法发[92]22 号”早有涉及，其第 52 条规定：“借用业务介绍信、合同专用章、盖章的空白合同书或者银行账户的，出借单位和借用人为共同诉讼人。"现在司法实践中，对工作人员私盖单位内的部门章，对外签订合同的，后果同上。

对工作中出现的意向书、备忘录、君子协议和待签字的协议应特别关注，它们通常是缔约过程的阶段性产物，不具备正式合同的法律要素，因此不等同于合同，不能与合同混淆。但如果其中双方约定的权利义务内容充分，有可操作性，则构成合同。

【实例 7】A 公司授权其业务员甲某到 B 公司购买某型号的笔记本电脑 100 台。甲某很快与 B 公司签订了一份 100 台笔记本电脑的买卖合同。随后，甲某又在 B 公司见到了一种很畅销的高级 MP4，打算购买一批倒手获利。在未征得自己单位 A 公司同意的情况下，利用手中盖有 A 公司公章的空白合同书，与 B 公司订立了一份 50 部 MP4 的买卖合同。合同约定：A 公司向 B 公司购买 50 部 MP4，价款 10 万元，B 公司在合同签订后 5 天内发货，货到 1 个月内结清货款。甲某收到货物后，就将全部 MP4 以 12 万元的价格倒手卖给了 C 电器公司，C 电器公司首付 2 万元，并约定其余货款 1 个月内付清。之后，甲某以 A 公司的名义向 B 公司先期支付 2 万元货款。清偿期届满，B 公司要求 A 公司偿还其余 10 万元货款，A 公司和 B 公司才得知甲某以 A 公司名义签订 MP4 买卖合同一事。A 公司认为，该合同是甲某与 B 公司之间订立的，与已无关，自己没有还款义务，B 公司应当要求甲某还款。

在 A 公司和甲某都拒不支付所欠货款的情况下，B 公司诉至法院，要求 A 公司支付所欠货款 10 万元，并承担给 B 公司造成的一切损失。

一种意见认为，甲与 B 公司签订的购买 MP4 合同的行为并未得到 A 公司的授权，与 A 公司无关，系甲某个人所为，责任应该自负。因此，B 公司应该向甲某主张债权。

另一种意见认为，甲某是 A 公司业务员，手持加盖 A 公司公章的空白合同书与 B 公司签订买卖 MP4 的合同，B 公司由此足以认定甲某与其在本公司购买电脑一样，得到了A公司的授权。因此，A公司应当承担清偿责任。

法院支持第二种意见，判A公司向B公司承担10万元货款的清偿责任。

【分析】本例需要引起注意的是，加盖单位公章的空白合同书被他人持有并以单位名义签约时的风险。B公司仅从甲某持有A公司加盖公章的空白合同书这一情节，就可以得出甲某是A公司代理人的结论。结合本案案情，从法理上分析，甲某符合表见代理条件，构成表见代理。因此，A公司要负责清偿所欠B公司货款。当然，之后A公司可以向甲某追偿。

2. 铁路旅客运输合同的成立

《合同法》第293条规定："旅客运输合同自承运人向旅客交付客票时成立，但当事人另有约定或者另有交易习惯的除外。"《铁路法》第8条规定："铁路旅客运输合同从售出车票时起成立……"

从上述立法的本意看，承运人同意旅客提出的运送要求，向旅客交付了客票，客运合同即告成立。实践中，铁路承运人向旅客交付客票的形式有以下几种：一是窗口交票；二是订票；三是上车补票。

(1)窗口售票，买票人提出运输要求并支付票款，承运人交付车票，客运合同成立。

(2)订票的情况下，无论是采取取票制预定方式，还是采取送票制预定方式，客运合同都自客票交付时起成立。

(3)上车后补票的情况较为复杂，一般客运合同有按交易习惯先上车后买票的，如：城市公交运输合同。还有经承运人同意先上车后补票的，如：铁路运输中无票或持站台票，经列车工作人员同意上车的情况。这两种情况下，由于旅客上车时即与承运方达成合意，因此，客运合同自旅客上车时成立，而不是交付客票时成立。那么，铁路旅客运输合同中出现的未经承运人同意而先上车的，客运合同什么时候成立呢？本书认为应该从旅客补买车票时成立。

因为合同是当事人双方意思表示一致的产物，补票时承运人和旅客才就旅客运输合同达成合意，此时合同成立。对无票或持失效客票乘运的，应当补交票款，对恶意逃票的，承运人还可以依照相关规定加收票款。若旅客拒绝支付票款，说明旅客与承运人意思表示不一致，客运合同不能成立，承运人可以拒绝运输。对未经承运人许可而乘车的，由于双方没有建立合同关系，因此承运人不承担合同责任。

需要提请注意的是，铁路运输中持站台票上车的情况。根据《铁路旅客运输规程》(以下简称《客规》)规定，持站台票上车，并在开车 20 分钟仍未向列车工作人员声明的，按无票处理[①]。显然，持站台票上车者如果事先未得到承运人许可上车的，在其补票时才视为与承运人建立了客运合同关系。

第三节　合同的内容与形式

一、合同的内容

合同条款固定了当事人各方的权利义务，构成法律行为意义上的合同的内容。娴熟地表达合同内容需要准确把握合同条款。

1. 提示性条款

为了提示缔约人，《合同法》第 12 条规定："合同的内容由当事人约定，一般包括以下条款：(一)当事人的名称或者姓名和住所；(二)标的；(三)数量；(四)质量；(五)价款或者报酬；(六)履行期限、地点和方式；(七)违约责任；(八)解决争议的方法。"法条虽然对合同需要具备的内容做了一般规定，但从其中"合同的内容由当事人约定"的规定来看，此种规定并非强制性规范，而只是一种提示性、倡导性规范，其目的在于引领合同当事人订立一份内容完备

① 《铁路旅客运输规程》第 44 条第 3 款规定："持站台票上车，并在开车 20 分钟后仍不声明时，按无票处理。"

的合同，为此提供一个合同内容的基本框架。除此之外，实际工作中还可以根据所定合同的性质，参照相关合同示范文本设定合同内容，但需要注意双方约定的内容应当具体确定，不确定因素和模糊语言不易出现在合同中。

【实例 8】北京某商场租甲公司房屋，双方约定租赁期限为 10 年，租金每年 385 万元，于每年 6 月 30 日、12 月 30 日分两次付清，一次支付一半。双方还约定：租赁期间若遇国家统计部门公布的价格指数浮动上下超过 8%，双方将在下一年度相应调整租金。

【问题】双方签订的合同条款有无瑕疵？

【分析】该租赁发生在北京，每年国家从不同角度公布一批数字以反应国家经济状况，其中涉及多种价格指数，合同未明确用哪一种。原本当事人双方约定该条款的目的，是为了防止长期租赁合同在履行期内房屋租赁价格发生变化，如未能及时调整租金，易造成不公平的情况出现。因此，该类合同一般附调整租金条款作为变更合同的条件。一旦条件成熟，当事人双方即可以根据约定变更相关条款，使合同顺利履行下去。而本合同所附条款由于不具有确定性，实践中很难操作，即便提起仲裁或诉讼，也很难得到支持。

2. 明示条款与默示条款

工作中订立合同时需要注意的是，当事人双方就合同事项有特别约定的条款，及根据本合同的性质需要明确的个性化内容，应当作为明示条款写入合同。明示条款是一份合同的基础。当事人未写入合同，甚至可能从未协商过，但基于国家的强制性规范，或合同法的基本原理和原则，或长期形成的交易习惯、行业规则等，理应存在的合同条款称之为默示条款。例如：《合同法》第 253 条第一款规定："承揽人应当以自己的设备、技术和劳力，完成主要工作，但当事人另有约定的除外。"如果当事人没有就此以明示条款的方式做特别约定，那么，第 253 条的规定就成为合同的内容。

默示条款是明示条款的补充，其内容当然进入合同，成为合同内容的一部分。这部分内容往往是实现合同目的必不可少的。如:在约定违约责任条款时,根据合同法原理,“违约方应当承担违约责任”就属于默示条款的内容,不论合同当事人双方是否在合同条款中明示,其内容都当然进入合同,成为合同条款的组成部分,一旦一方或双方当事人违约,就应当承担违约责任。那么违约责任条款应当约定什么内容呢?应当将违约方如何承担违约责任以明示条款的方式加以明确,以便操作。再如:曾有一消费者买房,收房时发现房屋只有一个大门,包括厨厕在内的各房间只留有门洞却没有装房门。于是消费者将开发商告至法院,要求开发商退还各房门款。理由是:合同中没有表明开发商卖的房屋没有室内门,卖方交付的房屋就应该装有室内门,否则即构成违约。法院认为,就房屋室内是否应该装有房门的事项双方虽然没有在合同中明示,但按照当时房屋买卖的惯例,房款应当包括房屋室内门款。开发商交付的房屋“室内有房门”应当作为默示条款当然进入合同。因此判消费者胜诉。同样的事件如果发生在今天的商品房买卖合同中,按现行《合同法》第 12 条的规定,要充分尊重当事人的约定,如果房屋非精装修,买卖双方又没有就是否有室内房门用明示条款加以约定的话,开发商交付的房屋就可以没有室内房门。

实践中,合同据以订立的文件应当作为合同的一部分,即使没有将其订入合同,也必然作为默示条款被纳入合同。如:《商品房司法解释》第 3 条规定:“商品房的销售广告和宣传资料为要约邀请,但是出卖人就商品房开发规划范围内的房屋及相关设施所作的说明和允诺具体确定,并对商品房买卖合同的订立以及房屋价格的确定有重大影响的,应当视为要约。该说明和允诺即使未载入商品房买卖合同,亦应当视为合同内容,当事人违反的,应当承担违约责任。”《最高人民法院关于审理物业服务纠纷案件具体应用法律若干问题的解释》(法释[2009]8 号)第 3 条第二款规定:“物业服务企业公开作出的服务承诺及制定的服务细则,应当认定为物业服务合同的组成部分。”

3. 主要条款

合同的主要条款有的由法律直接规定;有的由合同性质决定;还有的由当事人的约定产生。总之,依合同类型和性质应当具备的条款为合同的主要条款,也是合同必须具备的条款。当事人可以参照合同的示范文本拟定合同。例如:《合同法》第 213 条直接规定了租赁合同的主要条款包括租赁物的名称、数量、用途、租赁期限、租金及其支付期限和方式、租赁物维修等。再如,基于建设工程合同的性质,建设工程合同的主要条款应当包括:工程范围、建设工期、中间交工工程的开工和竣工时间、工程质量、工程造价、技术资料交付时间、材料和设备供应责任、拨款和结算、竣工验收、质量保修范围、质量保证期、双方相互协作等。

4. 格式条款

格式条款,是指当事人为了重复使用而预先拟定,并在订立合同时未与对方协商的条款。对于格式合同,相对人只有附和该条款的内容,合同才能成立。格式条款具有广泛性、持久性和细节性的特点。格式条款在实践中一般是由提供商品或服务的一方制定的,具有单方事先决定性,全部合同条款为一整体,很难改变。在订立合同的过程中,出具格式条款的一方往往利用其优越的经济地位,制定有利于己、而不利于对方的条款,对合同风险上的负担做不合理的分配。对方即便知悉对己不利的条款存在,也多无讨价还价的余地,只能在接受与拒绝之间做选择。如:供用电、水、气、热力合同、保险单、铁路运输合同等都含有格式条款。当然,格式条款之所以存在于今,也有其优点,如:可以节省时间,提高工作效率,有利于事先分配风险,降低交易成本等。

为了防止提供格式条款的出具方利用格式条款损害相对人的合法权益,各国立法一般都规定提供格式条款的一方应当承担以下义务:第一,格式条款的制订应当遵循公平原则;第二,对免责条款进行提示和说明。我国合同法也不例外。《合同法》第 39 条第 1 款规定:“采用格式条款订立合同的,提供格式条款的一方应当遵循公平原则确定当事人之间的权利和义务，并采取合理的方式提请对方注意免除或者限制其责任的条款，按照对方的要求，对该条款予以说明。”对于格式条款中免除或限制格式条款出具方责任的内容，出具方有提示义务。实际操作中应该注意把握法律对“采取合理的方式提请对方注意”中“合理方式”的要求，确定主客观相结合的判断标准，原则上以理性人的认识水平和判断能力为准，兼顾智力欠缺、文盲、盲人等的特殊情形，在上述群体尽了最大注意义务仍然难以了解免责条款的内容的情况下，免责条款对其不产生拘束力，即免责条款未进入合同。例如：一位盲人消费者对格式合同中的免责条款不满，起诉。庭审中法官了解到格式条款的出具方没有对盲人宣读此条款，由此判决格式条款的出具方不得适用该免责条款，理由是出具方未以“合理方式”尽到提示义务，因此该条款未订入合同。

格式条款可以撤销。“法释[2009]5 号”①第 9 条规定：“提供格式条款的一方当事人违反合同法第 39 条第一款关于提示和说明义务的规定，导致对方没有注意免除或者限制其责任的条款，对方当事人申请撤销该格式条款的，人民法院应当支持。”

我国《合同法》第 40 条规定了格式条款无效的情况，即：提供格式条款一方免除其责任、加重对方责任、排除对方主要权利的，该条款无效。“法释[2009]5 号”第 10 条规定：“提供格式条款的一方当事人违反合同法第 39 条第一款的规定，并具有合同法第 40 条规定的情形之一的，人民法院应当认定该格式条款无效。”例如：某快递公司向客户出具的格式合同中有一免责条款称：“包裹迟于客户规定时间送达的，快递公司不负责赔偿”。由于此条规定排除了客户的逾期索赔权，因此无效。

《合同法》第 41 条还规定：“对格式条款的理解发生争议的，应当按照通常理解予以解释。对格式条款有两种以上解释的，应当

---

① 最高人民法院关于适用《中华人民共和国合同法》若干问题的解释(二)。

作出不利于提供格式条款一方的解释。格式条款和非格式条款不一致的，应当采用非格式条款。”格式条款从本质上讲仍然属于合同条款，因此解释时仍应采纳一般合同解释所应遵循的原则，即应考虑合同目的，应公平合理兼顾双方利益，不得违反法律规定。但考虑到格式条款与一般合同条款的不同，解释时也要遵循一些特殊的原则，“对格式条款有两种以上解释的，应当作出不利于提供格式条款一方的解释”就属于此。例如：某甲到地产公司买房，签订了卖方出具的房屋认购书（格式合同），买方交了 5 万元，涉及到定金和订金条款①。地产公司出具的合同规定：“若卖方不卖，如数返还订金；买方不买，无权拿回定金。”操作中如何认定 5 万元的性质？是订金还是定金？结论是：应当作出不利于地产公司的解释。当格式条款与非格式条款发生冲突时，一旦合同当事人各方就合同某些专项作了特别约定时，该特别约定的效力优于格式条款中与之相冲突的条款，因为它更能反映合同双方当事人在具体交易中的意图。

二、合同的形式

合同的形式是指当事人合意的表现形式，是合同内容的外部表现，是合同的载体②。

我国现行法对合同形式的态度主要体现在《合同法》第 10 条、第 11 条，内容继承和完善了《民法通则》的规定③。当事人订立合同，有书面形式、口头形式和其他形式。法律、行政法规规定采用书面形式的，应当采用书面形式。当事人约定采用书面形式的，应

---

① 定金与订金的法律含义不同：订金是预付款，如果交易未成应当退还，不产生担保的法律后果；定金是担保方式的一种，支付定金的一方不履约，无权要回定金；收受定金的一方不履约应当双倍返还定金。

② 参见崔建远《合同法总论》，208 页，北京：人民大学出版社，2008。

③ 《民法通则》第 56 条规定：“民事法律行为可以采用书面形式、口头形式或者其他形式。法律规定用特定形式的，应当依照法律规定。”

当采用书面形式。书面形式是指合同书、信件和数据电文(包括电报、电传、传真、电子数据交换和电子邮件)等可以有形地表现所载内容的形式。

在国际贸易中,采用现代通讯手段订立合同较为普遍,如:电传、电子邮件等,这就产生了电子合同。作为书面合同的形式之一,电子合同未必具有传统概念下的书面正式文本,传统的签字盖章也很难应用于电子交易方式,由此产生了电子签名。可靠的电子签名与手写签名或盖章的法律效力等同。我国《中华人民共和国电子签名法》[①]明确了可靠的电子签名需要具备的条件:(1)电子签名制作数据用于签名时,属于电子签名人专有;(2)签署时电子签名制作数据仅由电子签名人控制;(3)签署后对电子签名的任何改动能够被发现;(4)签署后对数据电文内容和形式的任何改动能够被发现。当事人可以选择使用符合其约定的可靠条件的电子签名。如果电子签名需要第三方认证,则由依法设立的电子认证服务提供者提供认证服务。

第四节 缔约责任

一、缔约责任概说

缔约责任,是指缔约一方因缔约不当行为给对方造成损失时所承担的损害赔偿责任[②]。

市场经济中,缔约人之间有优于普通人的紧密关系,交易越复杂,订约前的诚信义务就越重要。待交易到成熟阶段,交易人互把对方作为交易的优先对象,已有较多的投入时,一旦出现《合同法》第 42 条规定的情形,适用关于缔约责任的法律规定。

缔约责任主要发生于四种情况:第一,合同未成立;第二,无效

---

① 《中华人民共和国电子签名法》自 2005 年 4 月 1 日起施行。

② 参见朱广新:《合同法总论》,106 页,北京:人民大学出版社,2008。

合同;第三,合同被撤销;第四,合同成立但未生效。

与侵权责任和违约责任比较,缔约责任有以下特点:(1)该责任是合同订立过程中产生的责任,这是与违约责任的重要区别之一。违约责任是在合同履行过程中,当事人一方或双方违反合同约定应当承担的责任。(2)基于对缔约一方意思表示的合理信赖,缔约另一方自己付出了一定代价。实践中常表现为,由于缔约一方的意思表示,使得缔约另一方确信合同将被达成,基于此种确信,缔约另一方放弃了其他交易机会或付出了金钱等代价,而此后,缔约一方却取消或背弃了缔约的意思表示,造成缔约另一方的损失。侵权责任是一方以作为或不作为侵害了另一方的财产或人身。违约责任只是违背合同义务。(3)缔约责任保护的是对正常交易的合理信赖。而违约责任保护合同当事人的期待利益。侵权责任保护的是权利人对其人身和财产的正当拥有。

二、缔约责任的构成要件

1. 缔约人违反先合同义务

先合同义务,是指缔约人双方为签订合同而相互磋商,依诚实信用原则产生的注意义务,而非合同有效成立后所产生的给付义务,它包括告知使用方法的义务;瑕疵告知义务;合同订立前重要事项的通知义务;协助与照顾义务;不得欺诈义务;忠诚义务等。只有缔约人一方在缔约的过程中,发生了违反上述义务的行为时,才有可能承担缔约责任。

2. 造成损失

缔约中,由于一方违反先合同义务给对方造成损失时,应当承担责任。如果没有损失,就不会存在赔偿。

3. 当事人有过错

过错既包括故意也包括过失。如果另一缔约人的损失非因对方的过错而是由其他原因造成的,其不得向对方主张缔约责任。需要指出的是,举证责任应当由受害人承担。受害人未能提出充分证据的，责任不成立。在认定上，通常以是否违反了诚实信用原则为判断标准。

4. 存在因果关系

损失需与缔约过错行为有因果关系。如果二者之间不存在因果关系，则不构成缔约责任。

三、缔约责任类型

《合同法》第 42 条规定："当事人在订立合同过程中有下列情形之一，给对方造成损失的，应当承担损害赔偿责任：(一)假借订立合同，恶意进行磋商；(二)故意隐瞒与订立合同有关的重要事实或者提供虚假情况；(三)有其他违背诚实信用原则的行为。"《合同法》第 43 条规定："当事人在订立合同过程中知悉的商业秘密，无论合同是否成立，不得泄露或者不正当地使用。泄露或者不正当地使用该商业秘密给对方造成损失的，应当承担损害赔偿责任。"

1. 假借订立合同进行恶意磋商

当事人可以以订立合同为目的与对方自由磋商，如果合同未成立也不必承担法律上的责任，这是市场竞争的基础，也是合同自由原则的体现。如果当事人无意缔约，却与缔约为表象而欺诈对方，恶意磋商，就构成缔约责任。在欧洲法律体系中，这种行为遭到法律的严格禁止。恶意磋商在《国际商事合同通则》第 2.15 条中被称为恶意谈判。其与正常的商事谈判不同，恶意的一方往往另有企图，订立合同只是一个幌子，与对方缔约的目的不在于交易本身而在于交易之外。如：想由此获得对方的商业秘密、阻止对方与其他方达成协议等。实践中该种缔约责任的确定须由受害人举证。

2. 故意隐瞒与订立合同有关的重要事实或者提供虚假情况

隐瞒重要事实和提供虚假情况属于欺诈。订立合同的当事人之间，掌握信息的一方应当将该信息告知对方。如果不告知或者提供虚假情况，就构成了合同欺诈。订立合同时的欺诈构成缔约责任；履行合同中的欺诈构成违约责任。

3. 泄露或不正当地使用商业秘密

当事人在缔结合同过程当中有可能接触到对方的商业秘密，即经营信息和技术信息，对此应当承担保密义务，也不得为自己的利益而不当使用，否则应当承担缔约责任。

除此之外，违反强行性规定以及胁迫、乘人之危、恶意串通、重大误解、违法撤销要约等等都可以构成缔约责任。

【实例 9】某公司买有一艘废弃军舰，准备将其用于某旅游项目，未获上级批准，于是决定将该军舰卖出。某公司给 A 少儿活动中心发出要约，同时又给 B 公园发出要约，两份要约都规定了 15 天的承诺期限。在第 5 天，B 公园拿支票将军舰买走。A 少儿活动中心在清理完放置军舰场地后于第 9 天拿钱来买，发现舰已交付给 B 公园。某公司言：你们来晚一步，军舰已卖出，反正我们也没签合同。

【问题】A 少儿活动中心能否要求某公司赔偿其清理放置军舰场地的费用？

【分析】从缔约责任角度分析，A 少儿活动中心基于对某公司出卖军舰意思表示的信赖，确信该买卖合同将被成就，且基于此种确信，自己付出了清理场地的代价。而此后，某公司却将废军舰卖给了 B 公园，背弃了当初缔约的意思表示，造成 A 少儿活动中心的损失。因此，某公司对 A 少儿活动中心应承担缔约责任，因为某公司违反了《合同法》第 19 条①的规定，违法撤销了要约，由此引起的 A 少儿活动中心因信赖产生的损失要给予赔偿。

四、缔约责任的归责原则

从交易实践看，交易不论结果如何，前期往往要付出成本，在

---

① 《合同法》第 19 条："有下列情形之一的，要约不得撤销：(一)要约人确定了承诺期限或者以其他形式明示要约不可撤销；(二)受要约人有理由认为要约是不可撤销的，并已经为履行合同作了准备工作。"

交易未成时，由主动终止交易的一方承担这一成本，不仅对其不公平，还会有碍自由交易。从《合同法》第 42 条、第 43 条规定可以看出，缔约责任被严格限定在缔约一方的"故意"范围内。缔约责任形态，则以法律的特别规定为限①。因此缔约责任的确定采取的是过错责任原则。

五、缔约责任的范围及实际应用

目前民法理论界大多数学者的观点是：由于缔约过错造成的损失是一种信赖利益的损失，对这种损失的赔偿应以合同成立的可得利益为限。主要包括：(1)缔约费用。如：可行性调查、差旅费等。(2)为准备履约所支付的费用。(3)履约费用。合同成立后，一方当事人有理由相信合同有效，而履行了合同，但合同被确认无效或被撤销。过错方应当赔偿。(4)受害人支出上述费用所失去的利息。(5)合理的间接损失，即丧失与第三人另订合同的机会所产生的损失。

在具体运用中，对损失赔偿的范围作出了限制，即在合同不成立、无效或者被撤销的情形下，以赔偿信赖利益为原则，赔偿的上限不得超过履行利益。如：某公司如果合同履行完后可挣到 10 万元钱(履行利益)，缔约花费 11 万元(信赖利益)，那么对方承担缔约责任的赔偿不应该超过 10 万元。由于我国合同法没有对缔约责任的损害赔偿范围作出明确的规定，所以在司法实践中应当以此为依据，根据实际情况来作出相应的处理。

【实例 10】某银行有一个下属证券公司，按照中央的精神，银行要和证券公司脱钩。该银行找到广东的 A 公司，表示要将麾下

---

① 《保险法》第 17 条第二款："投保人故意隐瞒事实，不履行如实告知义务的，或者因过失未履行如实告知义务，足以影响保险人决定是否同意承保或者提高保险费率的，保险人有权解除保险合同。"第四款："投保人因过失未履行如实告知义务，对保险事故的发生有严重影响的，保险人对于保险合同解除前发生的保险事故，不承担赔偿或者给付保险金的责任，但可以退还保险费。"

证券公司出卖。A 公司就组织了 30 多家公司共同来购买证券公司，经过半年的磋商和可行性研究、合同文本起草完毕，准备签字的时候，银行突然说不卖了，因为银行的上级领导决定将证券公司卖给 B 公司。A 公司为此损失了 50 万元可行性调查、论证等缔约费用。

【问题】A 公司是否能追究银行的责任索赔 50 万元损失？同时要求法院强制银行将证券公司卖给 A 公司？

【分析】合同义务是约定责任，违反合同义务构成违约责任，违反先合同义务则构成缔约责任。本案中银行违反了先合同义务，A 公司可以追究银行的缔约责任，要求银行赔偿 50 万元缔约费用。但不能追究银行的违约责任，因为双方没有签字，合同没有成立，银行与 A 公司只是有优于普通人的、缔约人之间的紧密关系，尚未建立合同关系。因此，A 公司不能基于未签字的合同草拟文本，要求法院强制银行将证券公司卖给他。

第三章　合同的效力

合同的效力，是指法律赋予依法成立的合同具有拘束当事人各方乃至第三人的强制力。合同成立与合同生效的法律含义不同，前者是当事人就合同主要内容达成合意。后者则是指已经成立的合同因符合法定要件而产生法律上的约束力。合同成立与合同生效可以同步，《合同法》第44条作了有关合同效力的一般性规定："依法成立的合同，自成立时生效"。合同成立与合同生效也可以不同步，从第45条、第46条[①]对附条件的合同和附期限的合同的规定上看，当事人自己可以设定合同生效的时间或条件，合同的效力也可以取决于当事人的约定。法律、行政法规规定应当办理批准、登记等手续生效的，待手续办理完毕合同才生效(《合同法》第44条)。可见，合同成立后并不当然生效，其生效与否取决于国家法律的态度与评价。

第一节　附条件和附期限的合同

一、附条件的合同

附条件的合同，是指当事人约定，合同的效力取决于某一条件的合同，或合同的生效、失效取决于某一条件是否成就的合同[②]。其中的"条件"是指一种将来可能发生，也可能不发生的不确定的事件。根本不可能发生的事件，客观的、已经发生的事件不能作为条件。常用在合同中的条件主要有延缓条件和解除条件。如：甲与同

---

① 《合同法》第45条："当事人对合同的效力可以约定附条件。附生效条件的合同，自条件成就时生效。附解除条件的合同，自条件成就时失效。"

《合同法》第46条："当事人对合同的效力可以约定附期限。附生效期限的合同，自期限届至时生效。附终止期限的合同，自期限届满时失效。"

② 参见朱广新：《合同法总则》，135页，北京：中国人民大学出版社，2008。

学乙约定若乙考上研究生，甲就送其一台笔记本电脑。"考上研究生"就是一个延缓条件。又如：某分公司将一处空房租给一超市做仓库，双方约定：租赁期内若出租方的上级公司征用该房，双方解除租赁合同。"上级公司征用该房"就成为该合同的解除条件。

一直以来人们普遍认为，旅客运输合同是附生效条件的合同，对其生效时间的确定，有助于处理客运合同纠纷，因此，有必要对旅客运输合同的生效时间做一探讨。

我国《合同法》第293条明确规定了客运合同的成立时间，即"客运合同自承运人向旅客交付客票时成立"，但却没有直接规定生效时间。就航空旅客运输合同而言，目前实际操作中使用多数人持有的观点，即：航空旅客运输合同是一种有交易习惯的合同，旅客购买机票只表明双方订立了航空运输合同，此时合同成立但并不生效，旅客与承运人约定的航空运输合同自旅客在候机楼办理登机手续完毕，领取登机凭证，合同才生效。因此，航空运输合同是附生效条件的合同。但在司法实践中，对此有不同理解。下列航空旅客运输合同纠纷案，法官就持有另一种观点。

【实例1】2005年3月20日，伍某拿着自己的身份证在北京远大泛友航空服务有限公司（以下简称"远大泛友公司"）购买了一张中国国际航空股份有限公司（以下简称"国航公司"）飞往深圳的机票，机票价格为三折，共计人民币580元。当年5月29日伍某拿着自己的机票换取登机牌的时候，机场工作人员却告诉他，他的机票"在电脑上没有记录"，因此拒绝为伍某办理登机手续。为此，伍某找到了国航公司的值班经理，该经理称伍某持有的三折机票无效，因此需要全价重新购票才能登机。为了不耽误行程，伍某重新购买了机票。事后便将国航公司和远大泛友公司一并告上了法庭，要求二被告承担违约责任，赔偿损失。

国航公司和远大泛友公司分别作出了解释。国航公司提出，客票只不过是合同成立的标志，并不是运输合同的生效要件。由于伍某出示的客票在折扣上不符合规定，因此属于无效机票，导致运输合同不能成立，航空公司不存在违约的问题。远大泛友公司则表示，由于工作人员的失误，错将国航公司的一张五折机票当作三折机票卖给了伍某，导致伍某的机票无效。为此，远大泛友公司表示道歉，并表示愿意为此承担责任，同时声明此事与被告航空公司没有任何关系。

北京市石景山区人民法院认定，航空旅客运输合同属于诺成性的非要式合同，即在将客票出售给乘客的同时，航空旅客运输合同已经成立并生效，国航公司应按照约定履行运输合同义务，其拒绝伍某登机的行为已经构成违约，理应承担违约责任。据此，法院依法判决国航公司和远大泛友公司连带赔偿伍某经济损失。

对于机票本身是否有效的判定，法官认为，在本案中，国航公司和远大泛友公司都对伍某购买机票的真实性表示认可，不能以机票价格存在问题为由否认机票本身的真实有效性。

从该案审理的结果不难看出，就航空旅客运输合同的生效时间点的认定，法官所持的观点是：在承运人将客票出售给乘客的同时，航空旅客运输合同已经成立并生效。此观点有一定的代表性。

在铁路旅客运输合同的成立和生效时间的认定上，交付客票时客运合同成立，观点较统一。就客运合同生效时间点的确定，目前有两种观点：一种是检票生效观点，即"检票进站"为铁路客运合同所附的生效条件。因为在检票以前，承运人无法提供具体的运输服务，如果旅客在检票以前退票，法律并不将其作为旅客的违约行为追究其违约责任。退票时，承运人向旅客收取的只是手续费而非违约金。这一观点体现在《铁路旅客运输规程》(以下简称"《客规》")第8条[①]的规定中："旅客运输的运送期间自检票进站起至到站出站时止"。持此观点的人，将火车站候车服务及旅客下

---

① 《铁路旅客运输规程》第8条："铁路旅客运输合同从售出车票时起成立，至按票面规定运输结束旅客出站时止，为合同履行完毕。旅客运输的运送期间自检票进站起至到站出站时止计算"。

车后直至出站前的站内服务纳入旅客运输行为中，由此得出结论：铁路旅客运输合同自检票时生效。另一种为上车生效观点。持该种观点者认为铁路客运合同的客体是铁路承运人运送旅客的行为，而只有旅客上车后，承运人才有履行其运送义务的可能，合同目的才有可能实现。若采用第一种观点，尽管表面上看似乎扩大了承运人的责任范围，有利于旅客权益的保护，但在法理上难于解释其合理性[①]。在目前的各种规定下，实际操作中体现的是第一种观点。而这一观点的运用，引发了一个操作问题，即实际操作中有进站不检票的情况，如遇有春运或长假客流高峰时，直接进站上车和平时通过绿色通道进站上车后再补票的有急事和短途旅客，客运合同何时成立并生效？在第一种观点下，不难得出结论：一般情况下，未经检票进站的，客运合同自承运人允许上车时成立并生效。通过绿色通道进站，上车后再补票的有急事和短途旅客，客运合同自进入检票口时成立并生效。而在第二种观点下，显然客运合同都是在上车时生效。

二、附期限的合同

附期限的合同，是指合同的生效或失效取决于特定的期限[②]。时间或能够表现时间内容的事实才能作为期限。常用的有延缓期限和终止期限。例如：某公司 2009 年计划来年建一幢实验楼，经过招投标后，于 2009 年 11 月与一建设工程公司签订了建设工程合同。合同约定：该合同自 2010 年 1 月 1 日生效。此为附期限的合同，2010 年 1 月 1 日该合同生效。

实际操作中，需要正确判断附条件的合同和附期限的合同。

【实例 2】某工程公司欠水泥厂货款 300 万，债已到期。水泥厂上门追讨，工程公司与水泥厂签订还款协议，其中有一段内容：

---

① 孙林：《铁路客运合同立法研究》，《铁道经济研究》，2009 年第二期。

② 参见朱广新：《合同法总则》，137 页，北京：中国人民大学出版社，2008。

工程公司欠款是因为某开发商拖欠工程公司工程款所致，到×月开发商支付工程款时再还给水泥厂。×月到了，工程公司未还款，并拿出还款协议言：开发商未还我公司钱，故我公司也不能还你厂。因为我们签了附条件的合同。而水泥厂则认为还款协议是附期限的合同，某工程公司应按约定在×月还款。

【问题】工程公司与水泥厂的协议是附条件的合同还是附期限的合同？

【分析】上述问题之所以产生疑问是因为条款中“到×月开发商支付工程款时再还给水泥厂”的内容，看似既有条件又有期限的表述，本案中如何理解和履行，属于合同解释的范畴。一说是附期限的合同，×月即是还款期限；一说是附条件的合同，待条件成就，即开发商支付了拖欠的工程款后，工程公司再履行还款义务。本书认为，工程公司与水泥厂所签协议是附期限的合同。工程公司应当在双方约定的×月期限到来时履行还款义务。当合同内容处于模糊不清的状态时，有偿合同应当作有利于债权人的解释，这与我国合同法注重保护债权人合法权益的立法价值取向相吻合。无偿合同应当作有利于债务人的解释，理由是：无偿合同不是进行交易，债务人是无偿付出的一方，其无偿付出往往是救助行为，或者是基于道德观念所为。法律有巩固、提倡正确道德观念，弘扬正义、构建和谐社会的任务，与此任务相适应，对无偿合同内容有疑义时，应作有利于债务人的解释。还应注意的是：合同解释的结果不得违反公平原则，若违反了该原则，说明解释发生了错误。上述还款协议如果解释成附条件的合同，对水泥厂的债权不利，显然不公平。

第二节　对生效有特殊要求的合同

法律评价合同有效与否，是看其是否具备有效合同的要件。一般合同的有效要件包括：(1)行为人具有相应的民事行为能力；(2)意思表示真实；(3)不违反法律或者社会公共利益；(4)合同标的确定和可能。根据法律法规和相关规定，一些合同需要具备特殊的有效条件，如：批准、登记等，若不具备相应条件，合同无效。

【实例 3】某铁路多经公司与某发电厂签订了三份合同。一份为代购合同：铁路多经公司代发电厂买煤并垫煤款。一份为运输合同：铁路多经公司将代发电厂买的煤运到其指定地点。一份为抵押合同：发电厂将其一处门面房抵押给铁路多经公司，若不能按双方合同约定期限支付煤款和运输费用，则铁路多经公司行使抵押权。但合同签订后未到房产部门进行抵押物（门面房）登记。铁路多经公司按照前两份合同履约之后发电厂不能履约。于是，铁路多经公司按照第三份抵押合同的约定，准备在发电厂门面房上主张抵押权人的权利，却被告之抵押合同无效。

【分析】上述抵押合同在《物权法》没有实施之前，根据《担保法》第 41 条的规定被判定无效，是因为《担保法》将抵押物登记作为抵押合同的生效要件。因此，不动产抵押合同属于需要具备特殊条件才有效的合同，这一特殊条件就是办理不动产抵押登记。在《物权法》的规定下，抵押物登记是确认铁路多经公司抵押权设立的前提。现行物权法虽然也强调了不动产登记制度，但与担保法不同的是，物权法将抵押合同的效力与抵押权的设立分开，未进行抵押物登记使得抵押权设立落空，但不影响抵押合同的效力，如果发电厂违反了抵押合同，铁路多经公司可以追究发电厂的违约责任。

本例中铁路多经公司由于没有及时将抵押物进行登记，致使抵押权未设立，设定债权担保落空。前两份合同的债权只能按一般债权来主张。

分析上例涉及法律对抵押的规定。《民法通则》第 89 条[①]对

① 《民法通则》第 89 条规定："依照法律的规定或者按照当事人的约定，可以采用下列方式担保债务的履行：……（二）债务人或者第三人可以提供一定的财产作为抵押物。债务人不履行债务的，债权人有权依照法律的规定以抵押物折价或者以变卖抵押物的价款优先得到偿还。"

抵押作了规定，但过于笼统，实践中便出现了以无权处分的财产或者以权属有争议的财产抵押的情况，从而导致抵押权难以实现。《担保法》对实践经验加以总结，在第 34 条①中明确了可以抵押的财产，但主要是不动产，虽然有"其他财产"可以抵押的表述，但是并没有明确可以抵押的动产的范围。《物权法》解决了上述问题，明确规定"生产设备、原材料、半成品、产品"可以抵押；法律、行政法规未禁止抵押的财产可以抵押。

《物权法》第 180 条对抵押财产的范围作了规定："债务人或者第三人有权处分的下列财产可以抵押：(一)建筑物和其他土地附着物；(二)建设用地使用权；(三)以招标、拍卖、公开协商等方式取得的荒地等土地承包经营权；(四)生产设备、原材料、半成品、产品；(五)正在建造的建筑物、船舶、航空器；(六)交通运输工具；(七)法律、行政法规未禁止抵押的其他财产。抵押人可以将前款所列财产一并抵押。"同时《物权法》第 187 条对不动产抵押登记作了规定："以本法第 180 条第一款第一项至第三项规定的财产或者第五项规定的正在建造的建筑物抵押的，应当办理抵押登记。抵押权自登记时设立。"

需要指出的是，《担保法》第 41 条规定了"抵押合同自登记之日起生效"，《物权法》对抵押合同效力和抵押权的效力作了必要区分，将《担保法》第 41 条的规定修改为"抵押权自登记时设立"。如果上述实例发生在《物权法》实施后，那么第三份抵押合同并不因门面房未作登记而无效，只是铁路多经公司在门面房上的抵押权未设立。如果发电厂在抵押物门面房登记的问题上违反了与铁路多经公司合同的约定，致使铁路多经公司抵押权设定落空，那么，

---

① 《担保法》第 34 条："下列财产可以抵押：(一)抵押人所有的房屋和其他地上定着物；(二)抵押人所有的机器、交通运输工具和其他财产；(三)抵押人依法有权处分的国有的土地使用权、房屋和其他地上定着物；(四)抵押人依法有权处分的国有的机器、交通运输工具和其他财产；(五)抵押人依法承包并经发包方同意抵押的荒山、荒沟、荒滩等荒地的土地使用权；(六)依法可以抵押的其他财产。"

铁路多经公司可以追究发电厂的违约责任。

由上例引出一个问题:若发电厂抵押给铁路多经公司的不是门面房,而是一辆等值宝马车,同样没有进行抵押物登记,结果又如何? 了解物权法关于物权变动的制度为解决这一问题所必须。

《物权法》第 188 条规定:“以本法第 180 条第一款第四项、第六项规定的财产或者第五项规定的正在建造的船舶、航空器抵押的;抵押权自抵押合同生效时设立;未经登记,不得对抗善意第三人。”由《物权法》规定可以看出,不动产物权的设立、变更、转让和消灭应当办理登记,不办理登记,不发生物权效力。动产物权的设立、变更、转让和消灭未登记不影响动产抵押权的设立,但由此在动产上设立的抵押权不得对抗善意第三人。可见,上案发电厂如果用动产宝马车做抵押,即便不进行车辆抵押登记,抵押权在合同生效时也已经设立。

对于动产抵押权的设立,物权法之所以没有要求同不动产抵押权设立一样,以登记为生效要件。主要原因在于:第一,我国现行的有关法律已经与国际通用做法接轨,规定某些交通运输工具的抵押采用登记对抗制度。比如《民用航空法》第 16 条规定:“设定民用航空器抵押权,由抵押权人和抵押人共同向国务院民用航空主管部门办理抵押权登记;未经登记,不得对抗第三人。”《海商法》第 13 条规定:“设定船舶抵押权,由抵押权人和抵押人共同向船舶登记机关办理抵押权登记;未经登记的,不得对抗第三人。”第二,当事人采用不转移占有的抵押方式担保债权实现往往基于双方相互的信任,如果对这些动产抵押也要求进行抵押财产登记,可能会对当事人造成不方便,也会增加抵押人的费用,在比较偏远的地区办理抵押登记会更加困难。此外,还由于动产便于移动,即使办理了抵押登记,也不能防止所有权人将已抵押的动产转让给他人。因此,动产抵押是否登记,应当给当事人以选择权,由他们根据具体情况自己决定。

需要在工作中把握的是,对“未经登记,不得对抗善意第三人”

这一规定的理解和运用。首先,合同签订后,如果抵押人将抵押财产转让,对于善意取得该财产的第三人,抵押权人无权追偿,而只能要求抵押人重新提供新的担保,或者要求债务人及时偿还债务。其次,抵押合同签订后,如果抵押人以该财产再次设定抵押,而后位抵押权人进行了抵押登记,那么,实现抵押权时,后位抵押权人可以优于前位未进行抵押登记的抵押权人受偿。如果办理了抵押物登记,抵押权就具有了对抗第三人的法律效力,只要债务履行期限届满,债务人没有履行债务,此时不论抵押物转移到谁手中,抵押权人都可以就该抵押物实现抵押权。由此可见,为了切实保障实现自己的债权,在条件许可的情况下,债权人最好积极进行抵押物登记。

综上,为了保证合同有效,除了要具备合同有效的基本要件外,还需要关注法律法规对合同效力的特殊规定,并满足之。

第三节　无效合同

合同的无效指的是合同不依当事人的意思表示发生效力,并非合同在法律上不发生任何效果。民事合同一旦被宣布无效,当事人双方就需要承受无效合同所带来的法律后果,包括:返还财产;赔偿损失;承担缔约过失责任;行政处罚等。

合同的无效与合同的不成立不同,前者是合同已经成立,但欠缺合同的有效要件;后者是未满足合同的成立要件。无效合同自始没有法律约束力。

法律、行政法规规定合同应当办理批准手续的,不管是否明示合同在办理批准手续后才能生效,只要未按照规定办理批准手续,合同就不生效。但司法解释对其作了一些变通①,如:在起诉前,

① 《最高人民法院关于审理商品房买卖合同纠纷案件适用法律若干问题的解释》第2条:"出卖人未取得商品房预售许可证明,与买受人订立的商品房预售合同,应当认定无效,但是在起诉前取得商品房预售许可证明的,可以认定有效。"

当事人办理完相关证明手续的,可以认定合同有效。

法律、行政法规规定合同应当办理登记手续,但未规定登记后才生效的,当事人未办理登记手续不影响合同的效力,影响的是标的物所有权及其他物权权属的转移[1]。由此可见,合同登记备案手续并非合同生效要件。

《合同法》第 52 条对导致合同无效的原因作了归纳:"有下列情形之一的,合同无效:(一)一方以欺诈、胁迫的手段订立合同,损害国家利益;(二)恶意串通,损害国家、集体或者第三人利益;(三)以合法形式掩盖非法目的;(四)损害社会公共利益;(五)违反法律、行政法规的强制性规定。"第 53 条规定了"造成对方人身伤害的,因故意或者重大过失造成对方财产损失的"免责条款无效。

从目前立法司法情况看,无效合同的范围正在被逐步缩小,如"法释[2009]5 号"第 14 条[2]特别针对合同法第 52 条第(五)项规定的"强制性规定"作出了解释,即"强制性规定"是指效力性强制性规定。联系《最高人民法院关于适用〈中华人民共和国合同法〉若干问题的解释(一)》(以下简称"法释[1999]19 号"第 4 条的规定:"合同法实施以后,人民法院确认合同无效,应当以全国人大及其常委会制定的法律和国务院制定的行政法规为依据,不得以地方性法规、行政规章为依据。"由此看出,只有违反"强行法"的合同才无效,违反"任意法"的合同不能被当然认定为无效。

与合同效力相关的规定还有"法释[2009]5 号"第 5 条:"当事

① 《最高人民法院关于适用〈中华人民共和国合同法〉若干问题的解释(一)》(法释[1999]19 号)第 9 条:"依照合同法第四十四条第二款的规定,法律、行政法规规定的合同应当办理批准、登记等手续才生效,在一审法庭辩论终结前当事人仍未办理批准手续的,或者仍未办理批准、登记等手续的,人民法院应当认定该合同未生效;法律、行政法规规定合同应当办理登记手续,但未规定登记后生效的,当事人未办理登记手续不影响合同的效力,合同标的物所有权及其他物权不能转移。"

② "法释[2009]5 号"第 14 条:合同法第五十二条第(五)项规定的"强制性规定",是指效力性强制性规定。

人采用合同书形式订立合同的,应当签字或者盖章。当事人在合同书上摁手印的,人民法院应当认定其具有与签字或者盖章同等的法律效力。”这一规定体现了鼓励交易的原则。

在司法实践中,处理无效合同成本高,恢复原状困难。无效合同范围过大,也与鼓励交易的合同法原则相悖。

需要加以说明的是,就无效合同而言,在处理的理念和方法上,我国民事法律与劳动法律有所不同,可以说后者优于前者,处理合同问题时应注意区分。《劳动合同法》第 28 条规定:“劳动合同被确认无效,劳动者已付出劳动的,用人单位应当向劳动者支付劳动报酬。劳动报酬的数额,参照本单位相同或者相近岗位劳动者的劳动报酬确定。”由此可见,我国劳动法律对无效劳动合同并不像民事法律对待无效民事合同一样,强调其自始无效,只要劳动者曾基于无效劳动合同付出了劳动,用人单位就需要支付报酬。从律条规定上可以看出,劳动法律对无效合同当事人的保护是倾向劳动者的,而民法对无效合同当事人实行的是平等保护。

第四节 效力待定的合同

效力待定的合同,是指合同欠缺有效要件,能否发生当事人预期的法律效力,有待于权利人的追认。此类合同的最大特点在于合同效力悬而未决。《合同法》第 47 条、第 48 条、第 51 条规定了三种效力待定的合同。

一、限制民事行为能力人订立的合同

根据《民法通则》的规定,10 周岁以上不满 18 周岁的未成年人为限制民事行为能力人(其中 16 周岁以上不满 18 周岁的公民,以自己的劳动收入为主要生活来源的,视为完全民事行为能力人)。他们若独立订立合同,除纯获利或与其年龄、智力、精神健康状况相应的外,需经其法定代理人追认方为有效。

二、无代理权人订立的合同

1. 代理的概念和特征

代理是代理人以被代理人的名义，在代理授权范围内，与第三人进行的，确立被代理人与第三人之间一定的法律关系的法律行为。代理的特征如下：

(1)代理是一种法律行为；

(2)代理是代理人以被代理人的名义进行的，即代替被代理人进行的法律行为；

(3)代理是代理人在代理授权范围内所为的独立意思表示；

(4)代理人在代理权限内进行代理的法律后果直接归被代理人。

2. 委托代理的运用

企业经营中，委托代理较常见。顾名思义，委托代理权基于被代理人的授权委托而产生。

铁路企业在多种经营中，为了方便托运人运输货物，有些公司开设了货物运输代理业务。常见的操作模式有两种：一种是开展货物运输代理业务的公司以自己的名义代实际托运人与承运方(铁路局)签订货物运输合同，从合同表面看，当事人双方一方是铁路局，另一方是货物运输代理公司。另一种是有货物运输代理业务的公司以实际托运人的名义与承运方(铁路局)签订货物运输合同，合同当事人一方是铁路局，另一方是实际托运人。基于合同相对性原理，在第一种模式下，一旦出现货损索赔情况，实际托运人由于不是货物运输合同的一方当事人，只能由货物运输代理公司向承运人提出索赔或诉讼。对实际托运人而言，这种操作存在一定风险，需要与货物运输代理公司另有一份合同来约定出现货损的赔偿责任。后一种模式下，实际托运人可以在货物运输代理公司的协助下，直接向承运方索赔和起诉。后一种模式符合民法意义的代理要件。

3. 无权代理与表见代理

无权代理是指没有代理权，而以他人名义进行的活动。无权代理人与他人签订的合同属于效力待定的合同，而不是绝对无效的合同。如果被代理人对该合同予以追认，则合同有效。

无权代理在符合一定条件时构成表见代理。表见代理是指代理人虽不具有代理权，但具有代理关系的表面要件，这些表面要件足以使无过错的第三人相信其具有代理权。[①] 表见代理区别于无权代理的根本点在于相对人无过错，即相对人不知道也不应该知道代理人没有代理权，这也是表见代理的核心。表见代理合同是表见代理理论在合同法中的具体运用。法律设立表见代理的意义在于保护善意第三人的利益，维护人们对代理制度的信赖，维护交易安全，鼓励交易。需要指出的是，因表见代理所订立的合同不是效力待定的合同。根据《合同法》第 49 条[②]的规定，因表见代理所订立的合同，在合同订立之时，如果符合合同的其他生效要件，合同有效。即表见代理一旦成立，在法律后果上有如有权代理。举以下实例以说明之。

【实例 4】某铁路多经公司与煤矿签订买卖合同，从煤矿处买煤后供给发电厂。由于煤矿售出的煤存在质量问题，发电厂拒收。在某铁路多经公司多次催促煤矿派人来解决问题后，煤矿派供销科长前来洽商。经铁路多经公司、煤矿和发电厂三方协商，达成一致意见：发电厂不退货，但此批煤价款在原有价款基础上打八折，年终结算时各方按此折扣执行。三方就此签订了补充协议。结算时，煤矿不履行，称所签补充协议系科长所为，未盖单位合同章，未经单位认可，是无效协议，应按原合同价款结算。

【问题】该补充协议是否有效？科长的身份能否确定为煤矿的

---

① 参见王家福主编《中国民法学民法债权》，609 页。

② 《合同法》第 49 条："行为人没有代理权、超越代理权或者代理权终止后以被代理人的名义订立合同，相对人有理由相信行为人有代理权的，该代理行为有效。"

代理人?

【分析】煤矿的观点错误,案中补充协议合法有效。科长为煤矿的表见代理人。

本例涉及的法律问题主要是表见代理的成立和补充协议的效力。实例中供销科长的行为构成表见代理。供销科长的工作范围包括对外销售本单位产品,为此签订合同的行为是职务代理[①]行为。

实践中,职务代理是构成表见代理的一个常见原因。在职务代理中,代理人的权限由被代理人通过职务的任命等授权行为而产生,授权的前提是代理人与被代理人有劳动关系。上述供销科长作为煤矿的工作人员,有义务按照单位的指派或者要求从事业务活动,他受单位委派前来解决合同纠纷,单就这一点,足以让合同对方当事人认为在解决合同解纷这一事项上,供销科长是煤矿的代理人。再从职务这一角度分析,供销科长的职务身份也决定了他处理单位的购销纠纷系“份内之事”,使对方当事人有充分理由认定其是煤矿的代理人。因此,实例中供销科长所为符合职务代理特征。由此确定补充协议有效。

实践中,铁路局主管业务的副局长和站、段长在其职责范围内所签的合同,也常常基于表见代理原理被认定为有效,由此铁路局作为被代理人要承担法律后果。

三、无处分权人订立的合同

无处分权,是指没有处分权而处分他人财产的行为。无处分权人处分他人财产而订立的合同,只有经过权利人追认或无处分权人在订立合同后取得处分权的,合同才能生效[②]。铁路企业经

① 单位与本单位工作人员之间因职务发生的代理关系,被称之为“职务代理”。

② 《合同法》第 51 条:“无处分权的人处分他人财产,经权利人追认或者无处分权的人订立合同后取得处分权的,该合同有效。”

营中出现的铁路局下属站、段对外签订合同,处分其无权处分的铁路财产,便属于此类。

【实例 5】某铁路局下属某段未报经局里批准便与一地方企业签订联营合同,合同约定某段出地(铁路划拨用地),地方企业出资金,在该地上盖一饭店,盖好后由双方共同经营。饭店施工过程中,铁路局统一规划用地,将这块地划作它用,某段与地方企业协商解除联营合同,地方企业不同意,双方协商未果,酿成纠纷。

在诉讼过程中,铁路局提出,合同涉及的用地为铁路划拨用地,对其如何经营使用,决定权在铁路局。某段只是局下属的一个生产部门,无权处分铁路用地,更不具备以土地对外进行投资的主体资格,该段以土地出资为内容订立的合同属于没有处分权的某段处分铁路局财产的行为,某段事前未上报铁路局,事后又没有得到铁路局的追认,因此,其所签合同无效。

地方企业不同意铁路局的观点,认为与某段所签联营合同已经实际履行,期间铁路局及某段未就合同主体及内容提出任何异议,由此推定对合同的效力铁路局是认可的,现单方提出解除联营合同于法不符,且会给企业带来巨大损失,因此提出应该继续履行联营合同。地方企业又提出,即便认定双方所签合同无效,过错方也是铁路局某段,与我方无关,铁路局应该赔偿由此给我方造成的损失。

【分析】上述案例,地方企业的观点不无道理。铁路局下属站、段不具有法人资格,也不属于登记注册的法人的分支机构,一旦对外行为,形成一定法律后果,其民事责任要由铁路局承担。某段无权处置铁路划拨用地,以铁路划拨用地出资的行为是越权行为,其所造成的不利后果由铁路局承担。

处理上述纠纷时,应当关注于 2009 年 5 月 1 日起正式实施的《中华人民共和国企业国有资产法》(以下简称《企业国有资产法》)的相关规定,其第 47 条规定:"国有独资企业、国有独资公司和国有资本控股公司合并、分立、改制,转让重大财产,以非货币财产对外投资，清算或者有法律、行政法规以及企业章程规定应当进行资产评估的其他情形的，应当按照规定对有关资产进行评估。"由此看来，即便是具有主体资格的铁路局，如果以非货币资产对外投资，也应当按照《企业国有资产法》的规定，先对出资财产进行评估。

第五节 可变更或可撤销的合同

可变更的合同，是指按法律规定的事由、方法及程序可对其内容加以修改的合同。可撤销的合同，是指因意思表示不真实，通过撤销权人行使撤销权，使已经生效的合同自始归于消灭。该制度的设立，既体现了法律对公平交易的要求，又体现了意思自治的原则，是该两项价值的调和。

从定义中看，可变更和可撤销的合同是意思表示有瑕疵的合同，实践中也常因一方的违法行为而导致相对人意思表示有瑕疵。如：一方有欺诈、胁迫行为时，导致对方基于错误信息或不得已做出的意思表示便是有瑕疵的意思表示，由此而成就的合同权利人有权变更或撤销。至于哪些合同可以被变更或被撤销，需以法律规定的为准。根据《合同法》第 54 条[①]的规定，当事人因重大误解而订立的合同及在订立合同时显失公平的，一方以欺诈、胁迫的手段或者乘人之危，使对方在违背真实意思的情况下订立的合同，可以变更或撤销。

实践中，如何把握可变更或可撤销的合同，以下例子便于加深对《合同法》第 54 条的理解。

---

① 《合同法》第 54 条："下列合同，当事人一方有权请求人民法院或者仲裁机构变更或者撤销：(一)因重大误解订立的；(二)在订立合同时显失公平的。一方以欺诈、胁迫的手段或者乘人之危，使对方在违背真实意思的情况下订立的合同，受损害方有权请求人民法院或者仲裁机构变更或者撤销。当事人请求变更的，人民法院或者仲裁机构不得撤销。"

【实例 6】某公司将一处空房租给一美容美发店。合同履行一段时间后，发现该美容美发店名义上是美容美发，暗地却从事卖淫嫖娼等不法活动。于是某公司向该店提出提前终止租赁合同，遭对方拒绝。某公司到法院以对租赁合同另一方主体存在重大误解为由，提出撤销租赁合同的请求，得到法院支持。

【分析】房屋租赁合同应当建立在出租方对承租方特殊信任的基础上，本合同中作为出租方的某公司基于承租人提供的相关材料，与美容美发店签订了租赁合同。显然出租方本意是要将房屋租给该店做美容美发之用。而承租方却以美容美发之名行不法经营之实，其提供的虚假信息使得出租方对承租方发生错误认识。因此出租方可以以对承租主体产生误解为由，申请撤销该租赁合同。案中某公司通过申请撤销合同，达到终结与美容美发店租赁关系的目的，该做法值得借鉴。

需要指出的是，处理具体问题时，不能不问误解的程度，一律允许误解人撤销合同。误解只有在性质上构成重大时，才能成为撤销合同的理由。合同法中所涉及的重大误解通常包括对合同性质、当事人、标的物等方面的误解。在信托、保管、委托等以信用为基础的合同中，在以演出、加工承揽等特定技能人的技能为基础的合同中，在赠与、无偿借贷等以感情为基础的合同中，对主体的误解构成重大误解。如果由于对某些情况判断错误，导致合同行为不能达到行为人所希望发生的结果，则不能以误解为由撤销合同。理由是：仅是判断错误不能构成重大误解。

【实例 7】甲以为临街房子要拆迁，便从乙处买来，结果买后经过 10 年该房未拆。甲以重大误解为由，要求撤销当初的房屋买卖合同。

【分析】案中的甲实则是判断错误，不构成重大误解，工作中应注意辨别。

实践中，欺诈可以导致合同撤销，但应注意辨别民事上的欺诈和刑事上诈骗的不同。

【实例 8】甲与乙在同一单位工作。甲一直生病在家。某日，单位购买了城市建设奖券，发给每个职工三张，领取时需登记实名。乙替甲领取奖券后私自打开，发现其中一张中了头奖 6 000 元。乙在给甲送奖券时对甲说："我给你领的奖券如果中奖了怎么办？"甲说："好说，奖金一人一半。"此时乙出示了奖券，要求分得 3 000元奖金，甲反悔。乙将甲告上法庭，请求法院判决甲履行承诺，分给乙 3 000 元。理由是：甲自愿承诺奖金一人一半，口头合同已经成立，就应该履行。

【问题】乙的请求能否得到法院的支持？甲能否撤销口头合同？

【分析】本例中乙的请求不能得到法院的支持，甲可以撤销"一人一半"的合同。因为在口头合同成就的过程中，乙有欺诈行为。

合同欺诈，是指以使他人陷入错误并为相应意思表示为目的，故意陈述虚假事实或者隐瞒真实情况的行为。实践中注意从以下角度作出判断：一是欺诈的一方主观上有恶意，客观上实施了欺诈行为；二是受欺诈的一方因受到欺诈而陷入错误，作出不真实的意思表示。本例中，乙早已知道甲名下的奖券中奖，却在向甲陈述情况时隐瞒。使得甲在未了解真实情况的前提下做出了意思表示，该意思表示不是甲真实的意思，乙的行为构成合同欺诈，由此，甲可以撤销该合同。

《合同法》第 54 条将"乘人之危"作为变更和撤销合同的原因，在理解上需要把握的是，法律对商人的要求与对一般百姓的要求不同，商事合同不适用乘人之危。

例如：商人甲急需一批电器零件，向乙购买，乙借口该零件市场已经脱销，自己也存货不多，提出每件单价提价 100 元，甲无奈，只得应允。事后甲以乙乘人之危为由提出变更合同标的物价格条款。未获得法院支持，原因在于：对于经商者而言，市场变化、交易风险和价格竞争应在预料之中，不能理解为是乘人之危。对一般百姓而言，法律的要求就宽容得多。例如：张某儿子患急病，深夜叫出租车去医院，司机索要600元（正常价格为60元），司机的行为就构成乘人之危。从合同的角度讲，张某能以司机乘人之危索要高价为由，提出变更合同的价格条款，要回司机多收的钱。

司法实践中，从尽量保护合同，鼓励交易的角度出发，合同变更优于撤销。实际上，一些含有价格欺诈条款的合同，往往只存在变更的问题。如：乙公司为甲单位盖一幢楼房，索要1 700万元，甲单位请权威部门检算，结果只需800万元，乙公司虚报高价的行为属于价格欺诈，甲单位只要申请变更该合同的价格条款即可。如果变更不能，再考虑撤销合同。

依照法律规定，具有撤销权的当事人自知道或者应当知道撤销事由之日起一年内没有行使撤销权，或者行为人放弃撤销权的，撤销权消灭①。被撤销的合同自始没有法律约束力，但不影响合同中有关解决争议方法的条款的效力。

---

① 《合同法》第55条："有下列情形之一的，撤销权消灭：（一）具有撤销权的当事人自知道或者应当知道撤销事由之日起一年内没有行使撤销权；（二）具有撤销权的当事人知道撤销事由后明确表示或者以自己的行为放弃撤销权。"

第四章 合同的履行

合同的履行是合同法中一个极为重要、关键的问题。当事人之所以要订立合同，完全是为了实现合同的目的。在合同法律实务中，合同的订立是前提，合同的履行是关键。当事人应当按照合同规定全面履行自己的义务，重视对履约的过程控制。否则，当事人的合同目的就会落空。合同的履行是一个双方行为完成的综合过程，双方当事人各自履行合同的义务，也是对方合同权利实现的必要前提。合同当事人在自己依法履约的同时需要关注对方的履约情况，一旦对方出现或可能出现不能履约或不能完全履约的情形，应当及时依法采取自保措施，以防范合同风险。

第一节 合同履行的基本原则

合同的履行，是指债务人全面、适当地完成合同义务，使得债权人的合同权利得以全面实现。

合同履行的原则，是指合同当事人在履行合同义务过程中，必须遵守的一般规则。合同的履行在合同法中占有极其重要的地位，合同履行的原则又是合同履行的重要内容。

一、全面履行原则

《合同法》第 60 条第一款规定："当事人应当按照约定全面履行自己的义务。"根据法律规定，当事人应当正确、适当地履行合同义务，即按照合同约定的标准、数量、质量、履行期限、地点、方式，全面完成合同义务。为了更好地执行这一原则，合同法在总结了我国民事立法经验，借鉴国外立法成就的基础上，于第 61 条、第 62 条做了相应规定。

《合同法》第 61 条规定："合同生效后，当事人就质量、价款或者报酬、履行地点等内容没有约定或者约定不明确的，可以协议补充；不能达成补充协议的，按照合同有关条款或者交易习惯确定。”第 62 条规定：“当事人就有关合同内容约定不明确，依照本法第 61 条的规定仍不能确定的，适用下列规定：(一)质量要求不明确的，按照国家标准、行业标准履行；没有国家标准、行业标准的，按照通常标准或者符合合同目的的特定标准履行。(二)价款或者报酬不明确的，按照订立合同时履行地的市场价格履行；依法应当执行政府定价或者政府指导价的，按照规定履行。(三)履行地点不明确，给付货币的，在接受货币一方所在地履行；交付不动产的，在不动产所在地履行；其他标的，在履行义务一方所在地履行。(四)履行期限不明确的，债务人可以随时履行，债权人也可以随时要求履行，但应当给对方必要的准备时间。(五)履行方式不明确的，按照有利于实现合同目的的方式履行。(六)履行费用的负担不明确的，由履行义务一方负担。”

合同法的规定，为当事人在合同中就主要条款约定不明确的情况，提供了补救途径，从而为全面履行合同打下了基础。如果合同当事人在经营中无视合同约束力，不正确、全面履约，给对方造成损失，应该承担责任。

【实例 1】某钢铁公司(以下简称钢铁公司)与某铁路材料仓库(以下简称材料仓库)签订了仓储合同。双方约定：材料仓库为钢铁公司提供货物的接收、入库、保管、出库、发运服务，并保证其提供服务过程中钢铁公司仓储货物的数量、质量安全。还约定：材料仓库出货时须审核钢铁公司提货单上的印章和签字，严格履行出货程序，如以其他任何方式出货，给钢铁公司造成损失，由材料仓库负责赔偿。合同履行后的一年内，钢铁公司共存入材料仓库 33 799吨钢材，开出 26 831 吨提货单。到年底双方核对库存时，钢铁公司发现铁路材料仓库库存钢材与实际出货数量相差 5 261 吨，于是按约向材料仓库提出索赔货款 1 000 多万元。

经查，某建材经销公司设在材料仓库旁，由于经常到仓库提货,建材经销公司的业务员与仓库管理人员十分熟悉。平时在钢铁公司买钢材必须先支付货款,然后钢铁公司才为其开具提货单。在发现材料仓库管理松懈后,实际操作时,某建材经销公司业务员便多次用本公司的提货单先将钢材从材料仓库提出,待货物卖出收回货款后,再将货款打给钢铁公司,待建材经销公司取得钢铁公司的提货单后,再补交给材料仓库。对此种做法,材料仓库从未提出过异议,这样一来,就变成了建材经销公司先从仓库提货,卖货,用收回的货款付给钢铁公司以取得提货单,再将提货单补给材料仓库。但是卖出去的货并不能保证及时收回全部货款,同时建材经销公司将大量回款用于买房和还债,这样就不能及时付款得到钢铁公司的提货单补给材料仓库。以此种方式,建材经销公司先后从材料仓库提走钢材 5 261 吨而未交付提货单,最终造成钢铁公司 1 000 多万元货款流失。

【分析】钢铁公司 1 000 多万元货款的流失与材料仓库的管理及具体工作人员履约意识的缺乏有密切关系。材料仓库一方无视合同约束力,实际上早已背离了原合同双方“见单出货”的约定,违反合同法“全面履行”的原则和《合同法》第 60 条[①]规定,应该承担赔偿责任。

二、诚实信用原则

诚实信用原则,简称诚信原则,是指民事主体在从事民事活动中应本着善意、诚实的态度行使民事权利和履行民事义务,讲究信誉、恪守信用。该原则体现在《合同法》第 60 条第 2 款的规定中:“当事人应当遵循诚实信用原则,根据合同的性质、目的和交易习惯履行通知、协助、保密等义务。”具体到合同履行中,该原则要求

---

① 《合同法》第 60 条规定:“当事人应当按照约定全面履行自己的义务。当事人应当遵循诚实信用原则,根据合同的性质、目的和交易习惯履行通知、协助、保密等义务。”

合同关系中负有义务的一方当事人对履行合同应抱有善良愿望和真诚的努力，这是对义务人履行合同的最根本要求。同时要求权利人尽积极的协助义务，帮助义务人如约履行合同。如：在送货方履行送货义务时，收货方应积极协助接收货物；付款方支付款项前，收款方提供有效、正确的账号等。

诚信原则不仅是整个合同法中最重要的基本原则之一，而且是合同履行的最高原则。

随着世界各国民事立法中诚实信用原则的确立及该原则在司法实践中的广泛应用，诚实信用原则除了在合同履行中体现了以上内容外，判例和学说中还提出了一些合同履行中基于诚信原则而生的“附随义务”。附随义务是指在法律无明文规定，当事人之间也无明确约定的情况下，基于诚信原则，为维护对方当事人的利益，并依社会的一般交易观念，当事人应负担的义务或称应承担的约束①。主要包括：通知义务、协助义务、保密义务、注意义务、告知义务、说明义务、照顾义务、防止损失扩大义务②、忠实义务等。如果合同一方违反上述附随义务给对方当事人造成损失，应当承担赔偿责任。合同附随义务的合理配置也是合同正义的体现，此义务的提出和运用，有较明显的社会道德价值判断痕迹。“附随义务”理论用于司法实践，一般由法官根据案件具体情况，慎重裁量。

1. 诚实信用原则的运用

在合同履约中，诚实信用原则无处不在，基于此原则，正确选择适用法条，对处理合同纠纷具有实际意义。

【实例 2】某建筑公司为确保施工用料，于 2000 年 12 月 5 日与某水泥厂签订了一份批量供应水泥的合同：2001 年度，由水泥

---

① 参见王利明：《合同法要义与案例细解（总则）》，北京：中国人民大学出版社，2001。

② 《合同法》第 119 条规定：“当事人一方违约后，对方应当采取适当措施防止损失的扩大；没有采取适当措施致使损失扩大的，不得就扩大的损失要求赔偿。”

厂供应建筑公司水泥 1 000 吨,分 4 批供货,每批发运 250 吨;货物由供方负责发运,运费和货款在每批交付后 5 日内由需方付清。合同签订后,水泥厂于 2001 年 2 月 11 日向建筑公司发运水泥 250 吨,建筑公司于当月 14 日结清了本次运费和货款。2001 年 3 月至 10 月是水泥的销售旺季,水泥厂的产品供不应求,故这一期间未向建筑公司发货。建筑公司发函催告无效,工地将停工待料,于是只好在别处购买了水泥 400 吨,因当时水泥供应紧张,建筑公司购买的这 400 吨水泥,每吨比原订货价高 100 元。进入 11 月份以后,工程量减少,水泥开始滞销,水泥厂于 11 月 10 日向建筑公司发货 250 吨,11 月 30 日又向建筑公司发货 250 吨。建筑公司收到 11 月 30 日的第二次发货后,立即电告水泥厂"停止发货,来人协商"。在协商中,建筑公司提出:"公司仓库只能存 300 吨水泥,当时言明全年分 4 批发货共 1 000 吨,应按季度每批发 250 吨,水泥厂第二季度、第三季度未发货,已经造成我公司 4 万元损失,现在补发必然造成积压,我方无法存放,肯定又要造成重大损失"。水泥厂则认为,"当时合同中只是规定全年要分 4 批发货 1 000吨,并未写明每季度发一次,我们按照合同每批发 250 吨,分 4 批发货没有错误"。于是不顾建筑公司的反对,于 12 月 20 日又向建筑公司发运水泥 250 吨。至此,水泥厂认为自己完全按规定履行了合同,建筑公司拒不支付货款属于单方违约,便诉至法院,要求建筑公司付款。建筑公司则以水泥厂迟延履行为由提出反诉,要求水泥厂承担违约责任并终止合同。

【问题】水泥厂是否违约?在法律适用上,本案应该适用《合同法》第 138 条[①]还是适用第 139 条[②]?

---

① 《合同法》第 138 条:"出卖人应当按照约定的期限交付标的物。约定交付期间的,出卖人可以在该交付期间内的任何时间交付。"

② 《合同法》第 139 条:"当事人没有约定标的物的交付期限或者约定不明确的,适用本法第六十一条、第六十二条第四项的规定。"

【分析】本例的关键在于确定交付水泥的期限。当事人在合同中约定 2001 年一年内分 4 次交货，但四次交货的具体时间却没有具体约定，能否就此认定当事人在合同中明确约定了标的物的交付期间为 2001 年一年？如果答案是肯定的，则按照《合同法》第 138 条关于交付期间的规定，水泥厂可以在 1 年内的任何时间交货。反之，如果认定当事人在合同中约定标的物的交付期限不明确，则不能按照《合同法》第 138 条处理，应考虑适用《合同法》第 139 条。

本例的当事人虽然在合同中约定了 20C1 年 1 年内分 4 次交货，但未规定每次交货的期限。从合同的内容看，该合同的当事人是分期分批履行交付义务的，每一次的交付都应在规定的期限内履行。而合同中当事人并没有约定每次交付的具体时间，应当认定当事人没有约定标的物的交付期限或者至少可以说约定的期限不明确。因此，本书以为应适用《合同法》第 139 条规定。

据上述，水泥厂在第一季度交付了第一批 250 吨水泥后，第二季度、第三季度因处于销售旺季，为卖高价而没有给建筑公司供货，到第四季度进入销售淡季后才完成了向建筑公司的第二批至第四批供货。而建筑公司在自己库存能力有限的情况下，为了确保施工用料，才与水泥厂约定一年内分 4 批供货。第二季度、第三季度水泥厂没有交付水泥，显然会影响施工进度。为了保证施工，建筑公司在发函催告无效的情况下外购水泥纯属正当。按照《合同法》第 139 条规定，本案在确定交付期限上，应适用《合同法》第 61 条的规定，基于诚信原则，根据合同的有关条款或者交易习惯来解释每批水泥应当交付的时间。那么，考虑到建筑业自身的特点和本合同的目的，可以得出结论：本案当事人在合同中约定的 4 批水泥应该是按季度交货。水泥厂的后 3 次交付违反了诚实信用原则，应当承担相应的责任。

诚实信用原则及其附随义务理论，用在铁路运输合同中，提供运输服务的承运人负有告知和提示义务，此乃法定义务，承运方必须履行。否则对造成的后果应当承担相应的责任。

【实例 3】2003 年 8 月 24 日，江某购买车票上了某铁路局开行的旅客列车，车内旅客严重超员，在江某准备上 11 号车厢厕所时，由于拥挤，无法站稳，便就势将左手扶在厕所门框上，这时在其对面的旅客袁某先进了厕所并随手将厕所门带上，厕所门将江某的左手无名指压伤。列车虽进行了及时施救并将江某送入医院，但江某仍落下十级伤残(经鉴定)。于是江某在与某铁路局协商索赔未果的情况下，将某铁路局诉至法院，要求判令被告某铁路局赔偿其各项损失。

某铁路局答辩称，造成原告伤残的直接原因是旅客袁某，而且原告未尽注意义务，将左手扶在厕所门框上，也有过失，应承担相应责任。我铁路局正常运输没有过错，且事发后及时采取了措施，并支付了原告的所有医疗费用。请求法院驳回原告诉求。

经查，列车厕所门上没有相应的安全提示，列车上对厕所的使用也未进行过其他方式的安全告知。

【问题】某铁路局是否应该承担责任？为什么？

【分析】法院在审理该案时，认为根据诚实信用原则下的附随义务理论，某铁路局作为提供服务的铁路运输企业应对列车包括厕所在内的相关设施的使用进行必要的提示，被告未履行提示义务，由此对原告造成的人身损害应该承担相应的责任。

在铁路旅客运输合同的履行中，承运人应及时向旅客提供有关信息、说明有关情况，包括对不能正常运输的重要事由和安全运输注意事项的告知，对车上设备使用进行安全提示等。《合同法》第 298 条①、《客规》第 105 条②皆对此有规定。具体操作中，铁路

① 《合同法》第 298 条："承运人应当向旅客及时告知有关不能正常运输的重要事由和安全运输应当注意的事项。"

② 《客规》第 105 条规定："线路中断，列车不能继续运行时，应妥善安排被阻旅客。车站应将停办营业和恢复营业的信息及时向旅客公告。"

承运人主要是通过站、车的广播、设立提示牌和我们的工作人员口头告知来履行义务的。如果承运人没有履行提示和告知义务，使旅客在运输途中受到损害或扩大了旅客的损害，承运人应当承担相应的责任。

2. 交易习惯在处理合同问题时的应用

交易习惯，往往是指人们通过长期实践形成的，在某一领域、某一行业、或某一交易关系中普遍采用的、法律未作明确规定却不违反公序良俗的做法或方法。

对交易习惯的理解和把握会直接影响对合同问题的处理。我国《合同法》第 60 条规定："当事人应当按照约定全面履行自己的义务。当事人应当遵循诚实信用原则，根据合同的性质、目的和交易习惯履行通知、协助、保密等义务。"《合同法》第 61 条规定："合同生效后，当事人就质量、价款或者报酬、履行地点等内容没有约定或者约定不明确的，可以协议补充；不能达成补充协议的，按照合同有关条款或者交易习惯确定。"《合同法》第 125 条第一款规定："当事人对合同条款的理解有争议的，应当按照合同所使用的词句、合同的有关条款、合同的目的、交易习惯以及诚实信用原则，确定该条款的真实意思。"从合同法上述规定不难得出结论，交易习惯将会在我们的经济生活中发挥越来越重要的作用。解释合同应当依据交易习惯进行解释，由此确立了习惯解释的原则。

在我国合同法中，交易习惯还承载着填补合同漏洞的功能。以买卖合同为例，当事人没有约定标的物的交付期限或者约定不明确的，可以根据交易习惯加以确定(见《合同法》第 139 条)；当事人没有约定交付地点或者约定不明确的，可以根据交易习惯加以确定(见《合同法》第 141 条)；当事人对标的物的质量要求没有约定或者约定不明确的，可以根据交易习惯加以确定(见《合同法》第 154 条)；当事人对包装方式没有约定或者约定不明确的，可以根据交易习惯加以确定(见《合同法》第 156 条)；当事人对价款的数额、支付价款的地点、支付价款的时间没有约定或者约定不明确的，可以根据交易习惯加以确定（见《合同法》第 159 条、第 160 条、第 161 条）。

从以上规定可以看出，我国合同法突破了以往对交易习惯的否定态度，第一次以法律形式确定交易习惯的法律效力，肯定了交易习惯对合同法的必不可少的补充作用，突破了只有合同明确约定的事项才能成为合同内容的旧观念，在丰富合同法内容的同时也体现了对当事人合同权利的尊重及对诚实信用原则的遵守。在“法释[2009]5 号”中，对交易习惯的认定及举证责任作了明确规定。第 7 条规定：“下列情形，不违反法律、行政法规强制性规定的，人民法院可以认定为合同法所称“交易习惯”：(一)在交易行为当地或者某一领域、某一行业通常采用并为交易对方订立合同时所知道或者应当知道的做法；(二)当事人双方经常使用的习惯做法。对于交易习惯，由提出主张的一方当事人承担举证责任。”

交易习惯的适用，有利于解决合同纠纷，消除合同各方的意见分歧，分清责任，提高合同效率。也使得我国合同法在调节市场经济、激活市场、促进贸易、维护交易安全方面发挥了更大的作用。

在处理合同问题时，交易习惯必须符合一定的条件才可适用。首先，交易习惯要合法合规。虽然合同法未以禁止性条款规定何种交易习惯不能被适用，但作为具有法律效力的交易习惯，必须经过宪法及法律的价值评判，即交易习惯的内容不得违反法律、行政法规的强制性规定。其次，要遵循民法公序良俗原则，不得损害社会公共利益及他人利益。由于习惯具有民间性、自发性，在形成的过程中受行为人的认知能力及地区文化环境的影响，因此有些交易习惯虽然也是习惯，而且为交易活动参加者所严格遵守，但由于其存在非法性及社会危害性，法律不可能允许其适用。如赌博的规则，毒品交易中的交易习惯等。再次，当事人必须知晓且未明确约定排除交易习惯的适用。从“法释[2009]5 号”的相关规定可以看出，适用交易习惯的一方有义务证明对方已知悉该交易习惯。依诚实信用原则，当事人各方对已知的交易习惯应自觉遵守，受交易习惯的约束,违反交易习惯,同样产生违反合同义务的后果。如果当事人在合同中明确约定了排斥适用某交易习惯,则该交易习惯不得对该合同适用。

适用交易习惯应该注意遵守相关规则。首先,发生在同一合同当事人之间的交易习惯要优先适用。因为当事人之间的交易习惯与当事人双方的意思表示最为接近。其次,适用产生于特定行业、特定地区的特殊习惯。因为特殊习惯在这些行业和地区有一定的代表性。以运输合同为例,实践中有空运、海运和公路、铁路运输合同,根据不同运输方式的特点,在业内多年形成的交易习惯,相比一般习惯而言就要优先适用。如:铁路行业在旅客运输服务中形成的一系列习惯性做法,相对于旅客运输合同的通用习惯而言,应当被优先适用。最后,适用一般习惯。在没有前述习惯的情况下,众所周知的一般习惯也可以作为认定交易各方当事人真实意思的依据。

综上,交易习惯在合同当事人双方没有明示拒绝使用时,是作为合同的默示条款当然地进入合同的,它应当优先于法律的任意性规范而得到适用。举以下实例以说明之。

【实例 4】某面粉厂与糕点厂近三年来每年签订一份为糕点厂供应面粉合同,合同规定:面粉厂每接到糕点厂供应面粉电话后,需在两天内按糕点厂要求的数量送面粉上门,年底(12 月 30 日)双方按当年的实际销售量结账。某次,糕点厂发现面粉厂送的面粉中有 29 袋变质,于是电话告知面粉厂,双方说好将变质面粉退回面粉厂。次日,糕点厂派人将 29 袋面粉退回面粉厂,面粉厂管库员出具了收条,上写"今收到糕点厂退回的面粉 29"。年底结算时,糕点厂在所付货款中扣除了 29 袋面粉款,面粉厂异议,言:我厂面粉质优价低,不会一次销售就有 29 袋不合格,当时糕点厂退回的是 29 斤面粉而非 29 袋。提出让糕点厂补足所欠货款。糕点厂拒绝,双方纠纷诉至法院。

庭审中,糕点厂出示的证据只有管库员开具的收条,"29"后面没有量词，其"是29袋非29斤面粉"的主张没有得到法院的支持。一审法院判决面粉厂胜诉。

糕点厂不服，提出上诉。

二审法官调阅了面粉厂与糕点厂三年来所签的合同，以及以往双方的财务结算单据，从中发现：每次双方的面粉交易及付款记录中，都是用"袋"做量词，从没有使用过"斤"。因此得出结论：依双方的交易习惯，收条中的"29"应为"29袋"而非"29斤"。结果二审糕点厂胜诉。

如果上述案件发生在"法释[2009]5号"实施后的今天，对糕点厂出具的收条中的"29"，认定起来更加简便，适用解释中"当事人双方经常使用的习惯做法"构成合同法中的"交易习惯"即可得出结论①。

三、情事变更原则

情事变更原则，是指合同依法成立后，因不可归责于双方当事人的原因发生了不可预见的情事变更，致使合同的基础丧失或动摇，若继续维持合同原有的效力则显失公平，允许变更或解除合同的原则。② 如因法律的变化影响合同，适用情事变更。

情事变更原则的内容是建立在公平及诚实信用原则的基础上的。公平及诚实信用原则作为我国民事立法的一般原则，在《合同法》第5条、第6条③皆有体现。情事变更原则在实践中运用的意义在于根据诚实信用原则平衡当事人双方的利益，因此可以说情

① "法释[2009]5号"第7条："下列情形，不违反法律、行政法规强制性规定的，人民法院可以认定为合同法所称"交易习惯"：(一)在交易行为当地或者某一领域、某一行业通常采用并为交易对方订立合同时所知道或者应当知道的做法；(二)当事人双方经常使用的习惯做法。对于交易习惯，由提出主张的一方当事人承担举证责任。"

② 参见崔建远：《合同法》，第92页，北京：法律出版社，2003年。

③ 《合同法》第5条："当事人应当遵循公平原则确定各方的权利和义务。"《合同法》第6条："当事人行使权利、履行义务应当遵循诚实信用原则。"

事变更原则是诚实信用原则在合同法中的具体体现。另外，我国已经正式加入了《联合国国际货物销售公约》，根据法律适用的规则，该公约第 79 条第 1 款[①]对于情事变更原则的规定已经成为我国法律的一部分，我国企业在参加涉外仲裁时，面临这一原则的适用。在司法实践中，该原则一般通过司法解释和法官自由裁量权及合同的司法变更权的适用来实现，使其更具实践意义。

我国现行《民法通则》和《合同法》虽然没有明文规定这一原则，该原则也不是《合同法》中的一个制度，但该原则早已在审判实践中被运用，最高院有相关的司法解释[②]，也为审判实践提供了情事变更的适用判例。例如：1987 年，重庆检测仪表厂与武汉煤气公司签订煤气表散件供应合同。重庆检测仪表厂为供方，散件的主要材料是铝。合同签订后，国家调整铝锭价格，由 4 400 元/吨上升至 16 000 元/吨，升幅达 400%，供方无法按原合同价格履行。双方就价格条款协商未果，武汉煤气公司于 1988 年诉诸法院。庭审中，供方代理人中国政法大学民法教授杨振山提出本案应适用情事变更原则，并在《中国法学》上发文阐述其观点[③]。湖北省高院认真听取意见后，请示最高院，最高院在法函[1992]27 号文件中函告："由于在合同履行中发生了当事人虽无过失但无法防止的外因，使合同继续履行显失公平，可以判决变更或解除合同。"由此为情事变更作为对特殊情况的一种救济措施在审判实践中的应用打下了基础。当然，为了防止法官滥用权利，各国立法都严格规定情事变更原则的适用条件。我国司法实践中，适用情事变更必须符合以下条件：(1)有情事变更的事实。(2)情事变更的事实发生在合同成立后，履行完毕前。(3)情事变更不可归责于双方当事

---

① 《联合国国际货物买卖公约》第 79 条第 1 款："当事人对不履行义务，不负责任，如果他能证明此种不履行义务，是由于某种非他所能控制的障碍，而且对于这种障碍，没有理由预期他在订立合同时能考虑到或能避免或克服它或它的后果。"

② 见"法释[2009]5 号"第 26 条。

③ 杨振山《论我国民法确立情事变更原则的必要性》《中国法学》1990 年第 5 期。

人。(4)对情事变更双方当事人不可预见。(5)情事变更使得继续履行原合同显失公平。

实践中适用情事变更时,当事人可以先行协商,双方协商一致可以变更合同。如果协商不成,可以请求人民法院或者仲裁机构受理,但未经协商直接向法院或仲裁机构提起的,不予受理。“法释[2009]5 号”对情事变更原则在审判实践中的应用给予确认,其中第 26 条规定:“合同成立以后客观情况发生了当事人在订立合同时无法预见的、非不可抗力造成的不属于商业风险的重大变化,继续履行合同对于一方当事人明显不公平或者不能实现合同目的,当事人请求人民法院变更或者解除合同的,人民法院应当根据公平原则,并结合案件的实际情况确定是否变更或者解除。”至于对合同是先变更还是先解除,法律没有规定顺序,但作为法院或仲裁机构,基于鼓励交易等合同法原则,会先考虑变更合同内容,若变更合同内容已经不足以排除不公平后果时,才会采取解除合同的方式。为了限制审判实践中法官适用情事变更时的自由裁量权,我国对适用情事变更在程序上的规定还是较严格的。例如,金融危机影响合同履行能否适用情事变更,审判实践中必须报请高级人民法院批准,必要时还需报请最高人民法院批准。目前有学者主张,适用情事变更必须报请最高院批准,以防自由裁量权被滥用和出现审判结果的偏差。

需要指出的是,在运用情事变更原则时,应当注意与商业风险加以区分。在实际操作中,区分情事变更和商业风险有一定困难,二者的最主要区别是商业风险可预见,而情事变更不能预见。对经商者而言,由于预见不到商业风险造成损失,理应自担,此时不能适用情事变更。

还需要关注的是情事变更与不可抗力的关系。如果由于不可抗力,导致合同履行困难,但又未达到履行不能的程度,只是若按合同履行则会出现显失公平的状况,此时方可适用情事变更原则。运用中,可以参照有关司法解释、判例,依据诚实信用原则和公平原则处理。

情事变更原则运用的效果是变更合同或解除合同。

【实例 5】甲父将过 80 岁大寿，甲为此在某饭店订了 30 桌酒席。甲父生日前一天去世，甲通知饭店取消酒席，饭店不允，要求甲履行合同，支付酒席全款。

【问题】处理本案能否适用情事变更？

【分析】能适用情事变更。本例出现的情况，符合适用情事变更的条件。首先有情事变更的事实：甲父去世；其次，甲父去世的事实发生在甲与饭店的合同成立后，履行完毕前；第三，甲父的去世不可归责于双方当事人；第四，对甲父的去世双方当事人均不可预见；第五，如果继续履行原合同会造成甲等不能享受 30 桌酒席却需要支付酒席款的显失公平情况；第六，甲及时履行了通知义务。因此该案应该允许甲解除合同，并根据公平原则进行处理，甲应该对饭店为履约进行准备造成的损失承担相应责任，因甲已经及时履行了通知义务，基于诚信原则，饭店有积极地减损义务。如果甲未及时通知饭店，造成饭店损失的扩大，甲应该承担饭店因此扩大的损失。如果饭店接到甲通知后，未积极减损，致使损失扩大，则应该责任自负。

第二节 合同履行中的抗辩权

抗辩权也是一种拒绝权，在当事人双方互负债务的合同中，符合法定条件时，一方对抗对方当事人的履行请求权，暂时拒绝履行其债务的权利。包括同时履行抗辩权、先履行抗辩权和不安抗辩权。

一、同时履行抗辩权

同时履行抗辩权，是指双务合同的当事人一方，在对方履行之前，有权拒绝其履行请求，在对方部分履行或履行债务不适当时，有权拒绝其相应的履行请求的权利。

我国《合同法》第 66 条[①]的规定确立了同时履行抗辩权制度，在此需要明确的是对同时履行抗辩权中"同时"的理解。合同实践中，"同时"不是绝对的同时，可能表现为同一天、同一月或同一年。所谓同时履行，是就合同当事人双方的履行时间合同没有约定，法律也没有规定先后顺序，且一方的履行不以另一方的履行为前提，也不存在后履行利益。例如：甲公司卖给乙公司货，双方约定一手交钱一手交货，甲公司如约将货送至乙公司，乙公司验货后要求甲公司将货留下，但说今天没钱，15 天后再付钱。于是甲公司将货拉回。甲公司行使的是同时履行抗辩权。

根据《合同法》66 条之规定，行使同时履行抗辩权应当具备下列条件：(1)同时履行抗辩权产生于双方互负债务的同一合同中，不适用于单务合同(如赠与合同)；(2)合同债务有效且已经到期。同时履行抗辩权适用的目的十分明确，即合同当事人双方同时履行债务，应享有的债权也同时实现；(3)一方当事人在己方没有履行债务或履行债务不符合约定时，却要求对方履行，另一方可以行使抗辩权；(4)同时履行是可能的。如果一方或双方因故不能或不能完全履行债务，则需要依法用其它方式解决，不发生同时履行抗辩权问题。

二、先履行抗辩权

先履行抗辩权，是指当事人互负债务，有先后履行顺序的，先履行一方未履行之前，后履行一方有权拒绝其履行请求；先履行一方履行义务有瑕疵，后履行的一方有权拒绝其履行请求的权利(见

---

① 《合同法》第 66 条："当事人互负债务，没有先后履行顺序的，应当同时履行。一方在对方履行之前有权拒绝其履行要求。一方在对方履行债务不符合约定时，有权拒绝其相应的履行要求。"

《合同法》第 67 条[①])。先履行抗辩权本质上是对违约的抗辩,因此有些教材中又称其为违约救济权。[②] 例如,买卖双方约定,买方于某年 1 月先付款,货款到账后,卖方于同年 3 月发货。结果直到 3 月买方也未付款,卖方当然也未按期发货。法院判双方违约,各自承担相应的责任。此判决不妥,根据《合同法》第 67 条的规定,这种情况不能视为双方违约,应认定买方违约,卖方因对方违约而行使先履行抗辩权。

先履行抗辩权是为双务合同中当事人双方履约有先后顺序时的后履行一方当事人设定的。在先履行一方已经构成违约并请求后履行一方履行时,先履行抗辩权的行使需要明示,即此时后履行义务的一方需要明确表示拒绝履行。在先履行一方构成不能履行、拒绝履行、迟延履行、不完全履行但未请求后履行一方履行时,先履行抗辩权的行使则不需要明示。

先履行抗辩权的行使,产生后履约一方可以一时中止履行己方合同债务的效力。待先履约一方采取了补救措施、变违约为适当履行时,先履行抗辩权消失,后履约的一方需按合同履行其义务。行使先履行抗辩权无效果时,合同可以归于解除。先履行抗辩权的行使不影响非违约方追究违约方的违约责任。

三、不安抗辩权

我国《合同法》第 68 条、第 69 条确定了不安抗辩权制度。不安抗辩权,是指双务合同成立后,应当先履行义务的当事人有证据证明相对人不能履行义务,或者有不能履行义务的可能时,在对方没有履行或者提供担保之前,有权中止履行合同义务。在对方履

① 《合同法》第 67 条:"当事人互负债务,有先后履行顺序,先履行一方未履行的,后履行一方有权拒绝其履行要求。先履行一方履行债务不符合约定的,后履行一方有权拒绝其相应的履行要求。"

② 参见隋彭生:《合同法案例教程》第 85 页,北京:中国法制出版社,2003 年。

行对待给付或提供担保之后,不安抗辩权即归于消灭。如果对方当事人既未提供担保,也不能证明自己的履行能力,行使不安抗辩权的当事人有权解除合同。

《合同法》第 68 条第一款规定:“应当先履行债务的当事人,有确切证据证明对方有下列情形之一的,可以中止履行:(一)经营状况严重恶化;(二)转移财产、抽逃资金,以逃避债务;(三)丧失商业信誉;(四)有丧失或者可能丧失履行债务能力的其他情形。”从法条规定看出,不安抗辩权是在双务合同中,针对相对人欠缺信用和履行能力的情形,为负有先履行义务的一方当事人设定的权利,该制度的确立体现了对先履行合同义务的当事人利益的保护。

不安抗辩权又是一种自助权,在有证据表明对方当事人不能或不能全部履行合同义务时,先履行义务的一方当事人无需经对方同意或经司法程序就可以中止履行合同,以防范合同风险。

行使不安抗辩权的一方负有举证义务。根据《合同法》第 68 条第二款规定:“当事人没有确切证据中止履行的,应当承担违约责任。”不安抗辩权制度的设定旨在保护交易安全,如果应当先履行债务的当事人,没有证据便中止履行合同,反而破坏了交易安全,因此,实践中行使该权利应慎重。

行使不安抗辩权的一方负有通知义务。《合同法》第 69 条规定:“当事人依照本法第六十八条的规定中止履行的,应当及时通知对方。”行使不安抗辩权是先履约的一方依法享有的权利,但依诚实信用原则,行使该权利时,为防止相对人由此蒙受损失,应当及时通知对方,并同时陈述拒绝履行的理由和提供相应的证据。

【实例 6】A 公司预购一处办公用房,于 2008 年 6 月 30 日与 B 房地产公司签订了房屋预售合同。双方约定,A 公司采取分期付款的方式向 B 房地产公司支付房款,并约定了分期付款的时间及逾期付款的违约责任;B 房地产公司应当在 2009 年 6 月 30 日前交房并为 A 公司办理房产证。合同签订后,A 公司开始按照约定分期缴纳房款。2009 年 1 月,A 公司得知其所买办公用房因为配套工程受阻可能不能按时交房，遂停止付款。后B房地产公司延期一个月交房。B公司要求A公司承担逾期付款的违约责任。A公司认为自己没有违约，是在行使不安抗辩权，并反过来要求B房地产公司承担逾期交房的违约责任，双方争执不下，诉至法院。

【问题】A公司所为是违约还是行使不安抗辩权？

【分析】我国《合同法》第68条、第69条规定了不安抗辩权的行使条件。其中"丧失或者可能丧失履行债务能力"，是指义务人根本不能履行义务，而不包括义务人迟延履行义务的情形。本例中，B房地产开发公司的义务是交房，如果该公司完全没有交房的可能，才可以称之为丧失履行债务的能力，法律上称为"履行不能"。A公司作为先履行义务人，只有在能够提供确切的证据证明B房地产公司丧失或者可能丧失交房的能力时，才能行使不安抗辩权，中止付款，并且在对方不能提供履行担保的情况下有权解除合同。而本例中，配套工程受阻影响的是该房地产公司交房的时间，不能据此断定B公司完全无法交房。也就是说配套工程受阻的情形可能导致合同的迟延履行，而不是履行不能。因此A公司中止支付房款的行为不符合不安抗辩权行使的法律要件，构成违约，应按照合同约定支付剩余房款及违约金。而B房地产公司逾期交房的行为亦属违约，也应当按照合同的约定，支付逾期交房违约金。该例属于当事人双方违约，应当各自承担相应的责任。

第三节　合同的保全

为防止债务人不履行债务，我国民法为债权人保障自己的债权得以实现设计了三种制度：一是债的担保制度（事先保障）；二是违约责任制度（事后保障）；三是合同保全制度。合同保全的内容包括代位权和撤销权。法律设立合同保全制度，是为防止债务人的财产不当减少，对债权人债权造成侵害。其中代位权是针对债务人怠于行使对第三人债权害及债权人债权的行为，撤销权是针对债务人积极减小财产害及债权人债权的行为，二者都是债权人基于债的效力对债务人之外的人行使权利，都是为了保全债务人的财产或者恢复债务人的财产，使之能够以其财产保证对债权人的清偿，以排除对债权人债权的侵害。合同保全制度对解决三角债和赖账问题、缩短给付、防止诉累有实践意义。相关规定体现在《合同法》第73条、第74条、第75条①及最高人民法院颁布的《关于适用〈中华人民共和国合同法〉若干问题的解释(一)》(法释[1999]19号)中。

一、代位权

代位权，是指因债务人怠于行使其到期债权，对债权人造成损害的，债权人可以向人民法院请求以自己的名义代位行使债务人的债权的权利。作为一项民事权利，代位权的行使需要关注以下方面的问题：

1. 代位权行使的条件

"法释[1999]19号"第11条规定了提起代位权诉讼的条件："债权人依据合同法第73条的规定提起代位权诉讼，应当符合下列条件：(一)债权人对债务人的债权合法；(二)债务人怠于行使其到期债权，对债权人造成损害；(三)债务人的债权已经到期；(四)

---

① 《合同法》第73条："因债务人怠于行使其到期债权，对债权人造成损害的，债权人可以向人民法院请求以自己的名义代位行使债务人的债权，但该债权专属于债务人自身的除外。代位权的行使范围以债权人的债权为限。债权人行使代位权的必要费用，由债务人负担。"

《合同法》第74条："因债务人放弃其到期债权或者无偿转让财产，对债权人造成损害的，债权人可以请求人民法院撤销债务人的行为。债务人以明显不合理的低价转让财产，对债权人造成损害，并且受让人知道该情形的，债权人也可以请求人民法院撤销债务人的行为。撤销权的行使范围以债权人的债权为限。债权人行使撤销权的必要费用，由债务人负担。"

《合同法》第75条："撤销权自债权人知道或者应当知道撤销事由之日起一年内行使。自债务人的行为发生之日起五年内没有行使撤销权的，该撤销权消灭。"

债务人的债权不是专属于债务人自身的债权。”

(1)债权人对债务人的债权合法。例如,铁路局下属某车站向某装修公司提供了 30 万元借款,双方约定借款期限一年,利息 3 万元。某房产公司又欠装修公司 40 万元装修款。某站不是金融企业,无权放贷,依照合同法规定,某站与装修公司的借贷合同无效,利息应当予以追缴,但装修公司应当返还 30 万元本金。装修公司是房产公司 40 万元装修款的债权人的事实,使得某站对 30 万元本金行使代位权具备了前提条件。因此基于合同法对代位权的规定,某站可以以房产公司为被告提起诉讼,要求行使代位权,由房产公司直接向自己清偿 30 万元。

(2)债务人怠于行使其到期债权,对债权人造成损害。根据“法释[1999]19 号”第 13 条规定:“债务人怠于行使其到期债权,对债权人造成损害的”,是指债务人不履行其对债权人的到期债务,又不以诉讼方式或者仲裁方式向其债务人主张其享有的具有金钱给付内容的到期债权,致使债权人的到期债权未能实现。其中将“不以诉讼方式或者仲裁方式向其债务人主张其享有的具有金钱给付内容的到期债权”作为“债务人怠于行使其到期债权”的判断标准,而不论债务人是否采取了其他追索债务的措施,实践中便于操作和举证。那么,“对债权人造成损害”又如何把握呢?本书以为,债务人怠于行使其到期债权,致使债权人的债权发生不能被清偿的危险,即可认定是“对债权人造成损害”,也由此产生保全债权的必要。倘若债务人虽然怠于行使到期债权致使其财产总额减少,但其财产仍足以清偿债务时,便不构成“对债权人造成损害”的情形。此时,债权人不能行使代位权,而只能诉请法院对债务人的财产进行强制执行。

(3)债已经到期。实际操作时,债权人对债务人的债权、债务人对次债务人(即债务人的债务人)的债权均已经到期,债权人才可行使代位权。

(4)债务人的债权不是专属于自身的债权。专属于债务人自身的债权，是指基于扶养关系、抚养关系、赡养关系、继承关系产生的给付请求权和劳动报酬、退休金、养老金、抚恤金、安置费、人寿保险、人身伤害赔偿请求权等权利[①]。

如果债务人客观上不能行使债权，则债权人不得代位，不成立债权人的代位权。如：债务人已经受破产宣告，其对第三人的权利由清算人行使，债权人则不能代位。

2. 代位权的行使

代位权行使范围以债权人的债权为限。行使的方式是由债权人向次债务人主张，由被告住所地法院管辖。债权人为原告，次债务人为被告，债务人为第三人。两个或者两个以上债权人以同一次债务人为被告提起代位权诉讼的，人民法院可以合并审理。债权人胜诉的，次债务人向债权人履行清偿义务，诉讼费用由次债务人承担，债权人与债务人、债务人与次债务人之债由此消灭。

【实例 7】一韩国商人与旅馆签订租赁合同，承租旅馆 4 层，租期 10 年，每年租金 100 万元，十年共计 1 000 万元。双方约定，每年租金于年底支付。韩国商人经旅馆同意，找装修公司对承租房屋进行装修，其装修规模、效果旅馆认可。后由于经营效益不好，一年后，韩国商人逃跑，未付旅馆租金和装修公司 300 万元装修款。

【问题】装修公司有无途径主张债权？

【分析】该案中，韩国商人虽然欠旅馆一年的租金 100 万元，但是，经旅馆认可对旅馆做了 300 万元的装修。100 万元租金与旅馆享受 300 万元装修相抵后尚余 200 万元，由旅馆受益。该 200 万元为韩国商人对旅馆的债权。至此，韩国商人、旅馆和装修公司三方的关系应该作如下描述：装修公司是韩国商人的债权人（300 万元装修款），韩国商人是旅馆的债权人（200 万元的装修实际由旅馆享有）。在承租人逃跑，房屋租赁合同无法继续履行的情况下，一方面，旅馆应当终止租赁合同，并以法律认可的方式通知韩

---

① 见法释[1999]19 号第 12 条第 1 款。

国商人。另一方面，基于诚信原则，作为出租人的旅馆有减损义务，可将另行寻找承租人。装修公司作为韩国商人的债权人可以到旅馆所在地人民法院，通过诉讼方式行使代位权，向旅馆主张200万元的债权。

二、撤销权

撤销权是指当债务人处分自己财产的行为危害到债权人的债权时，债权人可以请求法院予以撤销该行为的权利。

1. 撤销权行使的条件

(1)债权人对债务人的债权有效。超过诉讼时效的债权不能发生撤销权；债权人对债务人的债权包括但不限于金钱债权，对非金钱债权，债权人也可以行使撤销权，而且不论债权是否到期。

(2)债务人有危害债权的行为。实践中主要表现为债务人处分财产的行为，债务人的行为以财产为标的，且在债权成立后所为并危害债权。如：债务人采取转移所有权、让与债权、免除债务等方式积极减少财产，或承担债务、为他人之债提供担保等消极增加债务的行为。

(3)债务人与第三人为法律行为时主观上具有恶意。如：债务人与第三人恶意串通，显失公平地进行交易，低卖或高买，故意损害债权人合法权益。又如：一些企业借分立为名转移财产，留个"空壳"应付债权人等。

(4)债务人无偿处分财产的行为害及债权人债权。实践中，债务人无偿处分财产的行为，无论其主观上是善意的还是恶意的，只要害及债权人债权，债权人便可行使撤销权。

除此之外，"法释[2009]5号"第18条①进一步规定，权利人在

---

① "法释[2009]5号"第18条规定："债务人放弃其未到期的债权或者放弃债权担保，或者恶意延长到期债权的履行期，对债权人造成损害，债权人依照合同法第七十四条的规定提起撤销权诉讼的，人民法院应当支持。"

下列情况下可以行使撤销权:(1)债务人放弃到期债权;(2)无偿或以明显不合理的低价转让财产,受让人知道该情形;(3)以明显不合理的高价买入财产,出卖人知道该情形;(4)弱化债权的效力,即放弃债权担保,或者恶意延长到期债权的履行期。

2. 撤销权的行使

《合同法》第 74 条第一款规定:"因债务人放弃其到期债权或者无偿转让财产,对债权人造成损害的,债权人可以请求人民法院撤销债务人的行为。债务人以明显不合理的低价转让财产,对债权人造成损害,并且受让人知道该情形的,债权人也可以请求人民法撤销债务人的行为。""法释[2009]5 号"对于上述规定的"明显不合理的低价",做了进一步解释。规定人民法院应当以交易当地一般经营者的判断,参考交易当时交易地的物价部门指导价或者市场交易价,结合其他相关因素综合考虑予以确认。转让价格达不到交易时交易地的指导价或者市场交易价 70%的,一般可以视为明显不合理的低价;对转让价格高于当地指导价或者市场交易价 30%的,一般可以视为明显不合理的高价。债务人以明显不合理的高价收购他人财产,人民法院可以根据债权人的申请,参照合同法第 74 条的规定予以撤销①。

《合同法》第 74 条第二款、"法释[1999]19 号"第 26 条②明确了撤销权行使的范围及费用承担。即:撤销权的行使范围以债权人的债权为限。债权人行使撤销权的必要费用,由债务人负担。第三人有过错的,应当适当分担。

根据"法释[1999]19 号"第 24 条③的规定,在撤销权诉讼中,

---

① 见法释[2009]5 号第 19 条。

② "法释[1999]19 号"第 26 条:"债权人行使撤销权所支付的律师代理费、差旅费等必要费用,由债务人负担;第三人有过错的,应当适当分担。"

③ "法释[1999]19 号"第 24 条:"债权人依照合同法第七十四条的规定提起撤销权诉讼时只以债务人为被告,未将受益人或者受让人列为第三人的,人民法院可以追加该受益人或者受让人为第三人。"

债权人为原告，债务人为被告，受益人或受让人为第三人。

实践中需要关注"法释[1999]19 号"第 25 条第 1 款规定："债权人依照合同法第七十四条的规定提起撤销权诉讼，请求人民法院撤销债务人放弃债权或转让财产的行为，人民法院应当就债权人主张的部分进行审理，依法撤销的，该行为自始无效。"由此可见，撤销权的效果在于债务人财产的回归，债务人并不因此直接获得财产，因此，债权人对债务人债务是否到期不影响其撤销权的行使，这一点与代位权不同。行使撤销权的原告与债务人的其他债权人都可以因此受益，但基于公平原则，行使撤销权的原告应就诉讼上支出的必要费用，优先受偿。

根据《合同法》第 75 条的规定，撤销权行使期限为一年，自债权人知道或者应当知道撤销事由之日起计算。如果债权人不知道或者不应当知道撤销事由的，自债务人的行为发生之日起五年内没有行使撤销权的，该撤销权消灭。

第五章 合同的变更与转让

第一节 合同的变更

合同的变更,有广义和狭义之分。广义的合同变更是指合同内容和主体的变化。狭义的合同变更仅指合同内容的变化。

合同的变更有协议变更和法定变更。《合同法》第 77 条对协议变更合同作了规定:"当事人协商一致,可以变更合同。法律、行政法规规定变更合同应当办理批准、登记等手续的,依照其规定。"而《合同法》第 54 条的内容则是对法定变更的规定:"下列合同,当事人一方有权请求人民法院或者仲裁机构变更或者撤销:(一)因重大误解订立的;(二)在订立合同时显失公平的。一方以欺诈、胁迫的手段或者乘人之危,使对方在违背真实意思的情况下订立的合同,受损害方有权请求人民法院或者仲裁机构变更或者撤销。当事人请求变更的,人民法院或者仲裁机构不得撤销。"法定变更不必征得对方当事人的同意,只要第 54 条中的法定事由出现,当事人一方即可通过人民法院或者仲裁机构变更合同。

一、合同变更的条件

1. 存在有效合同

合同的变更是针对已经成立或已经生效的合同。无效合同和已经被撤销的合同不存在变更问题。对符合撤销条件的合同,当事人也可以协议变更。

2. 由当事人双方协商一致或法院、仲裁机构依法裁决

《合同法》第 77 条对此作了明确规定。任何一方擅自变更合同将构成违约。《合同法》第 78 条还对变更合同的协议内容提出了要求:"当事人对合同变更的内容必须明确约定,约定不明确的,推定为未变更。"另外,基于《合同法》第 54 条的规定,法院、仲裁机

构依法裁决也可以导致合同变更。

3. 变更合同的程序和形式须符合法律规定

在合同变更协议形式的把握上，同样应当适用《合同法》第 10 条的规定[①]。原合同采用书面形式的，其变更协议也应当采用书面形式；原合同进行过公证的，其变更协议也应当进行公证，否则变更协议的效力不能对抗原合同。

法律、行政法规规定变更合同应当办理批准、登记等手续的，依照其规定(《合同法》第 77 条第二款)。如：合同的变更涉及到不动产转让的内容时，应采用书面形式，并依据《物权法》的规定办理不动产登记手续。

4. 合同的变更是在保留合同主要内容的前提下的变更

合同的变更应该是对非实质性条款的变更，即变更的条款并不导致原合同关系的消灭和新合同关系的产生。如：变更标的物的数量、履行的期限、地点、价款等。如果改变了合同的全部内容或主要内容便不是合同的变更而是合同的更新。如：租赁 A 楼变为租赁 B 楼，不再属于合同变更，应属于合同更新。目前我国区分合同的变更与合同的更新仅表现在理论上，《合同法》未作此区分。

二、合同变更的效力

合同变更的实际意义是变更后的合同取代了原合同为当事人双方所遵守，任何一方违反变更后的合同内容都构成违约，应当承担违约责任。但应明确，合同的变更不能对已经履行的部分产生效力；根据《民法通则》的规定，合同的变更，不影响当事人要求赔偿损失的权利，由此，基于变更前的合同，一方当事人由于过错给

---

① 《合同法》第 10 条："当事人订立合同，有书面形式、口头形式和其他形式。法律、行政法规规定采用书面形式的，应当采用书面形式。当事人约定采用书面形式的，应当采用书面形式。"

对方造成的损失，应负损害赔偿责任。

第二节　合同的转让

合同的转让，是指合同当事人的一方依法将其合同的权利和义务全部或者部分转让给第三人。合同的转让分为合同权利的转让、合同义务的转让和合同权利义务的概括转让。

一、合同权利的转让

合同权利的转让是合同债权人通过协议将自己在合同中的债权全部或部分让与第三人的行为。

合同债权的有效存在是合同权利转让的前提。转让人与受让人就合同权利的转让达成合意后，应当通知债务人。未经通知，该转让对债务人不发生效力。债权人转让权利的通知不得撤销，但经受让人同意的除外。

《合同法》第 79 条明确规定了不得转让的债权：(1)根据合同性质不得转让。如果债权的让与会使合同的给付发生变化，如：专门教授钢琴的合同不得转让；租赁、借用、雇佣等合同不能转让；婚姻、继承、抚养协议产生的债权不能转让；第三人提供的保证、抵押、质押合同不能与主债权分离而单独转让，只能由第三人处分等。(2)根据当事人约定不得转让。(3)依照法律规定不得转让。如：建设工程合同中，承包人不得将工程的主体部分转包。

合同权利转让在转让人与受让人之间产生的法律效力表现为：(1)合同债权转让与受让人的同时，从属于主债权的从权利也随之转让；(2)转让人对于其转让的权利负有瑕疵担保义务；(3)对一项权利而言，权利人不得重复转让。

合同权利转让对债务人产生的法律效力表现为：(1)债务人应向债权的受让人履行义务，同时免除对债权让与人的责任。(2)根据《合同法》第 82 条规定[①]，债务人对让与人的抗辩，可以向受让人主张。

二、合同义务的转移

合同义务的转移又称为债务承担，是指由第三人代原合同债务人全部或部分承担债务的情形。

合同义务的转让有两种方式：一是债权人与第三人签订义务转让协议；另一是债务人与第三人签订义务转让协议。不论采用哪种方式，都应注意把握债务人与第三人签订义务转让协议的生效要件：(1)具有有效的债务存在；(2)转让的债务具有可转让性；(3)须有以债务承担为内容的协议；(4)债务承担协议须经债权人同意。鉴于债务转让可能侵害债权人的利益，《合同法》第 84 条规定："债务人将合同的义务全部或者部分转移给第三人的，应当经债权人同意。"

债权人同意后，债务承担协议即刻生效。原合同债务人脱离合同债务，由新的债务承担人承担债务。原债务人基于债权债务关系所取得的对于债权人的抗辩权，转移给新的债务人。新债务人在承担债务的同时，也承担了从属于主债务的从债务(《合同法》第 86 条)。但存在担保的债务，未经担保人同意，该从债务不得转让。《担保法》规定，保证期间债权人许可债务人转让债务的，应当取得保证人的书面同意，未经保证人同意转让债务的，保证人不再承担保证责任。

三、合同权利义务的概括转移

合同权利义务的概括转移，是指当事人一方经对方同意，可以将自己在合同中的权利和义务一并转让给第三人。《合同法》第

---

① 《合同法》第 82 条："债务人接到债权转让通知后，债务人对让与人的抗辩，可以向受让人主张。"

88 条[①]的规定就针对于此。在合同权利义务的概括转移中，由于转移给第三人的是全部权利义务，因此，与原合同不可分离的其他权利也将一并转移给第三人，如抗辩权、解除权和撤销权及从权利或从债务等。合同权利义务的概括转移必须在法律许可的范围内进行，并且不得损害国家、集体或者他人的合法权益。

例如，在《合同法》的规定中，一些合同权利义务的转移受到限制，有的甚至被禁止。以建设工程合同为例，《合同法》吸收了《建筑法》的规定，在第 272 条第二款中规定："总承包人或者勘察、设计、施工承包人经发包人同意，可以将自己承包的部分工作交由第三人完成。第三人就其完成的工作成果与总承包人或者勘察、设计、施工承包人向发包人承担连带责任。承包人不得将其承包的全部建设工程转包给第三人或者将其承包的全部建设工程肢解以后以分包的名义分别转包给第三人。"《合同法》之所以这样规定，是因为建设工程的转包与分包不同，在实践中，转包行为具有很大危险性，工作中要注意区分。

所谓转包，是指承包人在承包工程后，又将其承包的工程建设任务部分或者全部转让给第三人。转包后，转让人退出承包关系，受让人成为承包合同的另一方当事人，转让人对受让人的履行行为不承担任何责任。分包是指工程的承包方经发包人同意后，依法将其承包的部分工程交给第三人完成的行为。在分包行为中，承包人只是将其承包工程的某一部分或某几部分再分给其他承包人，但仍然要就承包合同约定的全部义务的履行向发包人负责(《合同法》第 272 条[②])。分包合同是符合市场运作的一种行为，被《合同法》等法律所认可。而转包合同则属于扰乱市场的投机行

---

① 《合同法》第 88 条："当事人一方经对方同意，可以将自己在合同中的权利和义务一并转让给第三人。"

② 《合同法》第 272 条第二款："总承包人或者勘察、设计、施工承包人经发包人同意，可以将自己承包的部分工作交由第三人完成。第三人就其完成的工作成果与总承包人或者勘察、设计、施工承包人向发包人承担连带责任。"

为，被法律所禁止。

实践中，引起合同权利义务概括转移的情形有法定转移和企业的合并与分立。

《合同法》第 229 条涉及的情况属于基于法律规定而发生合同权利义务概括转移的情形。《合同法》第 229 条规定："租赁物在租赁期间发生所有权变动的，不影响租赁合同的效力。"当买卖租赁物时，基于"买卖不破租赁"的原则，买方除取得租赁物的所有权外，同时还取得了该租赁物上原已存在的租赁合同关系中出租人的义务。这种权利义务的一并转移并非出于买卖双方所愿，而是基于法律的直接规定。

对于企业合并或分立后的债权债务承担，《合同法》坚持了《民法通则》的立场①，于第 90 条规定："当事人订立合同后合并的，由合并后的法人或者其他组织行使合同权利，履行合同义务。当事人订立合同后分立的，除债权人和债务人另有约定的以外，由分立的法人或者其他组织对合同的权利和义务享有连带债权，承担连带债务。"

【实例 1】某集团公司在制定改制方案中，计划将其下属的甲公司并入乙公司，此事被甲公司的债权人丙公司知悉，丙公司找到甲公司，要求甲公司偿还所欠 60 万元货款。最终，甲、乙、丙三公司共同协商，决定由乙公司出面偿还丙公司 60 万元货款。于是，甲公司和乙公司与丙公司共同签订了"还款计划"。但乙公司并未及时履行"还款计划"。之后由于种种原因，甲公司被并入丁公司。丙公司找到乙公司要求还债未果，遂将其诉至法院。乙公司称：与丙公司签订"还款计划"的前提是甲公司并入我公司，既然集团公司决定将甲公司并入丁公司，我公司便失去了替甲公司还债的前提，因此"还款计划"无效。根据《合同法》第 90 条的规定，丙公司

---

① 《民法通则》第 44 条第二款规定："企业法人分立、合并，它的权利义务由变更后的法人享有或承担。"

应该以丁公司为被告主张债权，而不是我乙公司。

【问题】"还款计划"是否有效？甲、乙、丁公司谁该清偿丙公司的债务？如果没有"还款计划"，只是甲公司并入丁公司，那么，该由哪个公司偿还丙公司的债务？

【分析】本例从合同义务转移的角度分析，"还款计划"有效，乙公司应该偿还丙公司的债务。本案中，甲、乙、丙三公司协商后，共同签订了"还款计划"。在该"还款计划"中，甲公司的债务转移给了乙公司。如果甲、乙、丙三公司没有在"还款计划"中约定乙公司承担债务是以甲公司并入为条件，那么，甲公司即使没有并入乙公司，乙公司也应当依照"还款计划"的内容，履行向丙公司偿还债务的义务。

如果当时没有签订"还款计划"，只是甲公司并入丁公司，那么，根据《合同法》第 90 条[①]的规定，该由丁公司向丙公司偿还债务。

如果站在乙公司的角度，考虑解决上述问题，不妨将情事变更原则的运用作为一种解决途径。本例中，基于三方合意签订了"还款计划"(合同)，该"还款计划"依法成立后，因不可归责于各方当事人的原因发生了不可预见的变化，即集团公司实际上没有按照当时的计划将甲公司并入乙公司，而是将甲公司并入了丁公司。致使当初签订"还款计划"由乙公司替甲公司还款的基础丧失，若继续维持"还款计划"的原有的效力，对乙公司而言显失公平。因此，乙公司可以以此为由，请求法院解除"还款计划"(合同)。

---

① 《合同法》第 90 条："当事人订立合同后合并的，由合并后的法人或者其他组织行使合同权利，履行合同义务。当事人订立合同后分立的，除债权人和债务人另有约定的以外，由分立的法人或者其他组织对合同的权利和义务享有连带债权，承担连带债务。"

第六章　合同权利义务的消灭

合同权利义务的消灭，又称合同的终止，是指合同关系客观上不存在，当事人之间的债权债务消灭，当事人不再受合同关系的约束。《合同法》第 91 条对合同权利义务的消灭情形进行了列举："有下列情形之一的，合同的权利义务终止：(一)债务已经按照约定履行；(二)合同解除；(三)债务相互抵销；(四)债务人依法将标的物提存；(五)债权人免除债务；(六)债权债务同归于一人；(七)法律规定或者当事人约定终止的其他情形。"

合同权利义务的终止原因，一是基于当事人的合意。如合意解除合同。二是合同目的已不复存在。如债务已经清偿、债权人企业与债务人企业合并等。三是基于法律的直接规定。如解放初期废除农民欠地主的债务等。

从《合同法》第 92 条[①]、《物权法》第 177 条[②]及《担保法》第 6 条[③]等法律的规定，总结出合同权利义务消灭的效力如下：(1)合同的从权利消灭。如：主债权消灭，作为主债权之从权利的担保物权也消灭。债务人履行了债务，保证也随之消灭。(2)后合同义务产生。即基于诚实信用原则，根据交易习惯，当事人应当履行的通知、协助、保密等义务。(3)当事人返还或销毁债权债务凭证。如销毁借条等负债凭证。虽然我国法律对此并未明文规定，但实际

---

① 《合同法》第 92 条："合同权利义务消灭后，当事人应当遵循诚实信用原则，根据交易习惯履行通知、协助、保密等义务。"

② 《物权法》第 177 条："有下列情形之一的，担保物权消灭：(一)主债权消灭；(二)担保物权实现；(三)债权人放弃担保物权；(四)法律规定担保物权消灭的其他情形。"

③ 《担保法》第 6 条："本法所称保证，是指保证人和债权人约定，当债务人不履行债务时，保证人按照约定履行债务或者承担责任的行为。"

交易中一直存在,而且上述凭证在民事诉讼中具有证据意义。

根据《合同法》第 98 条规定,合同的权利义务终止,不影响合同中结算和清理条款的效力。

实践中,债务已经按照约定履行,是合同终止的最理想状况,在此不赘述。本书就以下合同终止的情形进行探讨。

第一节 合同解除

合同解除,是指在合同有效成立后,当解除的条件具备时,因当事人一方或双方的意思表示,使合同关系自始或仅向将来消灭的行为[①]。合同解除通常被划分为法定解除和约定解除。

法定解除,即由当事人一方在有法律规定的解除条件出现时,可以通过行使解除权而使合同终止。《合同法》第 94 条规定了五种法定解除的情形:(1)因不可抗力致使不能实现合同目的;(2)在履行期限届满之前,当事人一方明确表示或者以自己的行为表明不履行主要债务;(3)当事人一方迟延履行主要债务,经催告后在合理期限内仍未履行;(4)当事人一方迟延履行债务或者有其他违约行为致使不能实现合同目的;(5)法律规定的其他情形。

实践中,合同当事人一方或双方出现不可抗力,出现不可抗力的一方有权解除合同。例如汶川地震灾害造成众多合同无法履行,可以解除。

违约解除在实践中也大量存在,是非违约方的权利。如:某公司承建铁路工程,向某厂定石砟,结果某厂由于出安全事故被上级明令停业整顿,不能履约。为了保证工程如期完成,某公司可以解除该合同,另寻卖家。

约定解除,即指合同当事人双方约定为一方或双方保留解除权的解除。合同约定的解除条件成就,可以解除合同,不存在支付

---

① 参见崔建远:《合同法》,189 页,北京:法律出版社,2003 年。

违约金和赔偿损失的情况。约定解除虽然也是当事人双方协商一致而解除合同，但不同于协议解除。协议解除是在合同成立生效后，合同履行完毕前，双方当事人为使合同效力终止所作的特定的协议。而约定解除是在合同成立之时，当事人双方就已经在合同中规定了可以解除合同的条件，只要这些约定的条件成就，当事人就取得解除合同的权利，不必再与对方协商。二者的不同在于：约定解除体现为一种事前的协商解除；协议解除体现为一种事后的协商解除。作为市场主体，为了适应市场的变化，有必要在合同中根据合同性质、目的等设定解除合同的条款，以便更好地维护己方的合法权益。

合同解除的效力如何？导致合同关系自始消灭还是向将来消灭？涉及合同解除有无溯及力的问题，对此《合同法》尚无明确的规定。理论界主流观点认为合同解除无溯及力。

本书认为，应当具体问题具体分析。首先，协议解除中，当事人对此有约定的，从其约定。无约定时，可视具体情况而定，也可由法院或仲裁委员会根据情况判定。第二，违约解除是否有溯及力，应当分析两种具体情况。一种为履行一次性行为的合同，解除原则上有溯及力，如：甲买乙货，双方约定，买方甲付一半货款后卖方乙送货，甲方在验货后付清余款。结果甲在办完验货手续后却未付款，由于甲的违约，乙解除合同。此解除应当有溯及力，实际执行为：乙方在退还甲方支付的一半货款的同时，要回自己已经交付给甲方的全部货物。反之，对履行应当在一定时间内完成而不是一次完成的合同，解除无溯及力。如：甲乙签订了一年房屋租赁合同，承租人乙只付了半年房租就不再支付，出租人甲可以解除合同，而此解除便无溯及力。第三，一般情况下，因不可抗力致使不能实现合同目的而解除合同的，无溯及力。但如此会造成不公平后果的，可有溯及力。第四，委托合同的解除无溯及力。合同的解除与合同的无效、撤销不同，因为后者一律有溯及力。与附解除条件的合同也不同，附解除条件的合同，条件一旦成就，合同只能向将来消灭,没有溯及力。

关于解除合同的通知问题,《合同法》第 96 条规定:“当事人一方依照本法第九十三条第二款、第九十四条的规定主张解除合同的,应当通知对方。合同自通知到达对方时解除。对方有异议的,可以请求人民法院或者仲裁机构确认解除合同的效力。法律、行政法规规定解除合同应当办理批准、登记等手续的,依照其规定。”解除合同的通知自到达被通知人时生效。如果对方有异议,需要在解除合同通知到达之日起三个月内向人民法院起诉①。合同因不可抗力解除的,自不可抗力产生时起自动解除,无须通知。

铁路旅客运输合同中,因旅客的原因退票的,属于自愿解除合同,承运人不得拒绝,但可以收取一定比例的手续费。如果由于铁路承运人迟延运输,旅客可以要求解除运输合同,由承运人退还票款,不得收取手续费。承揽合同允许定做人以损害赔偿为代价,随时通知承揽人解除合同。在不定期租赁合同中,出租人可以随时解除租赁合同,但要给承租人以准备时间。

第二节 抵　销

抵销,是指二人互负到期债务时,各以其债权充当债务之清偿,而使其债务与对方的债务在对等额内相互消灭。日常处理合同问题时,依法运用债的抵销可以节约交换过程,提高效率,并且安全。如:甲与银行协议,信用卡透支的数额到期由银行从其储蓄账户上扣划。抵销依其产生的根据不同,分为法定抵销与合意抵销两种。

---

① 《最高人民法院关于适用〈中华人民共和国合同法〉若干问题的解释(二)》第 24 条:“当事人对合同法第九十六条、第九十九条规定的合同解除或者债务抵销虽有异议,但在约定的异议期限届满后才提出异议并向人民法院起诉的,人民法院不予支持;当事人没有约定异议期间,在解除合同或者债务抵销通知到达之日起三个月以后才向人民法院起诉的,人民法院不予支持。”

1. 法定抵销

法定抵销,是指具备法律规定的构成条件,依当事人一方的意思即可发生抵销债务的效力。依《合同法》第 99 条[①],法定抵销应当具备以下条件:

(1)须双方当事人互负债务、互享债权。抵销权的产生在于合同当事人对于对方当事人既享有债权,同时又负有债务,此处所言的债权债务完全不是双务合同中当事人双方相对应地享受债权与承担债务,应该是两项独立的、合法有效的债权债务。只负有债务无债权或只享有债权无债务皆不能发生抵销。

(2)双方互负债务的给付种类相同。依照《合同法》第 99 条的规定,双方互负的债务必须为标的物种类、品质相同的债务。实际操作中,抵销最适合货币之债。如:制衣店从布店进 1 万元布,布店在制衣店加工员工制服,加工费 1.2 万元,其中的 1 万元布款与 1 万元加工费即可抵销,布店需向制衣店支付 2 000 元即可。当事人互负到期债务,种类、品质不相同时,经双方协商一致,也可以抵销。但这不属于法定抵销的范畴,而属于《合同法》100 条[②]规定的协议抵销的范畴。

(3)必须是债权有效存在且已到期。主张抵销的一方所拥有的债权须具有可实现性,即已到期。如果未到期也允许抵销的话,就等于强制债务人提前履行债务,显然不合理,当然,债务人主动提前清偿债务的,允许抵销。

(4)必须是债可以抵销。《合同法》第 99 条但书规定得很明确,抵销不得违背法律或合同性质。抚养费、赡养费等不能抵销;

---

① 《合同法》第 99 条:“当事人互负到期债务,该债务的标的物种类、品质相同的,任何一方可以将自己的债务与对方的债务抵销,但依照法律规定或者按照合同性质不得抵销的除外。当事人主张抵销的,应当通知对方。通知自到达对方时生效。抵销不得附条件或者附期限。”

② 《合同法》第 100 条:“当事人互负债务,标的物种类、品质不相同的,经双方协商一致,也可以抵销。”

双方当事人自己约定不得抵销的债，债务人不能主张抵销；故意侵权形成的债务不得抵销。如：甲欠乙 5 000 元钱还不起，乙对甲说"反正你也还不起，干脆我打你一顿正好赔 5 000 元，抵销原债"，其中乙对甲造成的伤害是故意侵权，由此负担的债务不得抵销。

法定抵销在实际操作时，主张抵销的一方当事人应当将抵销行为通知对方，该通知一般以书面通知为好，抵销自通知到达对方时生效。需要注意的是，抵销的通知不得附条件或者附期限。

2. 合意抵销

合意抵销，是指互负债务的二人经协商一致，使各自的债务在同等数额之内相互消灭的协议。合意抵销不同于法定抵销，是互负债务的当事人协商一致的结果，属于合同的一种，只要符合《合同法》的一般规定便可独立存在。如果当事人双方选择以合意抵销的方式消灭债务，不受法定抵销的限制。这也是民法意思自治原则的体现。

无论是法定抵销还是合意抵销，抵销的效力表现为双方互负的债务按照抵销数额消灭，相关的从属权利消灭，如：为债务提供的担保消灭。

第三节　提　存

提存，是指由于债权人的原因而无法向其交付合同标的物时，债务人将标的物交给提存机关而使合同权利义务关系终止的制度。实践中有时会出现债务人依照约定履行债务，由于债权人无正当理由拒绝受领或下落不明，使债务人难以履行债务，债权人虽然应当承担责任，但债务人的债务并未消失，并且需要随时准备履行，这样的后果对债务人而言是不公平的，提存制度就是为解决这一问题而设立。

《合同法》第 101 条规定了提存的情况：(1)债权人无正当理由拒绝受领。如：运到目的地的货物，收货人不提取，经承运人催告其在合理期限内提取货物，逾期仍不提取的，承运人可提存该货物。(2)债权人下落不明。包括债权人地址不祥无法查找，债权人失踪等。如：货物运输中，收货人不明的，承运人可以提存货物。(3)债权人死亡，未确定继承人或者丧失行为能力未确定监护人。债权人死亡或者丧失行为能力，并不导致债务人债务的消灭，特别是债务人应当交付财产的合同。债权人死亡，依《继承法》的规定，继承人可以继承其在合同中的权利，债务人应当向继承人履行债务。一旦继承人无法确定，会导致债务人无法履行债务，此时，法律允许债务人以提存的方式消灭债务。债权人丧失行为能力，监护人未确定的情况下，债务人履行债务失去受领人，提存能使债务人从这一困境中解脱出来，使其债务消灭。(4)法律规定的其他情形。如《合同法》第 70 条①、《担保法》第 49 条第三款②、第 69 条第二款③、第 70 条④规定的提存的情形。

提存涉及三方当事人，即提存人(债务人)、提存部门和债权人。提存的主体是债务人，基于一定的提存原因，于合同履行地，以物的交付为限所为。提存的效力体现在：(1)债务人(提存人)与债权人(提存受领人)之间的效力。债务人一旦将标的物提存，不论债权人是否受领，均发生债务消灭的效力。对此《提存公证规则》第 17 条已经做了明确规定，提存之债自提存之日即告清偿。

---

① 《合同法》第 70 条："债权人分立、合并或者变更住所没有通知债务人，致使履行债务发生困难的，债务人可以中止履行或者将标的物提存。"

② 《担保法》第 49 条第三款："抵押人转让抵押物所得的价款，应当向抵押权人提前清偿所担保的债权或者向与抵押权人约定的第三人提存。超过债权数额的部分，归抵押人所有，不足部分由债务人清偿。"

③ 《担保法》第 69 条第二款："质权人不能妥善保管质物可能致使其灭失或者毁损的，出质人可以要求质权人将质物提存，或者要求提前清偿债权而返还质物。"

④ 《担保法》第 70 条："质物有损坏或者价值明显减少的可能，足以危害质权人权利的，质权人可以要求出质人提供相应的担保。出质人不提供的，质权人可以拍卖或者变卖质物，并与出质人协议将拍卖或者变卖所得的价款用于提前清偿所担保的债权或者向与出质人约定的第三人提存。"

提存之日起，标的物所有权转归债权人。提存期间，标的物所产生的孳息归债权人所有，提存的费用和风险皆由债权人承担。(2)债务人(提存人)与提存部门之间的效力。提存部门应当妥善保管提存物，对不宜保存的，或债权人到期不领取的，提存部门可以拍卖后保存其价款。提存人可以凭人民法院的生效判决、裁定或提存之债已经清偿的公证证明取回提存物。提存人取回提存物的，视为未提存，由此产生的费用由提存人承担。(3)债权人与提存部门之间的效力。债权人可以随时领取提存物，但债权人对债务人负有到期债务的，在债权人未履行债务或者提供担保之前，提存部门根据债务人的要求应当拒绝其领取提存物。债权人领取提存物的权利，自提存之日起 5 年内不行使而消灭，提存物扣除提存费用后归国家所有①。

根据 1995 年司法部颁布的《提存公证规则》，公证处为提存机关。《提存公证规则》对提存的程序(《提存公证规则》第 23 条)、提存部门的责任(《提存公证规则》第 27 条第二款)、提存物品的保管期限(《提存公证规则》第 19 条、第 20 条)等作了规定。

第四节 免除及混同

免除，是指债权人抛弃全部或部分债权，从而全部或部分消灭合同权利义务关系的单方行为。债务免除应该由债权人向债务人做明确意思表示，向第三人为免除的意思表示，不发生免除的效力。债权人免除债务需要明示，默示不能认定免除。如：一广告公司公开征集广告词，某女士的广告词被采用，事后广告公司未向该

---

① 《合同法》第 104 条："债权人可以随时领取提存物，但债权人对债务人负有到期债务的，在债权人未履行债务或者提供担保之前，提存部门根据债务人的要求应当拒绝其领取提存物。债权人领取提存物的权利，自提存之日起五年内不行使而消灭，提存物扣除提存费用后归国家所有。"

女士支付费用,理由是该女士没明确表示向广告公司要钱。广告公司的做法不妥,在该女士未明确表示免除广告词使用费时,广告公司应该向该女士付费。

混同,是指债权和债务同归于一人,致使合同权利义务终止的事实。实践中有时会出现债权人与债务人合二为一的情况,如:债权人甲企业与债务人乙企业合并,甲与乙之间的债权债务因混同而消灭。

需要提请注意的是,债的免除与混同不同,工作中应注意区分。以下例子说明之。

【实例 1】乙公司曾经欠甲公司 30 万元货款,债务已届清偿期。正在此时,甲公司与乙企业搞联合经营,甲公司向乙企业表示:我们都搞联营了,以前欠我公司的钱就不用还了。后由于种种原因联营未能继续,甲公司又向乙企业表示:既然联营未成,以前欠的钱还是要还的。

【问题】上述情况下,乙企业是否要还甲公司钱?

【分析】乙企业不需要还甲公司钱,但不是因为甲、乙曾经联营。联营不同于债的混同,只是一种经营形式,联营不能当然导致甲公司同乙企业合同权利义务的消灭。该实例中乙企业不需要还甲公司钱,是因为甲公司已经明确地向乙企业表示"以前欠我公司的钱就不用还了",表明甲公司已经免除了乙企业的债务。甲公司与乙企业的债权债务由于甲公司的明示免除而消灭。

第七章 违约责任

第一节 违约责任概述

一、违约责任

违约责任，是指一方或双方当事人违反合同义务应当承担的民事责任。违反合同义务往往表现为第三人不履行或履行义务不符合约定。

违约责任是基于不履行合同义务而产生的违约的一方当事人对非违约方当事人承担的民事责任，与其他民事责任相比，其最突出的特点在于违约责任有明显的相对性、约定性，合同以外的第三人对当事人之间的合同不承担违约责任。相对性是合同的基础，实践中分析案例时应注意把握。例如：商家提供了有隐蔽瑕疵的商品，使用过程中爆炸，伤及消费者和第三人。那么对消费者可以承担违约责任，但对第三人承担的则是侵权责任。如果国家对商家进行制裁，此时商家承担的又是行政责任。

违约责任与合同责任有区别。合同责任的范围大，包括违约责任，但不仅仅是违约责任。如：基于附随义务产生的责任是合同责任而非违约责任。再如：缔约责任是合同责任，而不是当事人双方约定的违约责任。

二、违约行为

违约行为，是指合同当事人不履行或者不适当履行合同义务的客观事实。违约行为的发生以合同关系存在为前提。违约行为是构成违约责任的首要条件，无违约行为即无违约责任。违约行为的特点在于：其一，违约行为的行为人是合同当事人，这是由合同相对性规则决定的。其二，违约行为违反了合同义务。合同义务主要通过当事人之间的约定，具有任意性。对约定义务的违反构成违约行为，对于合同没有明确约定但是根据诚实信用原则产生的附随义务的违反也可能构成违约行为。其三，与合同义务相对应的是合同债权，对合同义务的违反必然导致对合同债权的侵害。

依据《合同法》的相关规定，违约行为的主要形态有拒绝履行、履行迟延和不完全履行等。

1. 拒绝履行

拒绝履行，是指债务人明确肯定地表示不履行合同。实践中有合同履行期限届满前的拒绝履行和合同履行期限届满后的拒绝履行。

在合同履行期限届满之前，一方当事人以口头或书面形式或以自己的行为向对方当事人表示将不履行合同义务的，为预期拒绝履行，又称先期违约或预期违约。对于预期拒绝履行的情形，《合同法》第 94 条[①]、第 108 条[②]分别作了规定。依第 94 条，预期拒绝履行可以导致合同解除权的产生；依第 108 条，受害方可以在合同履行期限届满之前要求违约方承担违约责任，进行损害赔偿。

在合同履行期限届满之后，债务人拒绝履行债务的，债权人可以请求强制履行或可以解除合同并要求损害赔偿。

2. 履行迟延

履行迟延，是指当事人本应该在合同约定的履行期限内履行合同义务，但其却无正当理由到期不履行，造成履行在时间上的迟延。履行迟延的最大特征是，当事人违反合同规定的履行期限，使

---

① 《合同法》第 94 条："有下列情形之一的，当事人可以解除合同：(一)因不可抗力致使不能实现合同目的；(二)在履行期限届满之前，当事人一方明确表示或者以自己的行为表明不履行主要债务；(三)当事人一方迟延履行主要债务，经催告后在合理期限内仍未履行；(四)当事人一方迟延履行债务或者有其他违约行为致使不能实现合同目的；(五)法律规定的其他情形。"

② 《合同法》第 108 条："当事人一方明确表示或者以自己的行为表明不履行合同义务的，对方可以在履行期限届满之前要求其承担违约责任。"

得对方当事人的权利不能及时实现，给其造成消极损害。因此也是一种应该承担违约责任的行为。

实践中处理合同履行迟延问题应当关注以下内容：(1)履行迟延的一方当事人可能仍有继续履行的意愿和能力，而且履行迟延并未给对方当事人造成多大损害，对方当事人应当允许其继续履行，同时可以要求履行迟延一方当事人赔偿损失或者支付违约金，但不享有解除合同的权利。(2)如果时间因素对于合同目的的实现至关重要，一旦履行迟延将导致合同目的落空，或者订立合同时所期望的经济利益不能实现，或者接受履行会蒙受重大损失，此时应当允许对方当事人解除合同。如：某公司从印刷厂订购新年台历准备送给客户，双方约定 12 月 15 日交付，结果某公司接到印刷厂通知，由于其所接客户订单超过印刷能力，因此某公司的台历迟至来年 1 月 10 日才能交付。某公司只好从市场上购买了等量台历，但多花 1 万元。某公司可以解除与印刷厂的合同并要求印刷厂赔偿其损失。(3)一方履行迟延，经对方当事人催告后，在合理期限内仍不履行合同义务的，对方当事人可以解除合同，同时追究其不履行合同的违约责任。

3. 不完全履行

不完全履行，又称不良给付、积极侵害债权等，是指债务人虽然履行了合同义务，但其履行有瑕疵并给债权人造成其他损害的情形。不完全履行包括：(1)部分履行，如：未足量交付标的物。(2)未按约定地点履行。(3)履行时间不符合约定。(4)履行方法不当，如：不按合同约定的运输线路却选择较远的线路运输，使得运费增加。(5)标的物品质有瑕疵，如：交付的汽车空调不制冷。(6)未履行附随义务，如：告知产品的使用方法。

当事人一方由于不完全履行给对方造成损失的，对方有权要求赔偿。

不完全履行中的加害给付问题，实践中应当倍加关注。对上述(5)中的瑕疵履行，可以采取由债务人补正的方法，即由债务人将瑕疵除去变为适当履行，如：将空调修好，使其正常制冷。但有些情况下瑕疵不能补正时，债权人可以拒绝受领，解除合同，并请求损害赔偿。如果债权人愿意受领，则可就价值减少部分请求损害赔偿。对于实践中的加害给付，如：热水器质量问题致使用者烫伤，法律上可导致违约责任与侵权责任竞合，受损方有权选择依照《合同法》由对方承担违约责任；或依照其他法律（如：《消费者权益保护法》、《侵权责任法》）要求对方承担侵权责任[①]。

第二节　违约损失赔偿责任的归责原则

归责原则，是指基于一定的归则事由而确定行为人是否承担责任的法律原则。部分学者认为，对于一些抽象的法律原则，很难从法条文意中一望而知立法的真意，违约损失赔偿责任的归责原则也不例外。《合同法》第 107 条关于违约责任的一般规定只是法律解释的一个起点。《合同法》采纳何种违约损失赔偿的归责原则，依赖于对《合同法》第 107 条、第 112 条的理解[②]。

《合同法》第 107 条规定："当事人一方不履行合同义务或者履行合同义务不符合约定的，应当承担继续履行、采取补救措施或者赔偿损失等违约责任。"第 112 条规定："当事人一方不履行合同义务或者履行合同义务不符合约定的，在履行义务或者采取补救措施后，对方还有其他损失的，应当赔偿损失。"

第 107 条将违约描述为"不履行合同义务或者履行合同义务不符合约定"，并以其作为强制履行、采取补救措施、损失赔偿、解除合同等违约救济措施的构成基础。对违约救济方法和违约责任

---

① 《合同法》第 122 条："因当事人一方的违约行为，侵害对方人身、财产权益的，受损害方有权选择依照本法要求其承担违约责任或者依照其他法律要求其承担侵权责任。"

② 参见朱广新：《合同法总则》，411 页，北京：中国人民大学出版社，2008。

形式做了一般规定。由于条文中没有出现"当事人能够证明自己没有过错的除外"的字样，被一些学者认为是采取了严格责任原则[①]。但总则的这种规定并不妨碍分则的某些规定采用过错责任原则。如：《合同法》规定的过错责任有供电人责任（第179条、第180条、第181条等）；承租人的保管责任（第222条）；承揽人责任（第262条、第265条等）；建设工程合同中的承包人的过错责任（第280条、第281条等）；寄存人未履行告知义务的责任（第370条）；保管人责任（第371条）等。从《合同法》的内容看，在违约损失赔偿归责原则上，说其采用严格责任为主过错责任为辅或许更切合实际。

第112条回答了对于不可免责的未履行，违约方除继续履行义务之外，应否赔偿受害方的其他损失的问题。

综上，对违约损失赔偿问题做一归纳。

一、完全赔偿原则

违约损失赔偿一般遵循完全赔偿原则。完全赔偿原则，是指因违约使受害人遭受的全部损失都应当由违约方负赔偿责任。《合同法》113条第一款[②]规定了该原则的内容。上述全部损失必须是实际发生的、可得确定的。违约可能造成非违约方现有财产的损失，但也有可能造成受害人可得利益的损失。由于可得利益并非当事人已经获得的利益，而是其将来可能得到的期待利益，这种期待利益若想获得完全赔偿，则必须能够证明这种可得利益是客观上能够实现的。损失的可得确定，首先意味着损害能够量化

---

① 参见梁慧星：《从过错责任到严格责任》，《民商法论丛》第8卷，北京：法律出版社1997年版，1～7页。

② 《合同法》第113条第一款："当事人一方不履行合同义务或者履行合同义务不符合约定，给对方造成损失的，损失赔偿额应当相当于因违约所造成的损失，包括合同履行后可以获得的利益，但不得超过违反合同一方订立合同时预见到或者应当预见到的因违反合同可能造成的损失。"

为确定金额，其次还应该是权利人能够举证证明的损失。由此看出，证明有无损失和损失大小，要由非违约方（权利人）承担举证责任。完全赔偿的目的在于通过赔偿使受害人的损失得到完全的弥补，达到合同被履行的状态，由此实现合同目的。

完全赔偿原则有例外。《合同法》第113条第二款规定的"经营者对消费者提供商品或者服务有欺诈行为的，依照《消费者权益保护法》的规定承担损害赔偿责任。"依《消费者权益保护法》，经营者对消费者提供的商品或服务有欺诈行为并给消费者造成损害的，经营者应当承担惩罚性损害赔偿责任。此时不是损失多少赔偿多少，而是进行双倍赔偿。

二、损害赔偿的限制

1. 可预见性规则

从《合同法》第113条第一款规定可以看出，损害赔偿有限制，即不得超过违反合同一方订立合同时预见到或者应当预见到的因违反合同可能造成的损失。此被称为可预见性规则。该规则是限制违约损害赔偿的一个重要规则，正好弥补了完全赔偿原则的弊端，与完全赔偿原则相辅相成，互相补充，共同保护当事人合法权益。

【实例1】某年9月28日，原告某公司到铁路局A站办理了货物保价运输手续，保单填写的保价货物价值为20万元（实际价值160万元），并依此缴纳了保价费用。当日，货物装载完毕，由A站施封并发运。同年10月6日该车到达目的站时发现车门原施封锁已失封（中途车站补封2枚），货物丢失一半，目的地铁路局按照托运人保价单填写全批货物价值20万元折算，向原告支付了赔偿金10万元。原告某公司不服，向法院起诉，认为承运人应当依照完全赔偿的原则，赔偿其遭受的全部直接经济损失80万元。要求判令承运人再赔偿70万元。

一审判决：承运人赔偿10万元。原告不服，上诉。

【问题】该案是否应当遵循违约损失赔偿的完全赔偿原则赔偿原告全部实际货损？对于不足额保价的货物，一旦出现货损，对货主的损失赔否？如何赔？

【分析】一审法院判决正确。该案对于原告的货损，被告应当进行赔偿，对此没有分歧，但原被告双方却在赔偿范围上有争议。具体而言存在着是否适用、如何适用可预见性规则的问题。可预见性规则的预见主体原则上是赔偿义务人，预见的时间是合同订立之时。结合本案事实，被告铁路局 A 站在与原告订立保价运输合同时，能否预见到己方的违约将给原告方可能造成的损失，损失的范围有多大？案中的被告在与原告签订合同时，对于将来自己的违约行为可能给对方造成损失的结果应当是有预见的。关键是预见的范围应该是原告合同中填写的全部货物价值 20 万元，还是全部货物的实际价值 160 万元？如果被告能预见到原告遭受的全部损失，那么理应按完全赔偿原则作出赔偿。但本案中被告从原告自己填写的报价单中所得信息是：全部货物价值 20 万元。可以说被告能够预见到原告可能遭受全部损失的范围应当限制在原告填写的保价合同中的 20 万元之内，被告在订立合同时是无法预见到原告所可能遭受的、运单填写数额之外的全部直接经济损失的。因此，虽然被告的违约行为与原告的损失之间有因果关系，但根据《合同法》第 113 条第一款规定的可预见性规则，被告不应对原告所遭受的损失进行完全赔偿，而仅限于对其可以预见到得损失额进行赔偿。本案被告所预见的全部货损为 20 万元，实际货物损失了一半，因此法院判赔 10 万元是正确的。

可预见规则的适用主要是基于公平原则，实践中应当注意：(1)可预见规则的主体只能是合同一方当事人，即该规则的适用主体应该是违约人；(2)主体预见的时间应该是订立合同之时。此时一般当事人会对交易利益能否实现和交易风险大小做考虑；(3)预见的范围和内容应该包括不履约或者履约不当的直接后果。

2. 减轻损失规则

《合同法》第 119 条[①]规定了减轻损失规则。

合同当事人一方违约导致对方损失，受损方在损失发生后，基于诚实信用原则，应该尽自己的努力采取一切积极合理措施以防止损失的扩大，未能采取合理的措施致使损失扩大的，就扩大的损失，非违约方不得要求赔偿。

3. 过失相抵规则

《合同法》第 120 条规定："当事人双方都违反合同的，应当各自承担相应的责任。"实践中有时当事人双方违约，结果造成两个损失，即每一方违约都给对方造成损失，违约的双方应当就自己的违约行为给对方造成的损失承担责任。可以将该条做扩张解释，即为过失相抵规则。过失相抵规则的基础是公平原则和诚实信用原则。过失相抵最常适用于过错责任领域。在无过错责任的场合，加害人承担责任虽然不以其主观上有无过错为要件，但这并不意味着就不考虑受害人的过错。审判实践中，如果对于损害的发生，加害人无过错，而受害人却对损害的发生或扩大有过错，则不能忽略这种过错，如果加害人就受害人的过错举证加以证明，则可以减轻或者免除加害人的赔偿金额。实践中，也存在合同当事人双方都有过错，双方过错，造成一个损害结果的情况，此时适用过失相抵规则。

【实例 2】某老太乘上公共汽车不久，嫌车子颠簸太大，于是气愤地对司机说："车太颠我要下车。"司机说："危险！"不允其下车，但将车减速。老太借机拉开车门跳下，结果摔成重伤。家属向公共汽车公司索赔。公共汽车公司认为是老太擅自跳车的行为导致危害结果发生，应当责任自负。

【分析】本案是客运合同履行中造成人身伤害的情况。作为承

---

① 《合同法》第 119 条："当事人一方违约后，对方应当采取适当措施防止损失的扩大；没有采取适当措施致使损失扩大的，不得就扩大的损失要求赔偿。当事人因防止损失扩大而支出的合理费用，由违约方承担。"

运人，应该给乘客提供安全的乘车环境，车门竟然能被乘客打开，说明汽车公司疏于管理，使乘客处于不安全的乘车环境中。因此，承运人有过错，对老太的伤害应该承担责任。但乘客老太对危害结果的发生也有过错，作为智力健全的成年人，应该意识到从行进的车上跳下的危害结果，却不计后果地跳车，结果造成伤害。因此本案承运人和旅客双方都有过错，依过错相抵规则，根据双方的过错程度，可以减轻承运人的赔偿责任。

4. 损益相抵规则

损益相抵又称损益同销，是指非违约方基于同一损害行为获得某种利益与基于该损害行为所受到的损失相抵销。该规则在实践中的作用在于帮助确定受害人因对方的违约行为所遭受的“净损失”，使得受害人在损失已被填补之外，不得再因损害而受有利益。是基于公平理念计算受损方真实损失的规则，而不是减轻违约方责任的制度。如：房屋倒塌，对所有权人而言为损害，可以向加害人请求赔偿，但残余的建筑材料可以被利用，这对所有权人而言又是一种利益。因此，在计算损失时应在赔偿款中扣除房屋倒塌后残余可用建筑材料的价值。再如：货运合同履行中，货物毁损、灭失的，承运人应当承担责任时，赔偿额应当按照货物交付或应当交付地的市价计算，货物灭失、毁损部分的运费，托运人已经支付的，承运方应当返还。

《合同法》未对损益相抵作任何规定，部分学者认为这是法律的一项疏漏[①]。但我国司法实践中一直承认并运用此规则。

第三节 违约责任的承担方式

根据《合同法》第 107 条至第 116 条及第 63 条的规定，承担违

① 参见王利明：《合同法要义与案例解析（总则）》，420 页，北京：中国人民大学出版社，2001。

约责任的方式有:强制履行、损失赔偿、违约金、定金罚则及价格制裁等。

一、强制履行

强制履行,我国《合同法》称为继续履行,是指合同当事人一方在不履行合同时,另一方有权要求法院强制违约方按照合同规定的标的继续履行合同义务,而不得以支付违约金和赔偿金的方法代替履行的违约责任方式。从定义归纳出强制履行的特点:一是,一方违约时,非违约方必须借助国家强制力才能使违约方继续履行合同;二是,强制履行是强制违约方按合同标的履行。

强制履行是常用的、比较重要的违约救济方法。与赔偿损失、支付违约金的救济方式比较,更有利于实现合同目的。其适用范围广泛,既可适用于金钱债务,也可适用于部分非金钱债务;既可适用于不履约的违约行为,也可适用于履约不符合约定的情况。但如果出现《合同法》第 110 条[①]规定的情形,不适用强制履行。除法律规定外,我国学说解释上认为,下列情形不适用强制履行:(1)法律明文规定不适用强制履行而责令违约方只承担违约金责任或赔偿损失责任的。如货运合同中,承运人对承运中货物的毁损、灭失承担损害赔偿责任[②]。(2)因不可归责于双方当事人的原因致使合同履行困难,一旦实际履行则显失公平的。如适用情事变更原则的一些情况。

强制履行是与解除合同完全对立的补救方法,主张强制履行,

---

① 《合同法》第 110 条:"当事人一方不履行非金钱债务或者履行非金钱债务不符合约定的,对方可以要求履行,但有下列情形之一的除外:(一)法律上或者事实上不能履行;(二)债务的标的不适于强制履行或者履行费用过高;(三)债权人在合理期限内未要求履行。"

② 《合同法》第 311 条:"承运人对运输过程中货物的毁损、灭失承担损害赔偿责任,但承运人证明货物的毁损、灭失是因不可抗力、货物本身的自然性质或者合理损耗以及托运人、收货人的过错造成的,不承担损害赔偿责任。"

就不能请求解除合同，主张解除合同就不能请求强制履行。

二、赔偿损失

赔偿损失又称损害赔偿，是指债务人不履行合同债务时依法应赔偿债权人所受损失的责任承担方式。

赔偿损失的目的，是使非违约方基于合同可享受的利益能得到周全保护。

赔偿损失在运用中应满足以下条件：(1)有违约行为；(2)违约行为给合同对方当事人造成了损失；(3)损失与违约行为之间有因果关系。

《合同法》第 113 条确定了损失赔偿的基本范围应为全部赔偿，即“损失赔偿额应当相当于因违约所造成的损失，包括合同履行后可以获得的利益[①]。”同时第 113 条还规定了限制损害赔偿的规则(如前所述)，在此不再赘述。

三、违约金

违约金，是由当事人约定的或法律直接规定的，在一方当事人不履行或不完全履行合同时向另一方当事人支付一定数额的金钱或其他给付。

违约金与赔偿金、定金相比，有如下特点：(1)事先约定性。与损失赔偿不同，违约金由当事人双方事先约定，形式上既可以在合同中设定违约金条款，也可以在合同外另订违约金合同。如果双方没有就此事先约定具体数额和计算方法，往往一方违约后，非违约方主张权利困难。(2)数额无限制。与定金不同，法律对当事人

---

① 《合同法》第 113 条：“当事人一方不履行合同义务或者履行合同义务不符合约定，给对方造成损失的，损失赔偿额应当相当于因违约所造成的损失，包括合同履行后可以获得的利益，但不得超过违反合同一方订立合同时预见到或者应当预见到的因违反合同可能造成的损失。经营者对消费者提供商品或者服务有欺诈行为的，依照《中华人民共和国消费者权益保护法》的规定承担损害赔偿责任。”

约定的违约金并无数额上的强制限制，但并不意味着在一方违约时双方约定的违约金会得到全部执行，根据《合同法》114 条[①]第二款的规定，当事人可以请求人民法院或者仲裁机构予以适当增加或减少。(3)违约金须于违约后支付。不同于定金的是，违约金不必预先支付，换言之，违约金合同是附条件的合同，只有在当事人违约时，合同才启动履行效力。(4)设定违约金的目的是确保债务履行。赔偿金无此目的。只要当事人没有特别约定，支付违约金的行为不能替代履行合同，当事人不得在支付违约金后免除履行合同义务。

如果合同当事人双方既约定了违约金又约定了定金，对同一违约行为，定金与违约金不得并用，只能由非违约方选择其中之一适用。但如果当事人设定的违约金和定金是针对不同违约行为的，则可以并用。

由于违约金具有补偿性质，因此违约金与损害赔偿金不能并用。如果违约金不能弥补违约方的违约行为给对方造成的损失，则非违约方可就超过的部分向对方请求赔偿。

【实例 3】某农产品公司(以下简称农产品公司)与某食品加工厂(以下简称食品厂)签订了一份大豆买卖合同。合同约定：食品厂向农产品公司订购 5 吨大豆，每吨 4 000 元，共计 20 万元，由农产品公司于 2008 年 10 月 1 日前将货运到食品厂仓库，食品厂于合同成立后预付货款 10 万元，货物经验收合格后再付清剩余货款 10 万元。若双方任何一方违约，应向对方支付货物价款 20% 的违约金，计 4 万元。合同成立后，农产品公司于当年 9 月 25 日派车将 5 吨大豆运到食品厂仓库，食品厂卸车验货时发现若干袋大豆

---

① 《合同法》第 114 条："当事人可以约定一方违约时应当根据违约情况向对方支付一定数额的违约金，也可以约定因违约产生的损失赔偿额的计算方法。约定的违约金低于造成的损失的，当事人可以请求人民法院或者仲裁机构予以增加；约定的违约金过分高于造成的损失的，当事人可以请求人民法院或者仲裁机构予以适当减少。当事人就迟延履行约定违约金的，违约方支付违约金后，还应当履行债务。"

发霉、变质，遂拒收货物，并向某市卫生防疫站报验。经检验确认，有 1 吨大豆有霉变现象，已无法食用，其余不存在质量问题。食品厂从未支付的 10 万元货款中，扣除 1 吨大豆价款 4 000 元和 4 万元违约金后，将其余的 56 000 元货款交付农产品公司。农产品公司只同意扣除 4 000 元的货款。经协商后无法达成协议，农产品公司向法院起诉，要求减少违约金数额，主张按食品厂的实际损失 4 000 元进行赔偿，食品厂应付清尚未支付的 4 万元货款。

【问题】违约金和赔偿金的关系，是否可以同时适用？农产品公司应当向食品厂支付多少金额？

【分析】本例涉及到违约金和赔偿金的关系问题。从违约金的法律性质看，具有补偿性质，而赔偿金的目的，是使非违约方基于合同可享受的利益得到周全保护，也是对非违约方损失的补偿。实际适用中，两种补偿不可重叠，如果违约金已经足以弥补给非违约方造成的损失，则不需要支付赔偿金。如果非违约方的损失大于违约金数额，那么，非违约方可就超过的部分向对方请求赔偿，违约方应当支付的赔偿金就是实际损失与违约金的差额。

一般情况下，本例中 4 万元的违约金已经足以弥补受损方 4 000元的损失，因此，农产品公司不需要再付赔偿金，食品厂应返还其扣除的 4 000 元损失款。但本案农产品公司要求减少违约金数额，主张按食品厂的实际损失 4 000 元进行赔偿。根据"法释[2009]5 号"第 29 条的规定，当事人约定的违约金超过造成损失的 30％的，一般可以认定为《合同法》第 114 条第二款规定的"过分高于造成的损失"，法院可以予以适当减少。4 000 元损失的 30％是 1 200 元，即本案违约金数额掌握在 5 200 元较为合适，高出的部分系"过分高于造成的损失"。法院应酌情将违约金数额降至5 200元(其中包括赔偿金)，由违约方农产品公司支付，其余高出的部分不予支持。农产品公司主张按食品厂的实际损失 4 000 元进行赔偿，过低，应予驳回。故食品厂从未支付的 10 万元货款中，扣除 5 200 元后，应将其余的 94 800 元货款交付农产品公司。

综上，我国法律已经确定违约金制度系以赔偿非违约方的损失为主要功能，而不是旨在严厉惩罚违约方；违约金在我国《合同法》中主要体现为一种民事责任形式，因此，不能将违约金条款完全留待当事人约定，尤其是对数额过高的违约金条款，更是如此。如果任由当事人约定过高的违约金且以意思自治为由予以支持，在有些情况下，无异于鼓励当事人通过不正当的方式取得暴利，也可能促使一方为取得高额违约金而故意引诱对方违约。有鉴于此，人民法院可以对不合理的违约金数额进行调整，以维护民法的公平和诚实信用原则，并使违约方从高额且不合理的违约金责任的束缚中解脱出来。具体操作中应当依照“法释[2009]5 号”第 27 条、第 28 条、第 29 条的规定，当事人通过反诉或者抗辩的方式，请求人民法院依照合同法第 114 条第二款的规定调整违约金的，人民法院应予支持。当事人请求人民法院增加违约金的，增加后的违约金数额以不超过实际损失额为限。增加违约金以后，当事人又请求对方赔偿损失的，人民法院不予支持。当事人主张约定的违约金过高请求予以适当减少的，人民法院应当以实际损失为基础，兼顾合同的履行情况、当事人的过错程度以及预期利益等综合因素，根据公平原则和诚实信用原则予以衡量，并作出裁决。当事人约定的违约金超过造成损失的 30％的，一般可以认定为《合同法》第 114 条第二款规定的“过分高于造成的损失”。

我国《合同法》规定的违约金既有惩罚性又有补偿性。前者注重的是对违约方违约行为的惩罚，因此其不以违约是否造成实际损失为适用条件。尤其是就迟延履行约定的违约金，违约方支付违约金后，还应当履行债务；后者主要体现的是对非违约方因违约所致损失的补偿，此为我国合同法规定违约金之主要目的。

四、定　　金

定金，是合同当事人约定一方在合同订立时或者合同履行前预付给对方一定数量的金钱，用于保证合同债权实现的一种担保方式。定金作为一种违约责任形式，主要体现在法律关于“定金罚则”的规定上。《合同法》第 115 条规定：“当事人可以依照《中华人民共和国担保法》约定一方向对方给付定金作为债权的担保。债务人履行债务后，定金应当抵作价款或者收回。给付定金的一方不履行约定的债务的，无权要求返还定金；收受定金的一方不履行约定的债务的，应当双倍返还定金。”

定金的数额由当事人约定，但不得超出主合同标的额的 20%。定金一般在主合同订立时或者履行前由一方交付于另一方，在债务人履行债务后，定金应当抵作价款或者收回。定金因此不同于违约金。合同当事人双方对定金的约定必须明示，否则定金被视为预付款（订金）。根据“法释[2000]44 号”[①]第 118 条的规定，当事人交付留置金、担保金、保证金、订约金、押金或者订金等，但没有约定定金性质的，当事人主张定金权利的，人民法院不予支持。

“法释[2000]44 号”第 120 条规定，“因当事人一方迟延履行或者其他违约行为，致使合同目的不能实现，可以适用定金罚则。但法律另有规定或者当事人另有约定的除外。当事人一方不完全履行合同的，应当按照未履行部分所占合同约定内容的比例，适用定金罚则”。由此，一方根本违约是适用定金罚则的条件，轻微违约是不能适用定金罚则的。

根据“法释[2000]44 号”第 122 条的规定，因不可抗力、意外事件致使主合同不能履行的，不适用定金罚则。因第三人过错，致使主合同不能履行的，适用定金罚则。受定金处罚的一方当事人，可以依法向第三人追偿。

据《合同法》第 116 条的规定，当事人既约定违约金，又约定定

① 2000 年 9 月 29 日最高人民法院审判委员会第 1133 次会议通过，2000 年 12 月 13 日起施行的《最高人民法院关于适用〈中华人民共和国担保法〉若干问题的解释》。

金的，一方违约时，对方可以选择适用违约金或者定金条款。

定金不足以弥补损失的，受损方可请求损害赔偿金。

【实例 4】2008 年 2 月，某制衣公司与某商业公司签订了一份买卖合同。合同约定：商业公司向制衣公司购买 1 000 套男士西服，每套 2 000 元，总计价款 200 万元，交货期限为同年 4 月和 5 月。合同还约定，合同签订后的 5 日内，由商业公司付定金 50 万元。若一方违约，应支付对方违约金 50 万元。合同签订次日，商业公司即按约定汇出定金。制衣公司由于未能采购到所需布料，致使其不能按约交货。此后，商业公司与制衣公司协商，要求制衣公司尽快返还全部定金，但制衣公司在规定期限内仅返还定金 20 万元，其余 30 万元未还。在追款未果的情况下，商业公司向法院起诉，要求制衣公司双倍返还定金并支付违约金和赔偿金。

【问题】1. 法律对定金有无限制规定？

2. 违约金与定金的关系，是否可以同时适用？

【分析】依《担保法》规定，定金的数额不得超出主合同标的额的 20%。本案定金数额应在 40 万以内，超出部分(10 万元)应视为预付款，不产生担保的法律后果。依照“法释[2009]5 号”第 29 条的规定，当事人约定的违约金超过造成损失的 30%的，一般被认定为“过分高于造成的损失”，不被法院支持。根据《合同法》第 116 条规定，当事人既约定违约金，又约定定金的，一方违约时，对方可以选择适用违约金或者定金条款。根据本案情况，商业公司选择适用定金条款比较有利。

本案制衣公司根本违约，符合适用定金罚则的条件，根据《合同法》第 115 条规定，收受定金的一方不履行约定的债务的，应当双倍返还定金。由于双方约定的定金数额超出了法律规定的上限，超过的部分(10 万元)只作为预付款退回商业公司，不产生双倍返还的法律后果。故制衣公司需付给商业公司 90 万元(40 万元×2+10 万元)，除已经支付的 20 万元外，还应再支付 70 万元。

如果商业公司能出证证明制衣公司给自己造成的损失在适用

定金罚则后仍不足以弥补时，商业公司可以请求制衣公司支付损害赔偿金。

五、价格制裁

所谓价格制裁，是指执行政府定价或者政府指导价的合同当事人，因逾期履行合同而遇到价格调整时，在原价格与新价格中选择执行对违约方不利的价格[①]。与其他违约责任形式相比，价格制裁具有明显的局限性，其仅仅适用于执行政府定价或者政府指导价的合同。

第四节 违约责任的免除

违约责任的免除，是指在合同的履行过程中，出现了法律规定的免责条件或者合同约定的免责事由导致合同不能履行时，债务人可以免除其违约责任。

合同生效后，当事人双方应该诚信履约，否则就要承担违约责任。但是，在某些特定情况下，当事人不履行合同也可以不承担责任，这些不承担违约责任的情况，一是由法律规定的不可抗力（法定免责），二是双方当事人预先在合同中约定了免责条款（约定免责）。

一、法定免责

法定免责，是由法律规定的可免除债务不履行的责任。主要有两种：因不可抗力不能履行合同；因债权人的原因不能履行合同。

1. 不可抗力

不可抗力，是指不能预见、不能避免并不能克服的客观情

---

① 《合同法》第 63 条："执行政府定价或者政府指导价的，在合同约定的交付期限内政府价格调整时，按照交付时的价格计价。逾期交付标的物的，遇价格上涨时，按照原价格执行；价格下降时，按照新价格执行。逾期提取标的物或者逾期付款的，遇价格上涨时，按照新价格执行；价格下降时，按照原价格执行。"

况[①]。因不可抗力不能履行合同的，根据不可抗力的影响，部分或者全部免除违约责任，但法律另有规定的除外[②]。

一个特定的客观事件是否构成不可抗力，应根据定义进行判断。根据各国立法及司法经验，自然事件和社会事件通常会成为不可抗力的基本来源。自然事件如：地震、风暴、水灾或其他自然灾害等。社会事件如：战争、暴乱、敌对行动、公共骚乱、罢工等。也包括政府行为，如国家法律法规变更、政策调整、监管部门的相关规定或指令调整等任何一方无法预见、无法控制和无法避免的情况。

若不可抗力事件导致任何一方不能履行其任何的合同义务，该义务应在不可抗力事件存在时暂停，而义务的履行期应自动按暂停期顺延。不可抗力的影响大小、范围各异，故免除违约责任的范围应有所不同。该范围受限于不可抗力对当事人履行合同义务的影响程度。而且，不可抗力作为免责事由以其发生于合同期间为条件，如果不可抗力发生于一方当事人迟延履行后，迟延履行当事人不得以不可抗力作为免责事由。法律还特别规定了不可抗力不得免责的情况，如《邮政法》第34条第3款规定，对于汇款和保价邮件，即使因不可抗力造成损失的，邮政企业仍然要承担赔偿责任。

当事人一方因不可抗力不能履行合同的，应当及时通知对方，以减轻给对方造成的损失，并应当在合理期限内提供发生不可抗力和其持续期的适当证明[③]，并尽最大努力终止不可抗力事件或

---

① 《民法通则》第153条、《合同法》第117条第二款：本法所称不可抗力，是指不能预见、不能避免并不能克服的客观情况。

② 《民法通则》第107条："因不可抗力不能履行合同或者造成他人损害的，不承担民事责任，法律另有规定的除外。"《合同法》117条第一款："因不可抗力不能履行合同的，根据不可抗力的影响，部分或者全部免除责任，但法律另有规定的除外。当事人迟延履行后发生不可抗力的，不能免除责任。"

③ 《合同法》第118条："当事人一方因不可抗力不能履行合同的，应当及时通知对方，以减轻可能给对方造成的损失，并应当在合理期限内提供证明。"

减少其影响。在不可抗力事件结束后，各方应立即磋商以寻求一个公平的解决方法，并应尽所有合理努力以减轻不可抗力的影响。另外，合同另一方当事人因不可抗力不能实现合同目的的，可依《合同法》第 94 条第 1 款[①]的规定，解除合同。

实践中，应当注意区分不可抗力和经营风险。

【实例 5】养殖专业户甲卖给某公司养殖基地 1 000 只小鸡，双方约定待鸡长大后付款。鸡长到半大时，染上鸡瘟全部死亡。某公司养殖基地不向甲付款，认为是不可抗力至鸡死亡，可免责。

【问题】鸡瘟是否属于不可抗力？某公司养殖基地该不该付款？

【分析】首先应当明确的是，根据不可抗力的定义判断，鸡瘟不是不可抗力，属于经营风险。对经营风险，经营者可以也应当事先预测并加以防范，根据《合同法》第 142 条的规定，标的物毁损、灭失的风险，在标的物交付之前由出卖人承担，交付之后由买受人承担。因此，由于经营风险所造成的损失应由买受人承担，与合同无关。

第二，该合同中"待鸡长大后付款"的约定为附期限的条款还是附条件的条款？属于合同解释的范畴，实践中理解不一，应采用有利于债权人的解释，故本例中应解释为附期限的合同。某公司养殖基地应当支付给甲买鸡款。

需要提请注意的是，根据《合同法》的规定，因不可抗力造成合同当事人违约的，免除责任的本质在于免除违约金，而非合同对价。

【实例 6】某餐饮公司与某大厦经营者签订租赁大厦一层用于开饭庄的合同。合同履行后遇 SARS(非典)，在此期间饭庄收入受到极大影响。于是某餐饮公司提出：由于没有客流，经营亏本，不能支付大厦租金。况且 SARS 为不可抗力，故出租方应减免 SARS 期间的房租。

---

① 《合同法》94 条第一款："有下列情形之一的，当事人可以解除合同：(一)因不可抗力致使不能实现合同目的；……"

【问题】如果认定 SARS 为不可抗力，房租是否可以减免？

【分析】首先应当明确房租的性质。房租是租赁合同承租方基于对房屋的使用所应支付给对方的对价，是其在享受权利后应当履行的合同义务，而不是违约责任的表现方式。其次应当明确，合同履行中遇不可抗力，致使合同不能履行或不能完全履行时，根据《合同法》的规定，所免除的是违约责任，如违约金、赔偿金，而不是免除合同对价。房租是对价，不能免除。但由于 SARS 的确给经营造成较大影响，由此某餐饮公司若迟延交付房租形成违约，正常情况下迟延履行应缴纳的滞纳金或违约金可以由于不可抗力的原因而免除。

2. 债权人的原因

除了因不可抗力不能履行合同可以免除违约责任外，由于债权人的过错致使债务人不履行或不完全履行合同，债务人也不承担违约责任。此类情况通常发生于需要互相协作的债务关系中，如承揽合同的履行需要定作人先行提供必要的图纸，而定作人却未依约提供，由此造成承揽人迟延交付定作物的，应免除承揽人的违约责任。另外，如果债权人积极阻止债务人履行债务，债务人当然也可以免责。如《合同法》第 311 条[①]明文规定，运输过程中由于托运人、收货人的过错造成货物毁损、灭失的，承运人不负损害赔偿责任。

【实例 7】某养蜂专业户与某铁路局签订运输蜜蜂合同，合同约定：铁路局需按有关鲜活物资运输的规定优先安排蜜蜂运输，托运人派人跟车押运，运输途中喂养蜜蜂的工作由押运人员负责。运抵目的地后，发现蜜蜂大量死亡。某养蜂专业户向某铁路局提出索赔。后经权威部门鉴定，蜜蜂因饥饿致死。

---

① 《合同法》第 311 条："承运人对运输过程中货物的毁损、灭失承担损害赔偿责任，但承运人证明货物的毁损、灭失是因不可抗力、货物本身的自然性质或者合理损耗以及托运人、收货人的过错造成的，不承担损害赔偿责任。"

【问题】承运人某铁路局应否承担赔偿责任？

【分析】某铁路局不承担赔偿责任。显然，蜜蜂的死亡是饥饿所致，而喂养蜜蜂是由托运人所派的押运人员负责。造成损失的责任方恰恰是托运人自己，根据《合同法》第 311 条的规定，承运人不承担损害赔偿责任。

二、约定免责

合同当事人除可在合同中约定不可抗力的范围外，还可以在合同中约定某些限制或免除其违约责任的事由，通常将合同中的这种约定称之为免责条款。免责条款作为合同的组成部分，是双方当事人依据意思自治原则就免责的内容或者范围进行协商的结果，其目的是限制或者排除当事人未来的违约责任，例如：当事人可以约定限制损害赔偿的数额，或者约定免除某种情况发生时的责任等等。当事人还可以根据交易的风险性，对免责事由作出特别的规定。尤其是为了避免因对不可抗力之理解所造成的争议，当事人可根据个案实际以列举方式对免责事由事先作出约定。

当事人经过协商约定免责条款，有利于当事人预先分配风险，避免争议。一般来说，法律是承认其效力的。但是对于严重违反诚实信用和公平原则，违反社会公共利益的免责条款，法律是禁止的。《合同法》第 53 条①规定了两种免责条款无效：一是造成对方人身伤害的免责条款无效；二是因故意或者重大过失给对方造成财产损失的免责条款无效。在采用格式条款订立合同的情况下，格式条款的出具方如果违反公平原则免除自己主要义务的，此种免责条款也是无效的。

在企业经营中，由于一些因素的不确定性，造成合同履行障碍，如主管部门的政策调整，生产要素的重新调配等。对此，签订

---

① 《合同法》第 53 条："合同中的下列免责条款无效：（一）造成对方人身伤害的；（二）因故意或者重大过失造成对方财产损失的。"

合同时应有预测，如有必要，将其作为免责条款写入合同，以免事后久争不决，酿成纠纷。免责条款是合同当事人双方合意的产物，实践中，条款的提出必须是明示的，不允许以默示方式提出，也不允许法官推定免责条款的存在。

【实例 8】某铁路实业公司（以下简称实业公司）与广告公司签订 A 区广告位租赁合同后，广告公司在所租区段为其客户甲公司设立了大型广告牌。合同履行期间，实业公司接上级“不允许在该处做商业广告”的指示，此时上级检查团莅临检查，实业公司便将为甲公司设立的广告遮盖，正好被甲公司业务员路过看到，于是甲公司拒付广告公司广告费，广告公司因此拒付实业公司广告位租赁费，并要求实业公司赔偿其由此损失的广告收入，双方协商未果，酿成纠纷。

【问题】实践中遇到类似情况如何避免纠纷？

【分析】工作中，上级指示与合同履行发生冲突的事有时发生，由于上级指示造成合同履行障碍，能否构成法定免责事由？值得探讨。本书以为，应看发出指示的“上级”处于何地位，如果“上级”是国家或政府，其指示的性质属于政府行为，指示的内容涉及国家法律法规变更、政策调整、监管部门的相关规定或指令调整等，合同当事人对此无法预见、无法控制和无法避免，则构成不可抗力，成为法定免责事由。如果“上级”只是企业主管部门或行政领导，其下达的指示能否成为合同法定的免责事由，有待商榷。工作实践中，“行政命令”、“上级指示”给合同履行造成障碍的情况如果不可避免，建议将其写入约定免责条款中，或将其设定为合同终止的条件（附条件的合同），以避免纷争。

第五节 因第三人原因造成的违约

《合同法》第 121 条规定：“当事人一方因第三人的原因造成违约的，应当向对方承担违约责任。当事人一方和第三人之间的纠纷，依照法律规定或者按照约定解决。"法条明确了即便是合同当事人以外的第三人的原因造成的违约，也应由违约方向非违约方承担违约责任后，再根据有关法律规定解决其与第三人的纠纷。

【实例 9】商场向贸易公司订购一批裙装，双方约定 2009 年 3 月 15 日交货。贸易公司按商场的要求向服装厂定货，双方约定 2009 年 3 月 10 日交货。由于服装厂订单较多，延误了向贸易公司的交货日期，于同年 4 月 1 日才将裙装运至贸易公司。此时商场以贸易公司迟延交付为由，要求其按约支付违约金。而贸易公司认为其违约是由服装厂迟延交付所致，因此拒绝向商场支付违约金，并建议商场找服装厂讨要违约金。

【问题】贸易公司让商场找服装厂讨要违约金的提议是否合法？实践中此类问题应当如何解决？

【分析】贸易公司让商场找服装厂讨要违约金的提议违背了合同相对性原则，违反《合同法》第 121 条的规定。贸易公司应当基于与商场的买卖合同，向商场承担违约责任后，再按公司与服装厂的合同约定，要求服装厂承担迟延交付的违约责任。

综上，基于合同相对性原则，合同的效力仅及于合同的双方当事人，而不能及于第三人。因此，在当事人一方因第三人的原因违约的情况下，非违约方不能要求第三人承担违约责任，而是只能追究违约方的责任。违约方与第三人的纠纷，是另一法律关系。违约方在承担了合同中的违约责任后，可以依照法律规定或者与第三人的约定向第三人追偿。

第六节　违约责任与侵权责任的竞合

一个违约行为，在产生违约责任的同时，又导致侵权责任的发生，将此种现象称为违约责任与侵权责任的竞合。违约责任与侵权责任的竞合，是民事责任竞合的最常见形态。这两种责任都以赔偿损失为内容，因此，债权人不能双重请求，只能选择其中之一而请求，以防其获得不当得利。对此，《合同法》第 122 条作了概括性规定。违约责任与侵权责任的竞合，常见于买卖、建设工程、旅客运输、货物运输等合同场合。

一、违约责任与侵权责任竞合的构成条件

1．当事人之间存在合同关系

当事人之间存在合同关系，是发生违约责任的前提条件。

2．一方当事人的违约行为同时也符合侵权行为的要件

违约行为同时又符合侵权行为的要件，主要表现为下列各种：(1)一方当事人的侵权行为直接构成违约的根源。即一方当事人所为的是"侵权性违约行为"。如：保管人对寄存人的寄存物非法使用，并造成寄存物毁损、灭失。(2)一方当事人的违约行为直接造成了侵权的后果，即所谓的"违约性侵权行为"。如：供电部门停止供电，使得对方当事人的财产和人身造成损害。(3)合同一方当事人的加害履行。即一方当事人的债务履行不仅不符合约定，而且还造成履行财产之外的人身或者其他财产损害的。如：出卖方供应的劣质饲料造成买受方养殖的鸡、鸭死亡。

二、违约责任与侵权责任的差异

违约责任与侵权责任存有诸多差异。了解这些差异具有实际意义。

1．构成要件不同

首先，《合同法》采取了无过错责任原则，在违约责任构成上不要求违约人具有过错，只要没有免责事由，就要承担违约责任。而对于侵权责任，我国《侵权责任法》①规定的归责原则为过错责任与无过错责任两类。适用过错责任时，受害人要对侵权行为人的过错进行举证，一般不适用举证责任倒置。此时，如果发生责任竞

① 《中华人民共和国侵权责任法》于 2009 年 12 月 26 日第十一届全国人民代表大会常务委员会第十二次会议通过，自 2010 年 7 月 1 日起施行。

合,违约责任在其构成上更为容易。

其次,在我国《侵权责任法》中,特殊侵权责任一般适用无过错责任原则,其中包括:产品责任、机动车交通事故责任、医疗损害责任、环境污染责任、高度危险责任、饲养动物损害责任和物件损害责任。如果发生与违约责任的竞合,则两者均不要求举证过错,不过,两者在其他方面仍然存在差异。

第三,通常情况下,只有存在损害结果才能构成侵权责任。与此不同的是,违约责任的成立不一定以损害为要件,只有赔偿损失才以损害为成立要件,而违约金责任、强制履行责任等均不以损害为构成要件。

2. 举证责任不同

违约责任对举证的要求较低,只要债权人证明债务不履行即可。至于债务人是否具有免责事由,则由其自己举证。而在侵权责任场合,如果适用过错责任,则要求受害人举证加害人具有过错。于 2010 年 7 月 1 日实施的《侵权责任法》,第一次明确规定了过错推定[①]的一般规则[②]。例如:医疗伦理损害责任、机动车交通事故责任、建筑物以及建筑物上的搁置物、悬挂物致人损害的责任等五类侵权责任,适用过错推定。可见,在我国《侵权责任法》中,过错推定仅为个别现象。

对于损害,在侵权责任场合通常要求受害人举证证明其存在;而在违约责任场合,一般仅在债权人要求赔偿损失时,才有必要证明损害的存在,在其他责任方式场合,一般并不需要证明损害的存

---

① 杨立新:《〈中华人民共和国侵权责任法〉精解》,北京:知识产权出版社,2010 年版,第 47~48 页。过错推定,也叫过失推定,在侵权法中,是指被侵权人在诉讼中能够举证证明损害事实、违法行为和因果关系三个要件的情况下,如果侵权人不能证明对于损害的发生自己没有过错,那么,就从损害事实的本身推定侵权人在致人损害的行为中有过错,并就此承担赔偿责任。

② 《侵权责任法》第 6 条第 2 款:“根据法律规定推定行为人有过错,行为人不能证明自己没有过错的,应当承担侵权责任。”

在。

3. 损害赔偿的范围不同

就损害赔偿的范围,《合同法》第 113 条第 1 款规定:"当事人一方不履行合同义务或者履行合同义务不符合约定,给对方造成损失的,损失赔偿额应当相当于因违约所造成的损失,包括合同履行后可以获得的利益,但不得超过违反合同一方订立合同时预见到或者应当预见到的因违反合同可能造成的损失。"此外还有减轻损害规则①、双方违约规则②、当事人约定③和法律直接规定④等限制。侵权责任的赔偿范围原则上包括直接损失和间接损失。侵害他人人身权益,造成他人严重精神损害的,《侵权责任法》第 22 条第一次以法律的方式明确规定了精神损害赔偿。《侵权责任法》第 16 条还明确规定了人身损害的赔偿范围:"侵害他人造成人身损害的,应当赔偿医疗费、护理费、交通费等为治疗和康复支出的合理费用,以及因误工减少的收入。造成残疾的,还应当赔偿残疾生活辅助具费和残疾赔偿金。造成死亡的,还应当赔偿丧葬费和死亡赔偿金。"对侵权责任的赔偿范围,我国立法没有采纳可预见性规则。

由于主张违约责任不能请求精神损害赔偿金,由此对比不难发现,侵权损害赔偿在范围上要广于违约损害赔偿。

4. 责任承担方式不同

侵权责任既包括财产责任,如赔偿损失;也包括非财产责任,

---

① 《合同法》第 119 条:"当事人一方违约后,对方应当采取适当措施防止损失的扩大;没有采取适当措施致使损失扩大的,不得就扩大的损失要求赔偿。当事人因防止损失扩大而支出的合理费用,由违约方承担。"

② 《合同法》第 120 条:"当事人双方都违反合同的,应当各自承担相应的责任。"

③ 《合同法》第 114 条第 1 款:"当事人可以约定一方违约时应当根据违约情况向对方支付一定数额的违约金,也可以约定因违约产生的损失赔偿额的计算方法。"

④ 《合同法》第 311 条:"承运人对运输过程中货物的毁损、灭失承担损害赔偿责任,但承运人证明货物的毁损、灭失是因不可抗力、货物本身的自然性质或者合理损耗以及托运人、收货人的过错造成的,不承担损害赔偿责任。"

如赔礼道歉、消除影响、恢复名誉。违约责任主要是财产责任，包括强制履行、支付违约金、赔偿损失、价格制裁，只有解除合同为非财产责任。

5. 免责条款不同

法律一方面允许当事人就其民事责任以特别约定的方式加以排除或者限制，另一方面又对当事人约定的免责条款加以规制，以期在当事人之间实现相对的实质公平。由此，免除违约责任的条款较之免除侵权责任的条款更易被法律所承认。

6. 诉讼时效不同

因侵权行为所产生的请求权，按《民法通则》第 135 条规定，诉讼时效期间一般为 2 年；但因身体受到伤害而产生的赔偿损失的请求权，按《民法通则》第 136 条第 1 款规定，诉讼时效期间为 1 年。

请求违约方承担违约责任的诉讼时效，按《民法通则》第 135 条[①]规定，一般为 2 年；但出售质量不合格的商品不声明、延付或拒付租金、寄存财物被丢失或者损毁的三种情况下，按《民法通则》第 136 条[②]第 2 款至第 4 款的规定，诉讼时效为 1 年。另外，因国际货物买卖合同和技术进出口合同争议提起诉讼或者申请仲裁的，按《合同法》第 129 条[③]规定，诉讼时效为 4 年。

三、违约责任与侵权责任竞合的法律适用

正因为违约责任与侵权责任存在着上述不同，所以，受害人主

---

① 《民法通则》第 135 条："向人民法院请求保护民事权利的诉讼时效期间为二年，法律另有规定的除外。"

② 《民法通则》第 136 条："下列的诉讼时效期间为一年：(一)身体受到伤害要求赔偿的；(二)出售质量不合格的商品未声明的；(三)延付或者拒付租金的；(四)寄存财物被丢失或者损毁的。"

③ 《合同法》第 129 条："因国际货物买卖合同和技术进出口合同争议提起诉讼或者申请仲裁的期限为四年，自当事人知道或者应当知道其权利受到侵害之日起计算。因其他合同争议提起诉讼或者申请仲裁的期限，依照有关法律的规定。"

张何种责任，直接关系到他的切身利益。受害人在违约金数额高于实际损失、诉讼时效期间尚未届满时，请求违约方承担违约责任就极为有利。对商品的买受人而言，出卖人交付的产品质量虽不合格，但产品保证期限已过，产品质量被视为符合合同规定的情况下，买受人主张违约责任，只能陷于败诉的境地；而请求出卖人承担侵权责任，则可能胜诉。如果合同中规定有免除一般过失责任的条款，该条款又为法律承认，那么，受害人就此主张违约方承担违约责任，就极可能陷于败诉的境地；而请求违约方承担侵权责任，就有可能成功。因此，在违约责任与侵权责任竞合时，受害人可以根据自己的情况，选择对自己有利的角度，向对方主张违约或侵权责任，以保护自己的合法权益。

1. 合同一方当事人侵权的同时违约

我国法律承认违约责任与侵权责任的竞合，并不意味着完全放任当事人选择请求权而不作任何限制。如果法律直接规定，在特定情形下只能产生一种责任，排除责任竞合的发生，那么就应遵守法律的这种规定。司法实践中对责任竞合案件的处理不能过于僵硬，例如，对交通事故、医疗事故以及产品责任等案件，应当尊重受害人的选择，以诉定审[①]，依法保护受害人合法权益。

【实例 10】2005 年 4 月 23 日 19 时，旅客胡某乘上张家界至南宁的 2011 次列车。4 月 24 日凌晨 1 时许，列车行驶至广西三江县八斗车站附近时，在卧铺车厢的胡某上完厕所返回，当走到车厢中段过道上时，原本脚下平整的地板忽然翘起，胡某瞬间由此处掉下了车底，并被行驶的火车碾压，虽得以获救，但造成一级伤残，基本生活已经无法自理。胡某向法院提起诉讼。

【分析】由于承运人的过错使旅客受到伤害，铁路运输企业应

---

① 以诉定审，是指法院审理违约与侵权责任竞合案件时，根据当事人起诉的情况确定案由。当事人提起侵权之诉时，按侵权案件审理；当事人请求对方承担违约责任时，按合同之诉审理。

当承担责任。这是一起承运方在侵权的同时违约,形成违约责任与侵权责任竞合的典型案件。旅客胡某可以在要求承运方承担侵权损害赔偿责任和违约责任之间,选择其一,由法院按照“以诉定审”的原则审理。如果要求承运方承担违约责任,按《铁路法》第58条[①]、《合同法》第302条[②]的规定,适用无过错责任原则,对此没有关于限额赔偿的规定,只是受害方不能主张精神损害的赔偿。要求承运方承担侵权责任的,适用过错责任原则,由受害人承担证明承运人有过错的举证责任,赔偿无限额,且可以主张精神损害的赔偿。胡某向法院提起侵权之诉后,最终法院判决铁路局向胡某赔偿医疗费、护理费、精神抚慰金等各种费用共计148万元。

2. 第三人侵权的责任承担

司法实践中,由于第三人的侵权行为造成旅客伤亡,承运人是否应当承担赔偿责任?承担何种性质的赔偿责任?以下实例说明之。

【实例11】甲与乙在某火车站候车时发生口角,上车后二人继续争吵并相互殴打。打斗中,甲用啤酒瓶击中乙头部,造成乙头部重度脑挫裂伤,右颞顶部硬模外血肿,左颞部硬模下血肿,脑内血肿,左颞骨骨折,左额部皮肤裂伤,外伤性癫痫,经法医鉴定为重伤。甲被判有期徒刑,乙未提起刑事附带民事诉讼,认为自己是旅客,以事发时列车工作人员未及时劝阻和制止,事后不积极救助伤者,存在不作为过错为由,将某铁路局告上法庭,索赔34万元。

---

① 《铁路法》第58条规定:“因铁路行车事故及其他铁路营运事故造成人身伤亡的,铁路运输企业应当承担赔偿责任;如果人身伤亡是因不可抗力或者由于受害人自身的原因造成的,铁路运输企业不承担赔偿责任。违章通过平交道口或者人行过道,或者在铁路线路上行走、坐卧造成的人身伤亡,属于受害人自身的原因造成的人身伤亡。”

② 《合同法》第302条:“承运人应当对运输过程中旅客的伤亡承担损害赔偿责任,但伤亡是旅客自身健康原因造成的或者承运人证明伤亡是旅客故意、重大过失造成的除外。”

【问题】该案中铁路承运人是否应当承担责任？如何承担责任？

【分析】依照最高人民法院《关于审理人身损害赔偿案件适用法律若干问题的解释》(以下简称“法释[2003]20 号”)第 6 条[①]的规定，本例中法庭应当追加直接责任人甲为被告。

铁路旅客运输合同承运人的义务是将旅客安全运达目的地，在运输途中发生人身损害时，承运人在没有免责事由的情况下，应当承担责任。由此看来，承运人对旅客的人身伤亡承担的是无过错责任。

当旅客在列车上发生人身损害并提起诉讼，依照我国《合同法》的规定[②]，旅客既可以对承运人提出侵权之诉，也可以对其提出合同之诉，目的是出于对受损害方权利的保护。2010 年 1 月 4 日由最高人民法院审判委员会第 1482 次会议通过，自 2010 年 3 月 16 日起施行的《关于审理铁路运输人身损害赔偿纠纷案件适用法律若干问题的解释》(以下简称“法释[2010]5 号”)第 12 条规定：“铁路旅客运送期间发生旅客人身损害，赔偿权利人要求铁路运输企业承担违约责任的，人民法院应当依照《中华人民共和国合同法》第 290 条、第 301 条、第 302 条等规定，确定铁路运输企业是否承担责任及责任的大小；赔偿权利人要求铁路运输企业承担侵权赔偿责任的，人民法院应当依照有关侵权责任的法律规定，确定铁路运输企业是否承担赔偿责任及责任的大小。”

---

① 最高人民法院《关于审理人身损害赔偿案件适用法律若干问题的解释》第 6 条：“……因第三人侵权导致损害结果发生的，由实施侵权行为的第三人承担赔偿责任。安全保障义务人有过错的，应当在其能够防止或者制止损害的范围内承担相应的补充赔偿责任。安全保障义务人承担责任后，可以向第三人追偿。赔偿权利人起诉安全保障义务人的，应当将第三人作为共同被告，但第三人不能确定的除外。”

② 《合同法》第 122 条：“因当事人一方的违约行为，侵害对方人身、财产权益的，受损害方有权选择依照本法要求其承担违约责任或者依照其他法律要求其承担侵权责任。”

如果本案旅客提起的是合同之诉，那么，承运方应当依法及最高院的司法解释确定是否承担违约责任及责任的大小，但合同责任的承担不涉及精神损害的赔偿。上述实例中，受伤旅客以列车工作人员未尽安全保障义务为由，向法院提起了侵权之诉。

“法释[2010]5 号”第 13 条专门就第三人侵权时铁路运输企业的责任承担作了规定：“铁路旅客运送期间因第三人侵权造成旅客人身损害的，由实施侵权行为的第三人承担赔偿责任。铁路运输企业有过错的，应当在能够防止或者制止损害的范围内承担相应的补充赔偿责任。铁路运输企业承担赔偿责任后，有权向第三人追偿。”司法解释的这一规定与《侵权责任法》第 37 条及“法释[2003]20 号”第 6 条衔接。

违反安全保障义务致人损害的侵权责任是一种新型的侵权行为责任，《侵权责任法》第 37 条第 2 款规定：“因第三人的行为造成他人损害的，由第三人承担侵权责任；管理人或者组织者未尽到安全保障义务的，承担相应的补充责任。”

侵权法上的补充责任，是指两个以上的行为人违反法定义务，对一个被侵权人实施加害行为，或者不同的行为人基于不同的行为而致使被侵权人的权利受到同一损害，各个行为人产生同一内容的侵权责任。被侵权人享有的数个请求权有顺序的区别，首先行使顺序在先的请求权，该请求权不能实现或者不能完全实现时，再行使其他请求权的责任形态①。从相关法律规定看，承运人对旅客负有安全保障义务，此为客运合同的主义务，承运人必须履行。承运人违反该义务，既可能构成侵权责任，也可能构成违约责任。对违反安全保障义务侵权责任的过错认定，应当采用过错推定原则，标准是看承运人是否达到了法律、法规、规章等所要求达到的注意义务。本实例中，如果承运人能够证明自己尽到安全保

① 杨立新：《〈中华人民共和国侵权责任法〉精解》，179 页，北京：知识产权出版社，2010 年。

障义务,不承担侵权责任。第三人甲侵权导致被侵权人乙损害,若负有安全保障义务的铁路承运人以不作为的方式违反安全保障义务,如:已经注意到了第三人有实施侵权行为的迹象,而不积极地加以防范;加害人在加害行为进行中,承运人有条件制止却不作为等,由此致使损害结果发生,或在损害结果发生后,承运人不积极救助,使损害结果加重等。那么,承运人应当在"能够防止或者制止损害的范围内"承担相应的补充赔偿责任。

实例中,侵权行为人甲应当承担第一顺序的责任,承运人承担相应的补充赔偿责任,此为第二顺序的责任。

综上,客运合同履行中,第三人侵权致旅客伤亡时,承运人与实施侵害的第三人由于没有侵权的共同故意,故不构成共同侵权,应由第三人承担侵权损害赔偿责任。承运人对侵害结果的发生有过错的,应当承担与其过错相应的补充责任。承运人承担责任后,获得对第三人的追偿权。

3. 被侵权人诉讼角度的选择

实践中,一旦出现违约与侵权责任竞合的情况,如何选择诉讼角度,要具体问题具体分析。

如果被侵权人主张侵权损害的赔偿,对受害人而言有以下有利之处:(1)可以请求精神损害赔偿。如果主张对方承担违约责任,赔偿的主要是财产损失,法律不要求违约者对其违约行为的所有后果负责。如果提起侵权之诉,侵权者必须对其行为的一切后果负责,不仅包括对财产损失的赔偿,还包括对人身和精神损害的赔偿。(2)便于被侵权人选择管辖法院。由于侵权行为发生地和结果地法院对侵权案件都有管辖权,因此,被侵权人可以选择本地法院,以避开地方保护主义。例如:济南某饮料公司从广州某公司购进涂料用于粉刷饮料容器,后经检验发现所生产的饮料中有害物质超标。经查系涂料质量不合格所致。如果提合同之诉,应该在被告住所地法院起诉,即只能在广州进行诉讼。异地诉讼会给济南某饮料公司带来诸多不便。而选择侵权之诉就可以在济南某饮料公司所在地法院进行诉讼，因为侵权行为地法院有管辖权。

如果受损方追究对方的违约责任，有利之处在于：(1)法定免除违约责任的事由少。我国法律规定的免责事由主要有不可抗力、货物本身的自然属性、合理损耗及债权人的过错。而侵权责任承担时，不同性质的侵权案件，有不同的免责条款，总体来讲较之违约的免责事由宽泛。我国《侵权责任法》从第 26 条起至第 31 条，分别规定了过失相抵、受害人故意、第三人过错、不可抗力、正当防卫和紧急避险 6 种免责或减轻责任的事由。例如：青岛一公共汽车与河北一个体运输户的大型货车在青岛相撞，造成旅客李某死亡。交警部门认定河北大货车负全责。李某的亲属既可以基于李某与公共汽车公司的客运合同，起诉公共汽车公司违约（合同之诉），要求其承担违约责任；也可以起诉河北大货车侵权（侵权之诉），要求其承担侵权责任。但考虑到若起诉大货车侵权按交通事故处理，赔偿金额较低且不便于执行，况且河北个体运输户赔偿能力有限。李某亲属遂以公共汽车公司为被告，提起了合同之诉。(2)举证难度小。受害人只需证明违约方已构成违约，而不必证明其有过错，即可以请求其承担违约责任。

第八章 其他规定

第一节 合同的法律适用

《合同法》第123条规定:“其他法律对合同另有规定的,依照其规定。”其中的“法律”包括全国人大及其常委会制定的法律,也包括国务院制定的行政法规,如《合同法》第355条规定:“法律、行政法规对技术进出口合同或者专利、专利申请合同另有规定的,依照其规定。”

《合同法》是调整合同关系的基本法、一般法。但是,《合同法》并非调整合同关系的唯一法律。除了《合同法》,还有一些法律分别从私法与公法的角度对合同关系作了补充或特别规定,因此,为求得合同立法的简洁,并维持相关法律自身的统一,《合同法》对于其他民商法律中已经规定的合同,没有重复作出规定。

根据法律适用中特别法优于一般法的规则,当特别法对于某一事项作出特别规定时,特别法应当优先适用;如果特别法对于某一事项没有做出特别规定,仍应适用一般法。在铁路运输合同的法律适用上,《铁路法》为特别法,《合同法》和《民法通则》为一般法,应当优先适用《铁路法》。在这种情况下,《铁路法》关于合同的规定,优于《合同法》的规定。

第二节 合同的解释

我国《合同法》有关合同解释的规定[①],为正确界定合同解释

① 《合同法》第125条:“当事人对合同条款的理解有争议的,应当按照合同所使用的词句、合同的有关条款、合同的目的、交易习惯以及诚实信用原则,确定该条款的真实意思。合同文本采用两种以上文字订立并约定具有同等效力的,对各文本使用的词句推定具有相同含义。各文本使用的词句不一致的,应当根据合同的目的予以解释。”

的概念提供了法律依据。根据《合同法》的有关规定,合同解释是指受理合同纠纷案件的人民法院或者仲裁机构,依其职权对当事人有争议的合同条款的真实意思所作出的有法律约束力的确认。

理解合同解释的概念,需要注意的是:

第一,合同解释的主体。从相关法律规定的广义上理解,合同解释的主体不仅包括法院和仲裁机构,还包括当事人本身以及其他人对合同的解释。例如:学者进行的学理解释,消费者协会从保护消费者的角度进行解释等。但合同的最终解释应由人民法院或者仲裁机构作出。

第二,合同解释的客体。根据《合同法》的有关规定,合同解释的客体应为合同当事人有争议的合同条款。

第三,合同解释的法律后果。合同解释系有权解释,因此必然产生一定的法律后果,这种法律后果表现为,一旦人民法院或者仲裁机构对当事人有争议的合同条款作出解释,这种解释将作为事实予以确认,依该事实所作出的裁决对当事人具有法律约束力。

根据《合同法》第 125 条的规定,合同解释应当遵循以下规则:

第一,文义解释规则。合同条款都是由语言文字构成,可通过对词句含义的解释,确定条款的真实意思。当合同词句有两种或两种以上含义时,应结合合同解释的其它原则,以合理的客观标准来解释词句的含义。如:甲向乙借了 5 万元,甲说已经归还了 3 万元,当时乙还写了“还(huán)欠款 3 万元”的字据,并向法庭出示。乙对甲出示的字据解释为甲已经归还了 2 万元,尚欠 3 万元未还,因此为甲写了“还(hái)欠款 3 万元”的字据。由此双方对字据文义产生分歧。对此,一种观点认为,应当根据字据的性质解释,字据由乙书写,所载数字应当是债权人乙收到款项的数额,故甲再还乙 2 万元即可。另一种观点认为,应当采用对债权人有利、对证据的出具方不利的解释,认可乙的说法,应由甲再还给乙 3 万元。实践中,法院、仲裁机构应当依据合同法原则,结合字据的性质、目的、当地的交易习惯等因素综合考虑,正确解释字据,从而判明是非。如果根据上述因素，判断字据为收条，则采第一种观点；反之，则采第二种观点更妥。

第二，整体解释规则。即把有争议的合同条款同与其有关联的其他合同条款看作为一个统一的整体，从各条款的相互关联中，分析确认有争议条款的真实意思。由于不是孤立地对个别词句含义的确认，而是从整体上把握合同条款的真实意思，因而更具有合理性。故该规则是当今各国法律认可、并普遍采用的合同解释规则。

第三，合同目的解释规则。合同中的各项条款及其用语都是为实现合同目的服务的，因此，当事人就合同条款发生争议时，对该条款的解释应当符合订立合同的目的。如：建筑公司为某厂建一锻压厂房，双方就建成厂房是否具有防震功能约定模糊，产生争议，依合同目的解释厂房应当防震。

第四，交易习惯解释规则。按照交易习惯解释有争议的合同条款也是各国普遍认可的解释规则。适用这一规则应当注意的是：一是交易习惯应当是合同双方当事人共知或应当共知且没有其它合同条款明确排斥的；二是交易习惯的内容不得违反国家的法律规定。

第五，诚实信用解释规则。使用该规则对合同进行解释时应当注意两点：一是要全面衡量双方当事人的利益关系，平等地保护双方当事人的合法权益，避免和防止一方当事人受到明显不公正的损害；二是要全面衡量与社会公共利益的关系，不得损害国家、集体和第三人的利益。

对合同解释的特别要求，实践中应注意把握。首先，使条款具有效力的解释优先。一项条款可作两种解释时，应取该条款能够产生某种效果的解释，而不取不能产生任何效果的解释。虽然《合同法》对此种解释规则缺乏明文规定，判例是否采纳了此种解释方法也不能确定，但此思想与《合同法》“鼓励交易”的原则相吻合，因此，实践中也应当承认这种解释方法。第二，采用不利于条款提出者的解释。与上述"采用对证据的出具方不利的解释"的思想一致。其合理性在于,提出模糊条款的当事人,相比于接受该条款的当事人,能够比较轻易地避免条款的消极因素。该观点对于保护弱势的缔约者具有良好的适用性。由此被现代各国的法院用以对付不公平的格式条款的有力武器。《合同法》第 41 条关于格式条款的解释,也明确了这种解释规则。

第三节　合同争议的解决途径

根据《合同法》第 128 条[①]之规定,当事人可以通过 4 种途径解决合同争议。即:和解;调解;仲裁;诉讼。当事人不愿和解、调解或者和解、调解不成的,可以根据仲裁协议向仲裁机构申请仲裁。当事人没有订立仲裁协议或仲裁协议无效的,可以向人民法院起诉。

当事人应当履行发生法律效力的判决、仲裁裁决、调解书;拒不履行的,对方可以请求人民法院执行。

我国的仲裁原则如下:(1)协议仲裁的原则。当事人采用仲裁方式解决纠纷的,应当订立仲裁协议。没有仲裁协议,一方申请仲裁的,仲裁委员会不予受理。(2)或裁或审的原则。当事人达成仲裁协议,一方向人民法院起诉的,人民法院不予受理,但仲裁协议无效的除外。(3)协议管辖的原则。仲裁委员会应当由当事人协议选定。(4)不公开仲裁的原则。(5)独立行使仲裁权的原则。(6)一裁终局的原则。当事人就同一纠纷再申请仲裁或者向人民法院起诉的,仲裁委员会或者人民法院不予受理。裁决被人民法

① 《合同法》第 128 条:"当事人可以通过和解或者调解解决合同争议。当事人不愿和解、调解或者和解、调解不成的,可以根据仲裁协议向仲裁机构申请仲裁。涉外合同的当事人可以根据仲裁协议向中国仲裁机构或者其他仲裁机构申请仲裁。当事人没有订立仲裁协议或者仲裁协议无效的,可以向人民法院起诉。当事人应当履行发生法律效力的判决、仲裁裁决、调解书;拒不履行的,对方可以请求人民法院执行。"

院依法裁决撤销或者不予执行的，当事人就该纠纷可以根据双方重新达成的仲裁协议申请仲裁，也可以向人民法院起诉。

诉讼是就双方当事人之间的纠纷，强制作出具有强制执行力的裁决。诉讼的最大好处在于，它克服了协商与调解过程中有可能出现的久商不决、久调不决的缺点，有利于及时解决双方当事人之间的纠纷。

合同当事人在遇到合同争议时，究竟是通过协商，还是通过调解、仲裁、诉讼去解决，应当认真考虑自身的实际情况（如对方当事人的态度、双方关系、自身的财力和人力等）以及对其适用的法律规定，权衡出对自己最为有利的纠纷解决对策。

第九章　工作中几种常见的合同

第一节　买卖合同

一、买卖合同的一般规定

1. 买卖合同的概念

买卖合同是出卖人转移标的物的所有权于买受人，买受人支付价款的合同(《合同法》第 130 条)。

2. 买卖合同的条款

(1)标的。随着社会经济和科学技术的不断发展，买卖的标的物不仅仅是实物，而且出现了如知识产权等权利的买卖。但法律、行政法规禁止或者限制转让的标的物，依照其规定，如土地、森林、矿藏、毒品、枪支弹药等不得买卖。

(2)质量和数量。

(3)履行期限、地点和方式。

(4)价款。除标的本身的价款外，异地交付还会产生运费、保险费、装卸费等费用，应在此条款中明示。

(5)包装方式。对货物起保护和装潢作用。在某些情况下，包装还能反映货物的质量。产品包装应当按照国家标准或专业标准执行；没有上述标准的，可按承运、托运双方商定并在合同中写明的标准进行包装。除国家规定由买受人提供的以外，包装物由出卖人提供。如果包装物需要回收，由买卖双方协商制定包装物回收协议，作为买卖合同附件。一般情况下，包装费用由出卖人负担，不得向买受人另外收收取。

(6)检验标准和方法。根据双方约定，可以采取国际标准、第三国标准或者行业标准等。检验方式可以分为凭封单检验和凭现状检验，以及收货人检验、当事人双方检验和第三人检验等。

(7)结算方式。交付标的物后,买受人向出卖人支付标的物价款、运杂费及其他费用的方式应当明确约定。合同的结算方式应遵守中国人民银行结算办法的规定,除法律法规另有规定的以外,必须用人民币结算。为便于结算,合同中应注明双方当事人的开户银行、账户名称、账号和结算单位。

(8)违约责任。合同对此应予明确规定。例如对违约致损的计算方法、赔偿范围等,应作明确约定,对将来解决纠纷意义重大。同时可以在此约定免责条款,但需要注意的是,涉及人身权的免责条款无效。

(9)合同使用的文字及其效力。该条款是涉外买卖合同及跨民族买卖合同的重要条款。当事人应就合同所使用的文字作出明确约定,并使用约定的文字订立合同。

二、标的物的交付、所有权转移及风险负担

1. 标的物的交付

在法律上,交付是指将自己占有的物或所有权凭证移转给他人占有的行为[①]。《民法通则》第 72 条第 2 款规定:"按照合同或者其他合法方式取得财产的,财产所有权从财产交付时起转移,法律另有规定或者当事人另有约定的除外。"可见,关于所有权的移转,我国民法要求以交付并转移占有为公示方法。例如,出卖人将出卖物直接交付给买受人。可见,直接占有的移转仅限于实物的交付。

随着商品交换的发展,特别是财产证券化的形成,实物的交付显然不能概括全部的交换现象,因而法律逐渐承认了拟制的交付方式。所谓拟制交付,是指移转所有权的一方将标的物的所有权凭证如提单、仓单等交给受让人,以代替物的现实交付[②]。拟制交

---

① 王利明著,《物权法研究》,北京:中国人民大学出版社,2004,第 183 页。

② 王利明著,《物权法研究》,北京:中国人民大学出版社,2004,第 183 页。

付方式的发展进一步加速了财产的流转。

买卖合同中出卖人交付标的物是履行合同所规定的义务。如果在买卖合同中出卖人未按合同规定的期限履行,如提前交付或迟延交付,或交付的标的物有瑕疵,或交付标的物的数量不足,显然不符合合同的规定,也不构成真正的交付。实践中,不能将交付行为与买卖合同割裂开来,否则交付行为的正确与正当与否便失去了评价标准。

交付分为现实交付和观念交付两种情况。

所谓现实交付,是指出卖人将标的物向买受人为事实移转,使出卖物直接地、实际地为买受人占有,使之处于买受人的实际控制下,直接占有。如:将出卖的物品直接交给买受人;将出卖的房屋的钥匙直接交给买受人等。但交付须依出卖人的意思转移占有,若不是依出卖人的意思而是买受人私自占有出卖的标的物的,则不能构成交付,而为非法侵占。

现实交付需要具备两个要件:第一,出卖人的交付行为必须依约定而进行,即出卖人的交付是符合合同要求和合同目的的;第二,应当将标的物转移给买受人直接占有。未经买受人同意将标的物转移给第三方,不但不构成交付,而且要承担没有给付的责任。如:未经买受人的同意,出卖人将标的物转移给买受人的债权人则不构成交付。

所谓观念交付,是指在特殊情况下,法律允许当事人通过特别的约定,并不现实的交付动产,而采用一种变通的交付办法,来代替实际交付。观念的交付主要采取三种方式:

第一,简易交付。简易交付是指标的物在订立买卖合同前已经为买受人占有时,交付的确认无需实际交付,只需确定某一时间为法定交付时间,满足该时间要件,就标志着交付完成。我国《合同法》第 140 条就规定:“标的物在订立合同之前已为买受人占有的,合同生效的时间为交付时间。”简易交付的要件大致有二:其一,须有买受人在订立买卖合同前先期合法占有标的物。例如,买受人在买卖合同之前，已经通过委托、租赁、使用借贷等方式而占有标的物；其二，买卖合同订立前由买受人占有标的物的状态不因买卖合同的签定而发生变化。

第二，占有改定。占有改定，是指以当事人双方约定标的物由买受人间接占有来代替标的物的实际交付。例如，买卖合同双方于买卖合同成立后，又以买卖合同的出卖物为标的签订租赁合同，由出卖人租用出卖物，则租赁合同生效之时就是租赁物交付之时。其要件是：第一，占有改定发生于两个合同的情形；第二，须是前一合同尚未实际交付，此为产生后一合同约定占有改定的前提和可能；第三，占有改定最终完成了两个合同的基本给付，即买卖合同业已完成，租赁合同中出租人的基本义务即租赁物的交付也告完成。

第三，指示交付。指示交付，是指在出卖物由第三人占有时，出卖人将对于第三人的返还请求权让与买受人，以代替标的物的实际交付。例如，出卖人将处于保管人储存之下的仓储物出卖的，可以将对保管人的仓储物返还请求权让与买受人，以代替标的物的实际交付。因此我国《合同法》第 387 条规定："仓单是提取仓储物的凭证。存货人或者仓单持有人在仓单上背书并经保管人签字或者盖章的，可以转让提取仓储物的权利。"《合同法》第 135 条中规定的"提取标的物的单证"，就属于典型的指示交付。

2. 标的物所有权转移的方式

标的物所有权转移的时间及方式与买卖双方有着直接的利害关系，直接关系到当事人的风险负担以及买受人利益的实现。对此，我国《合同法》、《物权法》都有所涉及。

标的物所有权转移的时间，《合同法》第 133 条已有规定："标的物的所有权自标的物交付时起转移，但法律另有规定或者当事人另有约定的除外。"所谓法律另有规定，在我国一般是指不动产或者特殊动产的所有权转移，除交付标的物之外，还需要以履行法律规定的程序为所有权转移的要件，如：办理登记过户或者审批手续等。完成登记过户或者审批手续之日才是所有权转移之时。在这种情况下，出卖人应当依约定或规定协助买受人办理所有权的变更登记手续，并将有关的产权证明交给买受人。除法律另有规定外，当事人可以约定标的物所有权的转移时间，如约定标的物所有权自某个时日到来之际转移，约定无论标的物处于何处，买受人付清货款时所有权转移等。

买卖合同中，涉及当事人物权变动时，会涉及第三人的利益，因此，物权移转必须公开、透明，以利于保护第三人的利益，维护交易的安全和秩序，这就需要建立公示原则，将物权移转的事实通过一定的公示方法向社会公开，从而使第三人知道标的物的物权变动的情况。公示方法必须要由法律明确规定，而不能由当事人随意创设或在买卖合同中约定。

我国《物权法》对不动产和动产权属转移的公示有不同的规定，确定了动产交付、不动产登记制度。

在买卖合同中，标的物若为不动产，依照《物权法》规定，其权属变更需要履行物权登记手续。那么，是否当事人未进行不动产标的物的变更登记，就会导致买卖合同无效呢？答案是否定的。《物权法》对合同效力和物权效力做了区分规定。《物权法》第15条明确规定："当事人之间订立有关设立、变更、转让和消灭不动产物权的合同，除法律另有规定或者合同另有约定外，自合同成立时生效；未办理物权登记的，不影响合同效力。"目前，无论是民法理论界，还是法律规定和司法实践，对于区分合同效力和登记效力，在认识上已经基本一致。

合同一经成立，只要不违反法律的强制性规定和社会公共利益，就可以发生效力。合同只是当事人之间的一种合意，并不必然与登记联系在一起。登记制度是针对民事权利变动而设定的，与物权的变动紧密相连，是物权变动的一种公示方法。如果当事人之间仅就物权的变动达成合意，而没有办理登记，合同仍然有效，只是合同标的物所有权及其他物权不能转移而已。例如，当事人双方订立房屋买卖合同，买受人支付房款后搬入居住，如果没有办理变更登记手续，房屋所有权不能发生转移，但合同早已成立且生效，买受人基于有效合同而享有的占有权仍然受到保护。违约的出卖方应该承担违约责任。依不同情形，买受人可以请求债务人继续履行合同，办理房产转让登记，或者请求债务人赔偿损失。

《合同法》第 44 条规定，依法成立的合同，自成立时生效。《合同法》还规定了导致合同无效的情形，在这些合同无效的情形中，并没有包括不动产物权未依法登记的内容。虽然《担保法》有抵押合同自登记之日起生效的规定，但《物权法》改变了这一规定，规定不动产抵押登记，只产生抵押权设定的效力。司法实践也明确了区分合同效力与登记效力的原则，最高人民法院 1995 年《关于审理房地产管理施行前房地产开发经营案件若干问题的解答》（以下简称《解答》）规定："转让合同签订后，双方当事人应按合同约定和法律规定，到有关主管部门办理土地使用权变更登记手续，一方拖延不办，并以未办理土地使用权变更登记手续为由主张合同无效的，人民法院不予支持，应责令当事人依法办理土地使用权变更登记手续。"由此看出，不动产登记并不是买卖合同的生效要件，而是其履行行为的组成部分。同时最高院《解答》中还规定："土地使用者与他人签订土地使用权转让合同后，未办理土地使用权变更登记手续之前，又另与他人就同一土地使用权签订转让合同，并依法办理了土地使用权变更登记手续的，土地使用权应由办理土地使用权变更登记手续的受让方取得。转让方给前一合同的受让方造成损失的，应当承担相应的民事责任。"转让方（即出让人）因其过错使得买受人不能取得土地使用权的，要承担违约责任。显然，土地使用权未办理转让登记并不影响买卖合同的效力。

根据我国物权公示原则，《物权法》第 6 条规定："不动产物权的设立、变更、转让和消灭，应当依照法律规定登记。动产物权的设立和转让，应当依照法律规定交付。"由此看出，对动产的买卖，我国采取交付转移所有权的制度。只对一些特别重要的动产(车辆、船船、航空器等)[①]才规定所有权转移的特别要件。如有特别规定,其所有权转移的时间依法律的特别规定而定。对不动产的买卖,我国采取登记转移所有权的制度,应到不动产管理部门进行登记。

3. 买卖合同标的物的风险负担

在买卖合同中,标的物风险是指买卖合同订立后,权利义务关系消灭前,因不可归责于双方当事人的原因使标的物发生的意外损失,如毁坏、被盗、灭失、污染、非正常的腐败、霉烂,以及被扣押、查封等。由于这种损失发生的原因与双方当事人均无关,任何一方当事人都不对损失负责,于是就产生了损失如何处理的问题。

目前,从世界范围看,各国对标的物风险负担的立法,主要依据两种理论而各有不同。一种是“所有人负担风险”的原则,其内容主要是:风险随所有权转移而转移,即所有权归哪方当事人,就由哪方负担标的物灭失的风险。另一种就是“交付转移风险”的原则,其内容是:风险随标的物的交付而转移,交付前风险由出卖人负担,交付后风险由买受人负担,而不论标的物所有权于何时转移。出卖人按照约定未交付有关标的物的单证和资料的,不影响标的物毁损、灭失风险的转移。

我国《民法通则》采纳的是“交付转移风险”原则,其合理之处在于:标的物归谁占有,谁才有最大的方便去维护财产的安全,防止财产的风险发生。实际上所有权人若暂时没有占有标的物,维护财产是有困难的。故买卖合同标的物的风险一般自交付时起转移。根据我国《合同法》第 142 条的规定,标的物毁损、灭失的风险,在标的物交付之前由出卖人承担,交付之后由买受人承担,但法律另有规定或者当事人另有约定的除外。此外,《合同法》对几

① 《物权法》第 24 条:“船舶、航空器和机动车等物权的设立、变更、转让和消灭,未经登记,不得对抗善意第三人”。

种特殊情况下的标的物风险转移作了例外的规定。

首先，因买受人的原因致使标的物不能按照约定期限交付的，买受人应当自违反约定之日起承担标的物毁损、灭失的风险[①]。按照违约归责的严格责任原则，买卖合同中买受人逾期交付而致的受领迟延所产生的标的物上的风险，由违约一方即买受人承担。作为交付转移风险的例外，这项规定旨在督促合同履行、保护守约人利益以及对违约人违约行为的惩罚。

其次，出卖人出卖交由承运人运输的在途标的物，除当事人另有约定的以外，毁损、灭失的风险自合同成立时起由买受人承担[②]。此类买卖合同发生的事实条件是：出卖人出卖的是在途标的物。买卖合同成立时交易的标的物正在运输途中，虽然标的物处于承运人的实际占有之下，但按照《合同法》规定，从买卖合同成立时起标的物的风险就转移至买受人，除非双方当事人在合法的前提下约定了其他风险负担的方法。

第三，因标的物质量不符合要求，致使不能实现合同目的的，买受人可以拒绝接受标的物或者解除合同。买受人拒绝接受标的物或者解除合同的，标的物毁损、灭失的风险由出卖人承担[③]。这是在出卖人严重违约时，强制其承担标的物风险的一种特殊情况。只有当出卖人有标的物质量不符合质量要求的违约行为，并且致使合同目的不能实现时，方才构成这一规则适用的条件。

【实例 1】2000 年 6 月，某铁路局需要添置 40 台笔记本电脑，在某电脑公司选中了一种型号，促销单价为人民币 5 000 元。由于经办人员未带足货款，经过协商，双方口头约定，铁路局先支付 15 万元，第二天在补足 5 万元余款的同时取货。当晚公司被盗，其中铁路局选定的电脑也在被盗之列。次日，铁路局经办人员携

---

① 见《合同法》第 143 条。
② 见《合同法》第 144 条。
③ 见《合同法》第 148 条。

余款前来提货，得知此情况，便要求电脑公司返还已支付的电脑款15万元。而电脑公司认为，双方的买卖合同已经成立，40台电脑也已经属于铁路局，因此这一损失应当由路局自己承担，公司没有责任，也不应当返还路局已经支付的部分电脑价款。双方争执不下，遂起诉至人民法院。

【问题】买卖合同的标的物（电脑）在上述情况下是否应视为"交付"？丢失电脑的风险应该由谁承担？

【分析】本案涉及的法律问题是买卖合同标的物的风险负担。

该买卖合同的标的物电脑并未实际交付给铁路局，电脑还在出卖人电脑公司的实际控制下。因此，电脑公司应当对当晚电脑被盗之损失承担责任。理由如下：首先，本案中标的物的性质属于动产，按照我国《民法通则》第72条①和《合同法》第133条②的规定，该标的物的所有权转移以交付为条件。案件中的买卖合同虽已订立，但买卖标的之所有权因标的物没有交付而尚未转移。其次，由于电脑仍然由出卖人电脑公司占有，按照我国"交付转移风险"的风险承担的一般原则，标的物在出卖人占有期间发生毁损灭失的，应当由出卖人承担损失后果。本案中的电脑公司占有电脑的情况与这一规定相符合，因此该公司应当承担电脑被盗的损失，并返还铁路局预付的15万元价款。

三、出卖人的瑕疵担保义务

1. 关于瑕疵担保义务的一般法律规定

瑕疵担保义务，是指买卖合同中，出卖人根据法律规定或者合同约定交付标的物和转移标的物所有权时，应当对标的物承担无

---

① 《民法通则》第72条："按照合同或其他方式取得产的，财产所有权从财产交付时起转移，法律另有规定或者当事人另有约定的除外。"

② 《合同法》第133条："标的物的所有权自标的物交付时起转移，但法律另有规定或者当事人另有约定的除外。"

瑕疵义务。因而，出卖人交付的标的物存在品质瑕疵或者权利瑕疵时，应当承担相应的民事责任，也就是瑕疵担保责任。作为出卖人的一项重要义务，各国相关法律都有所规定，我国也不例外。瑕疵担保义务是为了保证买受人按照约定获得标的物、圆满地实现标的物所有权转移的必然要求，从买受人支付价金的角度，瑕疵担保义务是保证"物有所值"。瑕疵担保义务的特征如下：

首先，瑕疵担保义务是一种法定义务。这一义务不是当事人约定的义务，而是法律直接规定的义务，该义务作为默示条款当然进入买卖合同。其根据在于，依照诚实信用原则，当事人之间互相负有诚实、善意、告知等一般义务，以保证对方无障碍地实现权利。此外，根据交易的一般规则，买卖合同具备明显的等价有偿性，买受人支付价款的目的就是为了取得标的物的所有权。标的物权利上的瑕疵，对价款支付形成不对等、不公平，违反了交易的规则。此外，一般认为，瑕疵担保义务虽为法定义务，但属于任意性规定而非强制性规定，当事人可以就其适用进行特别约定。

其次，瑕疵担保义务产生的责任是一种严格责任。民法理论认为，对标的物瑕疵承担的瑕疵担保责任，源自于客观上瑕疵的存在。只要客观上存有瑕疵，就应当承担责任，而不以出卖人主观上是否有过错为条件。即使出卖人对自己所交付的标的物瑕疵不了解，各国立法仍然规定出卖人应当承担责任。

就权利瑕疵而言，当事人之间可以约定免除权利瑕疵责任，从而改变出卖人的义务状态，但是该约定不得违反法律的强制规定。如我国《合同法》第 53 条规定："合同中的下列免责条款无效：（一）造成对方人身伤害的；（二）因故意或者重大过失造成对方财产损失的。"当事人之间没有免除权利瑕疵责任的特殊约定时，表明对法律一般性规定的接受，即出卖人应当承担权利瑕疵的责任。

我国《合同法》第 154 条[①]、第 61 条[②]以及第 62 条[③]的规定也是采取类似的一般原则来确定出卖人的瑕疵担保义务。出卖人对标的物交付给买受人时,因隐蔽缺陷产生的灭失或者价值的减少或效用的瑕疵,应当承担法律责任。

再次,出卖人违反物的瑕疵担保义务、构成物的瑕疵担保责任的要件应当包括:第一,物的瑕疵须于标的物交付时存在。物的瑕疵存在于标的物交付时,意味着标的物存在的风险会随交付而转移至买受人。第二,须买受人于合同订立时对标的物的瑕疵不知晓,且无重大过失。买受人已知标的物有瑕疵却仍然与出卖人订立合同或者接受交付的,视为对瑕疵的接受。第三,买受人须于规定的时间内就标的物瑕疵为通知义务。第四,须是标的物的瑕疵于交付时仍然未能予以消除的。上述四要件同时具备即构成出卖人的瑕疵担保责任。

各国一般法律规定,物的瑕疵担保责任在下列情况下产生效力例外:第一,出卖人非依自愿而被强制出卖标的物;第二,出卖人交付标的物却不能得到对价。如,我国《合同法》第 191 条规定:"赠与的财产有瑕疵的,赠与人不承担责任。"

---

① 《合同法》第 154 条:"当事人对标的物的质量要求没有约定或者约定不明确,依照本法第六十一条的规定仍不能确定的,适用本法第六十二条第一项的规定。"

② 《合同法》第 61 条:"合同生效后,当事人就质量、价款或者报酬、履行地点等内容没有约定或者约定不明确的,可以协议补充;不能达成补充协议的,按照合同有关条款或者交易习惯确定。"

③ 《合同法》第 62 条:"当事人就有关合同内容约定不明确,依照本法第六十一条的规定仍不能确定的,适用下列规定:(一)质量要求不明确的,按照国家标准、行业标准履行;没有国家标准、行业标准的,按照通常标准或者符合合同目的的特定标准履行。(二)价款或者报酬不明确的,按照订立合同时履行地的市场价格履行;依法应当执行政府定价或者政府指导价的,按照规定履行。(三)履行地点不明确,给付货币的,在接受货币一方所在地履行;交付不动产的,在不动产所在地履行;其他标的,在履行义务一方所在地履行。(四)履行期限不明确的,债务人可以随时履行,债权人也可以随时要求履行,但应当给对方必要的准备时间。(五)履行方式不明确的,按照有利于实现合同目的的方式履行。(六)履行费用的负担不明确的,由履行义务一方负担。"

【实例 2】2002 年 2 月 17 日，某公司因业务需要，与某旧机动车经纪有限公司(以下简称旧车公司)签订了购车协议，以 8 万元的价格购买了二手富康轿车一辆，合同中注明该车的状况是已行驶 6 万公里。某公司使用该车期间，发现性能较差，便与车辆的保养厂核实车况，得知该车在 2001 年 9 月底就已经行驶了 15 万公里。某公司认为旧车公司的行为构成违约，且作为出卖方，旧车公司应当承担标的物的瑕疵担保责任。因此将旧车公司诉至法院，要求旧车公司返还车款 8 万元，赔偿其他各种损失费 1 万元，并承担诉讼费。

旧车公司辩称，我公司只是受车辆所有人委托销售该车，从车主处接车时所得到的车辆信息便是该车已行驶 6 万公里，我公司在向某公司售车时如实介绍了车辆情况，没有任何隐瞒，某公司是在完全认可的情况下才签订的买卖合同。因此，旧车公司不同意某公司的诉讼请求。

【问题】旧车公司是否应该承担责任？

【分析】旧车公司有中介服务资格，在销售中应当向消费者提供有关车辆的真实信息，以使消费者在购买商品前对该商品有确切的了解，且应当保证其提供商品的实际质量与表明的质量状况相符。旧车公司作为专业的旧机动车经纪公司应具有正确判断旧车状况与价格的专业知识，能够充分了解机动车的行驶里程对车辆性能价格比的影响。上述介绍中可以清楚地看到，旧车公司的行为已经构成瑕疵担保责任的一般要件。首先，订立合同时，该车实际已经行驶 15 万公里，此时状况显然与公司所提供的只行驶 6 万公里状况有很大的不同。因此，立约时瑕疵已经存在的事实无疑。其次，买受人对该车的瑕疵状况不知晓。作为普通消费者，某公司对机动车辆的知识和经验有限，对车辆状况的了解程度显然大大低于专营车辆交易的旧车公司，某公司的这一认知状态，完全属于正常而合理范围。再次，某公司已经在一定的时间内将旧车问题通知了对方，恰当的履行了告知义务。旧车公司应当具备相应的从业经验及专业知识，即便判断失误，也不能作为其免除瑕疵担保责任的条件，因此旧车公司应当对该车的质量负责任，承担瑕疵担保责任。如果旧车公司提供的车辆情况是以隐瞒该车实际情况为目的，则属于欺诈行为，应从欺诈所致损害角度承担责任。

【实例 3】我国甲公司与欧洲乙公司签订了一份出口商品合同，其中对商品质量的规定是：该商品水分不得超过 15%，杂质不得超过 3%，交货品质以中国商品检验局品质检验为最后依据。这样，确立了双方以合同规定的品质规格作为交货标准。但在成交之前，甲公司又向乙公司寄送了样品，并电告对方：所交货物与寄送样品相似。货物到达乙公司后，乙公司提出，尽管有中国商品检验局出具的品质检验合格证书，但是，货物的品质比样品低。为此，乙公司提出：既然你公司提供了样品，而且作出了承诺，那么，就应该以样品为准，并交付与样品一样的货物。现在你公司不能交付与样品一样的货物，已经构成标的物瑕疵。乙公司要求甲公司以每吨减少 6 英镑价格的方式承担瑕疵担保责任。对此，甲公司认为合同中并未明确规定以样品交货，仅规定以规格交货，既然所交货物与合同约定的规格相同，就不能以样品为准而降低价格。

【问题】甲公司交付给乙公司的货物是否构成瑕疵？要不要承担瑕疵担保责任？

【分析】本案的复杂性在于甲公司提供的货物符合合同约定的品质规格，对此，有中国商品检验局出具的品质检验合格证书为凭，但实际交付货物的品质比甲公司提供的样品低。本案的关键在于：究竟应按合同约定的标准还是依出卖人提供的样品来检验货物的质量？甲公司向乙公司寄去样品并声称货物与样品相似的行为，能否视为当事人对原合同的补充？

在本案中，当事人双方签订的合同中并没有约定以样品作为检验标的物质量的标准，故该合同不能视为样品买卖合同。由于合同中没有约定由甲公司提供样品，因此，甲公司提供样品的行为在得到乙公司的书面承诺之前，只是一种要约。根据案情，乙公司并未对甲公司寄送样品的行为表态，因此，甲公司的这一寄送样品的行为并不能构成对原合同的补充。况且，甲公司寄送样品的行为仍然具有不确定性，其只是电称“货物与样品相似”，其中“相似”一词具有不确定性，并不能确定货物与样品的品质完全一致。另外，甲公司并没有说明以该样品作为检验货物质量的标准。可见，乙公司提出每吨减少 6 英镑的价格，是没有合同依据的。甲公司依照双方书面合同约定的商品质量检验标准，交付给乙公司的货物不构成瑕疵，当然也不用承担瑕疵担保责任。

本例中，甲公司在合同外又向对方提供样品的做法，值得商榷，其直接的效果是使合同的履行陷于混乱。实际操作中应避免。

第二节　租赁合同

一、租赁合同的一般规定

依照我国《合同法》规定，租赁合同是出租人将租赁物交付承租人使用、收益，承租人支付租金的合同(《合同法》第 212 条)。内容包括租赁物的名称、数量、用途、租赁期限、租金及其支付期限和方式、租赁物维修等条款(《合同法》第 213 条)。订立租赁合同时应当注意的是，租赁期限六个月以上的，应当采用书面形式。当事人未采用书面形式的，视为不定期租赁(《合同法》第 215 条)。合同当事人约定的租赁期限不得超过二十年。超过二十年的，超过部分无效。在租赁期间届满，当事人需要续订租赁合同时，其期限自续订之日起不得超过二十年(《合同法》第 214 条)。

1. 租赁物

租赁合同中的租赁物即可以是动产，也可以是不动产，但必须具备以下条件：(1)租赁物必须为特定物；(2)租赁物必须是有体物；因为承租人对租赁物占有以后才能使用，所以租赁物只能是有体物，而无体物是无法占有的；(3)鉴于租赁物具有被持续使用的特点，因此，租赁物必须是非消耗物；(4)租赁物必须是法律允许出租的物，即为可流通物。

2. 租赁合同的分类

(1)动产租赁与不动产租赁。以租赁的标的物为标准，租赁合同分为动产租赁合同和不动产租赁合同。以动产为标的物的租赁合同，为动产租赁合同；以不动产为标的物的租赁合同为不动产租赁合同。动产租赁包括一般的动产租赁、动物租赁等。不动产租赁在我国主要指房屋租赁，另外国有土地使用权租赁、土地承包经营权租赁、宅基地使用权租赁等也视为不动产租赁。这种区分的意义在于，法律一般对不动产租赁有特殊的要求，如进行登记等，动产租赁一般没有这些要求。在我国，有些动产往往适用不动产制度的规定，对汽车、船舶、航空器等动产的租赁，法律有特殊的要求，如：进行登记①。

(2)定期租赁与不定期租赁。租赁合同以是否有固定期限为标谁，租赁合同分为定期租赁合同和不定期租赁合同。定期租赁合同指合同约定有明确期限的租赁；当事人在租赁合同中未约定赁期限的，则为不定期租赁。依《合同法》第 215 条规定，租赁期限在 6 个月以上的定期租赁合同未采用书面形式的，视为不定期租赁。依《合同法》第 236 条规定，租赁期间届满，承租人继续使用租赁物，出租人没有提出异议的，原租赁合同继续有效，但租赁期限为不定期。这种区分的意义在于，在不定期租赁中，除非法律另有规定，双方当事人均可随时终止合同。

(3)一般租赁与特殊租赁。以法律对租赁合同有无特殊规定为

---

① 《民用航空法》第 11 条："民用航空器权利人应当就下列权利分别向国务院民用航空主管部门办理权利登记：(一)民用航空器所有权；(二)通过购买行为取得并占有民用航空器的权利；(三)根据租赁期限为六个月以上的租赁合同占有民用航空器的权利；(四)民用航空器抵押权。"

《民用航空法》第 33 条："民用航空器的融资租赁和租赁期限为六个月以上的其他租赁，承租人应当就其对民用航空器的占有权向国务院民用航空主管部门办理登记；未经登记的，不得对抗第三人。"

标准，租赁合同可分为一般租赁和特殊租赁。一般租赁指法律没有特殊要求的租赁；特殊租赁指法律有特殊要求的租赁。如《城市房地产管理法》对城市房屋租赁有特殊要求[①]，此类租赁为特殊租赁。

二、租赁物的风险负担

租赁期间，妥善保管租赁物是承租人应尽的义务。如因承租人保管不善造成租赁物毁损、灭失的，承租人应负赔偿责任。实践中，租赁物由以下原因造成毁损、灭失的，承租人不承担责任：(1)因不可抗力造成的；(2)因意外事故造成的，如：因第三人原因造成租赁物的毁损等；(3)因可归责于出租人的事由造成的，如因出租人未履行维修义务使租赁物损毁。前两种原因造成的租赁物损毁、灭失，当事人双方均无过错，属于标的物风险问题。与买卖合同不同的是，买卖合同标的物的风险负担实行“交付主义”，由标的物占有人承担，法律法规另有规定或当事人之间另有约定的除外；租赁合同标的物的风险负担实行“所有权人主义”，由出租人承担。

一旦出现上述三种情况，承租人有权要求出租人减少租金或者不支付租金，甚至解除合同[②]。此时的解除合同为法定解除，承租人只需履行通知义务，租赁合同就解除。出租人对此有异议的，可以提起诉讼或申请仲裁，由法院或仲裁机构对解除合同的效力进行确认。

三、租赁物所有权变动的效力

《合同法》第229条规定：“租赁物在租赁期间发生所有权变动

---

① 《城市房地产管理法》第54条：“房屋租赁，出租人和承租人应当签订书面租赁合同，约定租赁期限、租赁用途、租赁价格、修缮责任等条款，以及双方的其他权利和义务，并向房产管理部门登记备案。”

② 《合同法》第231条：“因不可归责于承租人的事由，致使租赁物部分或者全部毁损、灭失的，承租人可以要求减少租金或者不支付租金；因租赁物部分或者全部毁损、灭失，致使不能实现合同目的的，承租人可以解除合同。”

的，不影响租赁合同的效力。”即原租赁合同对于新的所有权人仍然有效，租赁物新的所有权人无权解除原租赁合同，此时租赁物所有权不能对抗承租人的租赁权。《合同法》的这一规定被称为“买卖不破租赁”原理。我国立法未区分动产和不动产，一概适用“买卖不破租赁”的规定，这是立法上对承租人特殊保护的表现。但也有学者认为，为强化承租人的地位，法律可以对不动产租赁和权利变动、需经登记的动产租赁实行“买卖不破租赁”的原则，而对一切动产也完全实行“买卖不破租赁”的原则，不利于财产的流通[①]。

四、承租人的优先购买权

承租人的优先购买权又称先买权，是特定购买人（承租人）的一项权利，而对于出卖人则是一种限制或约束。承租人的先买权一般情况下是基于法律法规直接规定而产生的民事权利。虽然先买权本身不是直接对物享有权利，但是先买权人能够以先买权对抗第三人。需要指出的是，承租人的先买权是一种专属权，不能通过转让、继承、赠与等方式转移给他人。具体行使时应当注意：(1)先买权需在租赁期间内行使；(2)需在同等条件下行使；(3)需在一定期间（即“合理期限”内）行使。如：《合同法》第 230 条规定“出租人出卖租赁房屋的，应当在出卖之前的合理期限内通知承租人，承租人享有以同等条件优先购买的权利。”《城市私有房屋管理条例》第 11 条规定：“房屋所有权人出卖出租房屋，需提前 3 个月通知承租人”。最高院《关于贯彻执行〈民法通则〉若干问题的意见（试行）》第 118 条规定：“出租人出卖出租房屋，应提前 3 个月通知承租人，承租人在同等条件下，享有优先购买权；出租人未按此规定出卖房屋的，承租人可以请求法院宣告该房屋买卖无效。”上述 3 个月可视为“合理期限”。

---

① 见房绍坤、郭明瑞：《合同法要义与案例析解（分则）》，214 页，北京：中国人民大学出版社，2001。

【实例 4】吴某与金某签租赁合同一份，约定：金某将自己的一套住房出租给吴某，租期 2 年，月租金 1 000 元，每月末付清当月房租。双方签订合同后，到房管部门办理了登记手续。合同签订 1 年后，金某告知吴某要将出租房屋卖给孙某，并于当日与孙某签订了买卖合同。孙某依合同向金某支付了 46 万元房款。3 天后，金某与孙某共同到房管部门办理了产权过户登记手续。

【问题】1. 如果吴某主张优先购买权，房屋买卖合同是否有效？

2. 如果吴某不主张优先购买权，孙某能否要求吴某返还房屋？

【分析】如果吴某主张优先购买权，可以请求法院宣告该房屋买卖合同无效。法院应根据最高院《关于贯彻执行〈民法通则〉若干问题的意见(试行)》第 118 条的规定确认房屋买卖合同无效。

如果吴某不主张优先购买权，孙某不能要求吴某返还房屋。根据是《合同法》第 229 条规定："租赁物在租赁期间发生所有权变动的，不影响租赁合同的效力。"

五、租赁合同纠纷的处理

【实例 5】原告(被上诉人)：深圳某房地产开发有限公司(出租人)。

被告(上诉人)：某空调有限公司(承租人)。

原、被告双方于 2000 年 4 月 28 日签订房屋租赁合同，被告租用原告位于深圳某路的帝王大厦 A 单元，租期为 5 年，从 2000 年 5 月 15 日至 2005 年 5 月 14 日。合同约定前 3 年月租金为港币 3 万元，后两年月租金为港币 3.6 万元。合同还约定由被告(承租人)负责支付租赁期间的水电费、卫生费、房屋管理费、电话费及其他费用，每月 1 日向原告交当月租金，拖欠租金，应向原告支付 30%的滞纳金。该合同于 2000 年 6 月 18 日在深圳某区房屋租赁管理所办理了租赁登记。2003 年 3 月，被告提出租金过高，要求减租,原告同意调整,双方多次协商,但未达成一致意见。于是被告于 2003 年 8 月擅自撤离租赁房屋,停止履行合同。原告于 2004 年 4 月诉至法院,请求法院判令:解除房屋租赁合同;由被告支付租金及利息和滞纳金、拖欠管理费及利息和滞纳金;赔偿房屋空置后的租金损失。

原告陈述:被告提出租金过高,要求调整,原告也同意,但在双方未能达成一致的情况下,被告擅自撤离房屋,属单方违约,造成房屋空置的损失应由被告承担。

被告陈述:被告已在 8 月 9 日书面通知原告,履行了通知义务。管理处人员也知道被告撤离;根据《深圳市房屋租赁管理条例》规定,被告如果拖欠租金达 3 个月以上的,原告可以解除合同,但在被告超过十几个月未交租的情况下,原告仍未解除合同。根据《合同法》第 119 条[①]的规定,即使被告违约,原告也应采取合理措施,防止损失扩大,但原告并不采取措施,损失应由原告负责。

案件经过两审,最终原告的诉讼请求得到法院支持。

【分析】在经济交往中,解除合同的情况是经常出现的,如果双方当事人以合法的、理性的方法去解决,应该能够取得“双赢”的结果。以下从原、被告双方的角度进行分析,以供实际操作参考。

从原告(出租人)的角度分析,要想妥善解决双方纠纷,取得对己方有利的结果,需要合理运用举证责任的分配,重点解决以下两个问题:

首先,对被告解除合同通知送达事实的认定。被告提出在 2000 年 8 月 9 日已书面通知原告,搬离租赁房屋,被告认为应以此作为解除合同的时间。但原告提出并未收到该通知,更无同意此时解除合同的书面证据,故被告如果不能就这一事实向法庭提

---

① 《合同法》第 119 条:“当事人一方违约后,对方应当采取适当措施防止损失的扩大;没有采取适当措施致使损失扩大的,不得就扩大的损失要求赔偿。当事人因防止损失扩大而支出的合理费用,由违约方承担。”

交证据的话，这一主张很难得到法庭的认定。根据《合同法》第 93 条[①]、第 94 条[②]的规定，只有三种情况下合同的当事人才能解除合同：一是双方当事人协商一致；二是双方约定合同解除的条件出现；三是法律规定合同解除的情况出现。而本案中不存在以上三种情况。被告擅自搬离租赁房屋，停止履行合同，是违约行为，无视合同对双方的约束力，根据《合同法》第 113 条规定，应当承担全部的违约责任。

其次，造成租赁房屋长期空置，原告是否未尽防止损失扩大的义务。被告提出，2000 年 8 月 9 日其搬离租赁房屋后，即向原告交出钥匙，但原告不接受，原告拒不接受被告交付钥匙的目的，是要造成房屋由被告一直占用的事实，以此来索赔。被告对于向原告交出钥匙及原告未采取适当措施致使损失扩大的事实，应当承担举证责任。实践中，被告就此举证有一定困难。而原告却能够证明直至诉讼开庭前，被告一直都没有把钥匙交给原告，即房屋一直在被告控制之下。原告利用这一重要事实，以此论证空置房屋的损失应由被告承担，从而排斥被告利用《合同法》第 119 条的规定，主张由原告承担相应责任。

鉴于被告早已搬离房屋，也有解除合同的意愿，原告可以请求法庭确认解除合同的时间为其起诉的时间，这样便于计算欠租及房屋空置的损失。

从被告（承租人）的角度出发，如果其未能就解除合同的书面通知已经送达原告问题举证，也未能对原告拒收钥匙造成房屋空

---

① 《合同法》第 93 条："当事人协商一致，可以解除合同。当事人可以约定一方解除合同的条件。解除合同的条件成立时，解除权人可以解除合同。"

② 《合同法》第 94 条："有下列情形之一的，当事人可以解除合同：（一）因不可抗力致使不能实现合同目的；（二）在履行期限届满之前，当事人一方明确表示或者以自己的行为表明不履行主要债务；（三）当事人一方迟延履行主要债务，经催告后在合理期限内仍未履行；（四）当事人一方迟延履行债务或者有其他违约行为致使不能实现合同目的；（五）法律规定的其他情形。"

置的问题举证，那么，其主张不会得到法庭的认可，应当承接举证不能的后果。但就本案情况分析，被告全面败诉的局面也是可以避免的。如果被告要解除房屋租赁合同，应当依法进行，并采集保留相关证据。根据相关规定，需要解除房屋租赁合同的一方，通常应提前1～3个月书面通知对方，陈述解除合同的因由及提出解决方案，函件送达对方时，要求对方签收并复函，并保留之待来日作为证据。如对方拒绝签收，或不予答复，应通过公证送达或特快专递邮寄，公证书或特快专递送达回执作为证据。解除合同的程序，应依据《合同法》第96条①规定的方式进行。本案被告如果通过公证或专递方式送达8月9日的函件，并在原告拒收钥匙后通过提存公证的方式交接钥匙，或者及时向人民法院请求确认解除合同的效力，则可把损失减至最低。

本案有两个操作问题，值得探讨。

第一，承租方单方解除房屋租赁合同时，出租方如何计算损失？能否把未履行租期部分的租金作为损失进行索赔？

《合同法》第113条规定：当事人一方不履行合同义务或者履行合同义务不符合约定，给对方造成损失的，损失赔偿额应相当于因违约所造成的损失，包括合同履行后可以获得的利益，但不得超过违反合同一方订立合同时预见到或者应当预见到的因违反合同可能造成的损失。对于房屋租赁合同来说，出租人收取租金是获得合同履行的可得利益。如果承租人不履行合同，出租人自然无法收取租金，无法获得可得利益。承租人不履行合同给出租人造成的损失，就是未履行期限的租金收益。而这部分的租金收益，由于租赁合同明确写明租金标准、租赁期限，承租人完全可以在订立

① 《合同法》第96条："当事人一方依照本法第九十三条第二款、第九十四条的规定主张解除合同的，应当通知对方。合同自通知到达对方时解除。对方有异议的，可以请求人民法院或者仲裁机构确认解除合同的效力。法律、行政法规规定解除合同应当办理批准、登记等手续的，依照其规定。"

合同时就预见到、计算到。基于合同法中的完全赔偿原则，出租人可以把合同未履行部分的租金作为损失索赔。具体计算时需要考虑到，出租人这部分可得利益，并不是百分之百的纯收利益，其中包括房屋租赁税、房屋租赁管理费等费用。因此，在计算损失时应将其扣除以显公平。

如果以房屋租赁合同在承租人违约不履行时，未给出租人造成实际损失为由，使出租人除没收押金外得不到赔偿，对出租人有失公平。

第二，如何认定承租方违约后，出租方是否及时采取措施防止损失扩大?

根据《合同法》第 119 条的规定，当事人一方违约后，对方应当采取适当措施防止损失的扩大；没有采取适当措施致使损失扩大的，不得就扩大的损失要求赔偿。本案被告依此规定提出，原告没有采取防止损失扩大的适当措施，因而要求免责。

那么，确认原告采取适当措施的标准是什么呢？法律没有具体规定。当承租人擅自撤离租赁房屋后，出租人可以有三种做法：一是积极主动地四处寻找客户承租，以减少损失；二是消极地任由房屋空置，有新租客也不愿出租；三是按通常的做法，发出“此房可以出租”的信息。对此，分析时应当结合合同性质、违约后的具体情况来判断，不应苛求出租人。如果要求出租人实行上述第一种做法，显然对出租人而言要求过高。而第二种做法是置诚信原则于不顾，人为地扩大损失，实践中可认定没有采取适当措施。如果出租人能举证已实施了第三种行为，则可认定其已采取了适当措施。对此，有一个美国案例，法官在审理过程中的观点值得借鉴。在芝加哥所有权及信托公司诉赫奇斯 MFC 公司一案中，法官在判词中列举了房东在出租财产被放弃之后，应当在什么程度上承担减轻损失义务的三种观点：一是房东没有义务为了减轻损失放弃租赁财产的租户的责任而转租财产；二是房东必须付出合理的努力，寻找替代的房客；三是房东并不负有减轻损失的一般性义务,仅负有接受适合的替代房客的义务。该判例的最后结论是:房屋租赁合同的出租方,在承租方违约而放弃了出租房屋的情况下,没有一般性地寻找另一个承租人以避免扩大损失的义务。但是,当承租方推荐了一个适合的新房客时,出租方不得拒绝接受。法官在这一判例中所表明的观点,对于当今我们处理类似纠纷,有借鉴意义。

综上,对实际工作中租赁合同纠纷的处理,应当注意以下问题:

第一,签订合同时,将可能发生的事情尽量考虑周到,双方约定处理方式、方法或解除合同的条件等。如双方约定拖欠租金达多少个月以上或拖欠费用达多少元以上,出租方有权单方解除合同;约定拖欠租金可用停水、停电的方式催收;约定承租方弃置房屋不顾时,出租方有权封存、拍卖房内物品等。作为日后出现相应情况的处理依据。

第二,解除合同应当依照法定程序进行。如要将解除合同的通知送达对方当事人,并留有证据。只有解除合同的一方当事人依法履行了通知义务,合同才解除。

第三,出租方采取停水、停电等措施,必须要有依据。根据《合同法》意思自治原则,合同当事人双方只要不违反我国法律的强制性规定,可以自由约定合同权利义务,该约定就是将来双方的合同行为依据。如果合同没有约定允许以停水、停电的方式催收租金,则不能采取这种措施,否则即构成侵权,使得己方"有理变成无理",由此承担赔偿对方损失的责任。因此,实践中这类措施不应滥用,运用要有依据,用得恰当。

第四,充分利用提存公证制度。《合同法》规定了标的物的提存制度(见第六章),提存机关为公证机关。提存物品应依法进行,出租方不可单方擅自处理房内物品。需要处理房内物品时,应有公证处的公证人员到现场进行物品提存公证。同时,要做好物品清点记录及保管工作,以便将来物品的交接。提存公证是法律认可的一种法律行为，可作证据使用。

第三节　建设工程合同

一、建设工程合同的一般规定

《合同法》第 269 条为建设工程合同下了定义、做了分类，建设工程合同是承包人进行工程建设，发包人支付价款的合同。建设工程合同包括工程勘察、设计、施工合同。我国立法中一直将基本建设工程合同作为不同于承揽合同的一类合同对待，并设专章加以规定。但二者又具有一些相同的特点和规则，如，二者都是以完成一定工作为目的，所以，《合同法》第 287 条规定："本章没有规定的，适用承揽合同的有关规定"，以此表示建设工程合同与承揽合同的联系。

建设工程合同除了具备要式、双务、有偿合同[①]的法律特征外，还有如下重要特征：

1. 合同主体资格要求严格，必须符合法律规定。建设工程合同的主体比承揽合同的要求更为严格。建设工程合同中的发包人只能是经过批准可以进行工程建设的法人，承包人只能是具有从事勘察、设计施工任务资格的法人。公民个人既不能作为发包人，也不能作为承包人。

2. 合同的标的只是基本建设工程。建设工程的标的只能是基本建设工程而不能是一般的加工定作产品。这使得建设工程合同区别于承揽合同。因此，为完成不属于基本建设工程的一般工程而订立的合同，就不属于建设工程合同，而应属于承揽合同。如

---

① 要式合同，是指法律或当事人要求必须具备一定形式的合同。双务合同，是双方当事人互负对待给付义务的合同。有偿合同，是指当事人一方享有合同规定的权益，须向对方当事人偿付相应代价的合同。崔建远主编，《合同法》，北京：法律出版社，2003.1，第 25～27 页。

为家庭装修、个人建房与施工队或其他公民订立的合同,就不是建设工程合同。

3. 建设工程合同必须受国家的严格管理监督。国家对建设工程合同的订立和履行,实行严格的管理和监督。如工程建设资金必须存入建设银行,并专款专用;合同的拨款、结算都必须经建设银行办理。严格控制基本建设规模,禁止挪用基本建设资金。

4. 建设工程实行招标投标。

二、建设工程合同订立应当遵循的规定

1. 建设工程合同订立的一般程序

由于当事人之间的权利、义务关系复杂,建设质量、建设周期、工程价款等可变因素较多,为减少和防止国有资产的流失,法律提倡该类合同的签订采用招标、投标形式进行。在通过招标、投标方式订立合同时,通常要经过招标、投标、决标等阶段。招标可以采取公开招标和邀请招标等方式。

建设工程的具体招标形式有以下几种:一是全过程招标,即从项目建议书开始,包括设计任务书、勘察设计、设备材料询价与采购、工程施工、生产准备、投料试车,直至竣工投产、交付使用,实行全面招标;二是勘察设计招标;三是工程施工招标,施工招标可实行全部工程招标、单项工程招标、分部工程招标、专业工程招标等形式;四是安装工程招标。

2. 建设工程合同订立的原则

《合同法》第 271 条①将建设工程合同招标、投标的活动原则概括为“公开、公平、公正”三原则。

所谓公开,主要指招标公开和开标公开。招标人采取公开招标方式的,应当通过国家指定的报刊、信息网络或者其他媒介发布

---

① 《合同法》第 271 条:“建设工程的招标投标活动,应当依照有关法律的规定公开、公平、公正进行。”

招标公告。开标应当在招标文件确定的提交文件截止时间的同一时间公开进行;开标地点应当为招标文件中预告确定的地点。由招标人主持,邀请所有投标人参加。招标人在招标文件要求提交投标文件的截止日期前收到的所有文件,开标时都应当当众予以拆封、宣读。开标过程应当记录,并存档备案。

所谓公平,主要是指招标人对待所有投标人应该一律平等。招标人不得以不合理的条件限制或者排斥潜在投标人,不得对潜在投标人实行歧视待遇,不得向他人透露已获取招标文件的潜在投标人的名称、数量以及可能影响公平竞争的有关招标投标的其他情况;招标人设有标底的,标底必须保密。投标人也应遵守招投标的相关规定,进行公平竞争。如各投标人不得与招标人串通投标,损害国家利益;投标人不得以低于成本的报价竞标,也不得以他人名义投标或者以其他方式弄虚作假,骗取中标。

所谓公正,是指招标方在招标过程中要严格按照公开的招标文件和程序办事,评标要公正。评标由招标人依法组成的评标委员会负责。为了保证评标的公正,有可能影响公正评标的人不得进入评标委员会。

3. 建设工程合同的形式

《合同法》第 270 条对建设工程合同的形式做了明确规定,要求采用书面形式,否则就不能有效成立。

三、建设工程的总承包与分承包[①]

建设工程合同的订立主要采取两种形式:

1. 总承包合同。所谓总承包合同,是指合同发包人与承包人就某项建设工程的全部勘察、设计、施工签订的合同,承包人应当就建设工程从勘察到施工的整个过程负责。

2. 分承包合同。分承包合同则是指发包人并不将项目的全

---

① 参见王宝发:《合同纠纷的预防与解决》,北京:法律出版社,2001。

部建设工作承包给某一建筑施工企业，而是分别与勘察人、设计人、施工人订勘察、设计、施工承包合同，勘察人、设计人、施工人仅对自己负责的勘察、设计施工的某一阶段对发包人负责。

发包人既可以与承包人就全部工程任务签订总承包合同，也可以分别与勘察人、设计人、施工人签订勘察、设计、施工分承包合同。但是，如果建设工程应当由一个承包人完成，则发包人不得将该工程分成若干部分发包给两个以上的承包人，以保证工程质量，避免合同签订和履行过程中的违法行为。

建设工程的转包与分包是有区别的。转包是指承包人在承包工程建设后，又将其承包的工程建设任务部分或者全部转让给第三人。转包时，转让人退出承包关系，受让人成为承包合同的另一方当事人，转让人对受让人的履行行为不承担责任。转包行为中，原承包人将其工程全部倒手转给他人，自己并不实际履行合同约定的义务；而在分包行为中，承包人只是将其承包工程的某一部分或几部分再分包给其他承包人，承包人仍然要就承包合同约定的全部义务的履行向发包人负责。分包合同是符合市场运作的一种行为，应当得到法律的认可，而转包合同则是扰乱市场运作的一种投机行为，应当通过法律的规定予以限制或禁止。

由于转包行为具有很大危害性，易出现严重工程隐患，甚至直接造成“豆腐渣工程”。因此，《合同法》第 272 条[①]明确规定承包人不得将其承包的全部工程转包给第三人或者将其承包的全部建

---

① 《合同法》第 272 条：“发包人可以与总承包人订立建设工程合同，也可以分别与勘察人、设计人、施工人订立勘察、设计、施工承包合同。发包人不得将应当由一个承包人完成的建设工程肢解成若干部分发包给几个承包人。总承包人或者勘察、设计、施工承包人经发包人同意，可以将自己承包的部分工作交由第三人完成。第三人就其完成的工作成果与总承包人或者勘察、设计、施工承包人向发包人承担连带责任。承包人不得将其承包的全部建设工程转包给第三人或者将其承包的全部建设工程肢解以后以分包的名义分别转包给第三人。禁止承包人将工程分包给不具备相应资质条件的单位。禁止分包单位将其承包的工程再分包。建设工程主体结构的施工必须由承包人自行完成。”

设工程肢解后以分包的名义分别转包给第三人；禁止分包单位将其承包的工程再分包。实践中，违反法律禁止性规定的合同应属无效合同，造成的不利后果应由过错方承担。

【实例 6[①]】岷山饭店因扩建经营场地，筹备在饭店旁建设一座六层的写字楼，地下一层是停车场，六楼顶层作空中花园。由于设计和施工有特殊要求，在招标过程中，招标人对参加投标的单位进行了详细的考核，最后确定由 A 市政工程公司承包了该工程。后经发包人同意，A 将整个工程设计分包给 M 设计院并签订了《建设工程设计合同》，将整个工程施工任务转包给 N 建筑公司。后 M 设计院按时完成了设计任务，N 建筑公司根据 M 院的设计图纸进行了施工，经验收合格，工程交付使用。岷山饭店投入使用一个月，楼顶空中花园对顶层造成严重损害，不断有水渗漏到六层的房间内，导致六层写字楼的客户无法正常办公，租用的客户不断向岷山饭店提出租金和损失索赔。针对这种情况，岷山饭店要求 A 市政工程公司进行维修和部分工程返修，但是始终未能从根本上解决问题。经当地的建设工程质量监督部门检测，确认工程设计存在严重质量缺陷是导致工程渗水的主要原因；另外，施工单位在工程施工中有偷工减料的情节，导致渗水的材料原因是水泥标号不够。面对上述质量问题，岷山饭店依法将 A 市政工程公司诉至法院，要求 A 公司赔偿工程损失和其他直接经济损失。

【分析】本案涉及的是建设工程的转包和分包所导致的质量责任的承担问题。

建设工程可以进行分包，但是在必须遵守法律有关规定的前提下进行。违反国家法律和行政法规的规定，造成工程质量事故或缺陷，总承包单位应当承担首要责任。

根据《合同法》第 272 条规定，总承包人经发包人同意，可以将自己承包的部分工作交由第三人完成。第三人就其完成的工作成

① 孙镇平：《建设工程合同案例评析》，189 页，北京：知识产权出版社，2002。

果与总承包人或者勘察、设计、施工承包人向发包人承担连带责任。承包人不得将其承包的全部建设工程转包给第三人或者将其承包的全部建设工程肢解以后以分包的名义分别转包给第三人。建设工程主体结构的施工必须由承包人自行完成。

《中华人民共和国招标投标法》第 48 条规定:“中标人按照合同约定或者经招标人同意,可以将中标项目的部分非主体、非关键性工作分包给他人完成。接受分包的人应当具备相应的资质条件,并不得再次分包。中标人应当就分包项目向招标人负责;接受分包的人就分包项目承担连带责任。”

《中华人民共和国建筑法》第 28 条规定:“禁止承包单位将其承包的全部建筑工程转包给他人,禁止承包单位将其承包的全部工程肢解以后以分包的名义分别转包给他人。”第 29 条规定:“建筑工程总承包单位可以将其承包工程中的部分工程发包给具有相应资质条件的分包单位;但是,除总承包合同中约定的分包外,必须经建设单位认可。施工总承包的,建筑工程主体结构的施工必须由总承包单位自行完成。建筑工程总承包单位按照总承包合同的约定对建设单位负责;分包单位按照分包合同的约定对总承包单位负责。总承包单位和分包单位就分包工程对建设单位承担连带责任。”

在本案中,A 市政工程公司在工程承包过程中,将工程的整个设计分包给 M 设计院,但对设计质量并没有给予高度的关注,因此,A 市政工程公司对 M 设计院设计质量导致的责任,不因分包而解除;特别是作为工程施工部分,A 市政工程公司将全部施工任务转包给 N 公司,对工程的主体结构部分也未亲自进行施工,很明显属于违法转包,同样,A 公司对 N 公司的施工质量问题应当承担责任。综上,A 公司作为总承包单位应当对岷山饭店工程的质量负首要责任,M 设计院和 N 公司作为分包单位也应当与 A 公司承担连带责任。

第四节　运输合同

一、运输合同的一般规定

1. 运输合同的概念

运输合同，又称运送合同，是指承运人将旅客或者货物从起运地点运输到约定地点，旅客、托运人或者收货人支付票款或者运输费用的合同(《合同法》第 288 条)。

2. 承运人的一般义务

(1)从事公共运输承运人的缔约义务

一般情况下，合同的订立遵循意思自治原则，但为了衡平作为弱者的社会公众与往往处于强势垄断地位的公用事业单位的利益，各国法律常常对这类合同的自由订立进行干预。《合同法》第 289 条在考虑多种因素的情况下，作出了“从事公共运输的承运人不得拒绝旅客、托运人通常、合理的运输要求”的规定，这表明，我国法律限制了承运人可以自由承诺或不承诺的选择权利，为从事公共运输的承运人设定了强制缔约义务，即对于旅客、托运人通常的运输要求，从事公共运输的承运人不得拒绝。这一规定，打破了传统合同自由原则中的订约自由。承运人这种承诺义务，具有法定性。如果承运人拒载，须承担违约责任。

(2)按时安全运抵义务

旅客持票上了承运人的车、船、飞机等运输工具后，或者托运人将货物交付给承运人后，承运人即负有将客货安全运输到目的地的义务。如果非因法定的免责原因而造成客、货损害的，承运人应承担相应责任。

按照合同约定地点履行，也是承运人应尽的义务。约定地点是运输合同中明确规定的、托运人指定的、承运人认可的运输目的地。在旅客所持有的各种票证上，或承运人填发的运输单据、提货单据上。均明确载明了客货的到达地点。承运人应将客货运送到约定地点，否则，旅客或托运人或收货人的运输目的无法实现。承运人不履行按约定地点运送客货义务，对造成的损害，应承担违约责任。

同时，承运人将货物运送到约定地点后，还负有将货物交付给合同载明或指示交付的收货人的义务。如果承运人交付对象错误，托运人的运输目的落空，承运人需承担相应责任。

(3)按通常线路运输的义务

运输路线是承运人承担运输业务所需经过的路线。在作为旅客运输合同的票证上，以及货物运输的运输单据上，一般对运输路线没有明确约定。但是，在铁路、公路、航空、水运等领域，运输主管部门和运输企业为了运输安全、便利和快捷，对运输路线往往都有统筹的计划和安排。运输路线的选择，影响着客货运输的时间，有时按通常的或双方约定的运输线路运输，可以规避一些风险。故承运人负有按通常的运输路线将旅客、货物运输到约定地点的义务(《合同法》第 291 条[①])。

3. 旅客、托运人或收货人的义务

旅客、托运人或者收货人应当按照约定支付票款和运费。通常，对客货运输的费用，国家在较长时期内均有稳定的价格，对各种客票的价款承运人应予公告，运输合同一般执行统一规定的票价和运费。承运人不得违反国家的规定收取票款或运费。另外，客货运输中的杂费，也属于旅客、托运人或收货人应交付款额范围之列。以铁路旅客及行李包裹运输为例，铁路承运人在旅客及行李包裹运输的过程中，向旅客、托运人或收货人提供辅助作业付出劳务，以及运输合同外占用承运人设备用具等所发生的费用或旅客、托运人或收货人违章所加收的款额，均属客运杂费。承运人未按通常的路线运输，由此增加票款或者运费的，增加的部分不属于

① 《合同法》第 291 条："承运人应当按照约定的或者通常的运输路线将旅客、货物运输到约定地点。"

旅客、托运人或者收货人的合同义务,可以拒绝支付。同样,承运人未按规定多收的杂费,旅客、托运人、收货人也有权拒付[1]。

二、客运合同

1. 客运合同的生效

合同的生效是指双方当事人开始享受权利,履行义务。客运合同的成立和生效时间不一致,通说认为,客运合司自检票时生效。持该观点的人将客运合同理解为一种附期限的合同,即客运合同自"旅客检票"这一期限到来时生效。因为在检票以前,旅客并没有要求承运人提供运输服务的权利,而且旅客在检票以前退票,法律并不将其作为旅客的违约行为追究其违约责任。退票时,承运人向旅客收取的只是手续费而非违约金。

铁路旅客运输合同目前也采用检票生效的观点。但也有学者认为,铁路客运合同自旅客上车时生效[2]。理由是:根据民法理论,合同生效的意义在于国家强制力保障当事人合同权利的实现、合同义务的履行及违约责任的承担。而这里有一个很重要的前提就是作为合同这一法律关系的客体的行为,其标的必须合法、可能和确定。如果民事行为的标的是不可能实现的,则该民事行为不发生效力。具体到铁路客运合同中,合同的客体是行为,即铁路承运人运送旅客的行为。只有旅客上车后,铁路承运人才有履行其铁路客运合同义务的可能,换言之,行为标的只有此时才可能、确定,合同目的才有可能实现。若采检票生效的观点,尽管似乎扩大了承运人的责任范围,有利于旅客权益的保护,但从法理上是难于解释其合理性的。《铁路旅客运输规程》第 8 条规定,旅客运输的

---

① 《合同法》第 292 条:"旅客、托运人或者收货人应当支付票款或者运输费用。承运人未按照约定路线或者通常路线运输增加票款或者运输费用的,旅客、托运人或者收货人可以拒绝支付增加部分的票款或者运输费用。"

② 参见孙林:《铁路客运合同立法研究》,铁道经济研究,2C09 年第 2 期。

运送期间自检票进站时起至到站出站时止计算。目前,基于各种规定,铁路旅客运输合同按检票生效操作。

2. 客运合同当事人的权利和义务

(1)旅客的基本权利和义务

以铁路运输为例,《铁路旅客运输规程》规定的旅客权利如下:依据车票票面记载的内容乘车;要求承运人提供与车票等级相适应的服务并保障其旅行安全;对运送期间发生的身体损害有权要求承运人赔偿;对运送期间因承运人过错造成的随身携带物品损失有权要求承运人赔偿。旅客的义务包括:支付运输费用;遵守国家法令和铁路运输规章制度,听从铁路车站、列车工作人员的引导,按照车站的引导标志进、出站;爱护铁路设备、设施,维护公共秩序和运输安全。

航空、海运等客运合同旅客的权利义务,根据具体运输方式的不同,在表述上与铁路旅客运输略有差异,但大体内容相似。如:对旅客的义务做了如下归纳:

旅客有持票乘运义务。应当在客票记载的时间、班次和座号乘坐运输工具。因自己的原因不能按照客票记载的时间乘坐的,应当在约定的时间内办理退票或者变更手续。逾期办理的,承运人可以不退票款,并不再承担运输义务。

旅客有按规定携带行李物品的义务。旅客在运输中应当按照约定的限量携带行李,超过限量携带行李的,应当办理托运手续。旅客禁止携带违禁品,若旅客违反规定随身携带或夹带违禁品乘运,给承运人或第三人造成损害的,旅客应当承担损害赔偿责任。

(2)承运人的基本权利和义务

仍以铁路运输为例,《铁路旅客运输规程》规定承运人享有如下权利:依照规定收取运输费用;要求旅客遵守国家法令和铁路规章制度,保证安全;对损害他人利益和铁路设备、设施的行为有权制止、消除危险和要求赔偿。承运人的义务包括:确保旅客运输安全正点;为旅客提供良好的旅行环境和服务设施,不断提高服务质量，文明礼貌地为旅客服务；对运送期间发生的旅客身体损害予以赔偿；对运送期间因承运人过错造成的旅客随身携带物品损失予以赔偿。

总体归纳客运合同承运人的义务，主要有以下内容：

①按约定提供运输服务。根据《合同法》第 299 条、第 300 条的规定，承运人应当按照客票载明的时间和班次运输旅客。承运人迟延运输的，应当根据旅客的要求安排改乘其他班次、变更运输路线以到达目的地或者予以退票。承运人擅自变更运输工具而降低服务标准的，应当根据旅客的要求退票或者减收票款；提高服务标准的，不得加收票款。承运人应当按照约定的或者通常的运输路线将旅客运输到约定地点，未按照约定路线或者通常路线运输增加票款或者运输费用的，旅客可以拒绝支付增加部分的票款或者运输费用。

②告知义务。根据《合同法》第 298 条的规定，承运人应当向旅客及时告知有关不能正常运输的重要事由和安全运输应当注意的事项。承运人如果不及时告知旅客有关不能正常运输的重要事由，给旅客造成损失的，承运人应当承担赔偿责任。除此之外，在运输过程中，承运人还负有安全运输应当注意事项的告知义务，即对运输过程中有可能发生的危险，危险发生后应当采取的措施等，向旅客作出说明，以减少旅客在运输过程中可能发生的危险事故，或者在危险事故发生后，减少旅客所受损害。如果因承运人没有告知有关安全运输注意事项，致使旅客在运输过程中受到损害，承运人应当承担损害赔偿责任。

③安全保障义务。实践中安全保障义务有两种，一是法定义务，二是合同义务。依照法律规定或者约定对他人负有安全保障义务的人，违反该义务，直接或者间接地造成他人人身或者财产权益损害的，应当承担损害赔偿责任。安全保障义务是客运合同的承运人应当承担的主要合同义务，承运人必须履行。依照“法释

[2003]20 号”第 6 条[①]规定，负有安全保障义务的义务主体应当是经营者或其他社会活动的组织者，包括自然人、法人和其他组织。如果在当事人约定的合同义务中规定，合同的一方当事人对另一方当事人负有安全保障义务的，合同当事人应当承担安全保障义务。例如：订立旅客运输合同，旅客的人身安全保障义务就是合同的主义务，实际上，上述法定义务与合同义务在客运合同中竞合。那么，承运人违反安全保障义务，既可能构成侵权责任，也可能构成违约责任。由于发生侵权责任和违约责任竞合，被侵权人由此产生两个损害赔偿的请求权。对此，应当依《合同法》第 122 条[②]规定，由赔偿权利人选择其一，以救济自己被损害的权利。

应当关注的是，《侵权责任法》第 37 条[③]，专门对从事宾馆、商场、银行、车站、娱乐场所等公共场所的管理人或者群众性活动的组织者，规定了安全保障义务，如有违反造成侵害的，应当承担侵权责任。

④对旅客提供必要的方便并尽协助、救助义务。承运人对旅客的救助义务，是法定义务而非约定的义务，它源于法律的直接规

---

① 《最高人民法院关于审理人身损害赔偿案件适用法律若干问题的解释》（“法释[2003]20 号”）第 6 条：“从事住宿、餐饮、娱乐等经营活动或者其他社会活动的自然人、法人、其他组织，未尽合理限度范围内的安全保障义务致使他人遭受人身损害，赔偿权利人请求其承担相应赔偿责任的，人民法院应予支持。因第三人侵权导致损害结果发生的，由实施侵权行为的第三人承担赔偿责任。安全保障义务人有过错的，应当在其能够防止或者制止损害的范围内承担相应的补充赔偿责任。安全保障义务人承担责任后，可以向第三人追偿。赔偿权利人起诉安全保障义务人的，应当将第三人作为共同被告，但第三人不能确定的除外。”

② 《合同法》第 122 条：“因当事人一方的违约行为，侵害对方人身、财产权益的，受损害方有权选择依照本法要求其承担违约责任或者依照其他法律要求其承担侵权责任。”

③ 《侵权责任法》第 37 条：“宾馆、商场、银行、车站、娱乐场所等公共场所的管理人或者群众性活动的组织者，未尽到安全保障义务，造成他人损害的，应当承担侵权责任。因第三人的行为造成他人损害的，由第三人承担侵权责任；管理人或者组织者未尽到安全保障义务的，承担相应的补充责任。”

定，不需要当事人在客运合同中约定。只要承运人与旅客订立客运合同，承运人即当然地对旅客负有此项义务，承运人不履行此项义务应对旅客因此所受的损害承担责任。

需要指出的是，承运人对旅客的救助义务，并不是无限制的，而只是针对运输过程中发生紧急情况的旅客，即患急病、分娩和遇险的旅客负担的义务。如果不属于急病而属于一般的慢性病或没有危险的小病，承运人不负有救助的义务。旅客在运输过程中遇险，不论危险源于何处、也不论承运人对危险来源是否负有责任，承运人都有积极救助的义务。例如，旅客在运输过程中被其他人所携带的危险品炸伤，或者旅客在列车运行中违反规定将头伸出车外受伤，虽然责任不在承运人，但是，承运人仍负有救助义务，承运人不得以不属于自己的责任为由而置之不顾。不同运输方式下的承运人，应当根据不同的情况，尽力采取各种有效的救助措施。履行救助义务时，不论采取何种救助方式，都应当尽自己的全力，而不能只是简单应付。如果承运人在救助旅客时不尽力，虽然采取了救助措施，仍不能认定是履行了法定的救助义务，应对其行为承担法律责任。

承运人在履行救助义务时，如果有费用支出，承运人可以要求被救助的旅客加以补偿。如果旅客遇险是承运人的过错造成的，承运人无权要求补偿。承运人在履行救助义务时，如果因救助行为而使其他旅客受到一定的损失，如送患病旅客去医院而耽误其他旅客的行程，承运人可以根据紧急避险的规定，免于对其他旅客承担赔偿责任。但是，如果承运人采取的救助措施不当给其他旅客造成损失的，承运人应当承担赔偿责任。

3. 承运人的赔偿责任

客运合同中涉及到承运人的赔偿责任，已经在上述义务中有所涉及。通常有几个方面：一是对旅客伤亡的赔偿责任；二是对旅客随身携带物品损坏的赔偿责任；三是对旅客托运的行李损坏的赔偿责任。

(1)承运人对旅客伤亡的赔偿责任

《合同法》第 302 条规定了承运人对旅客伤亡的赔偿责任及其免责事由。对此,《民用航空法》、《海商法》和《铁路法》都作了相应规定。

从目前对旅客伤亡赔偿责任的立法实践看,英美法系国家都以严格责任为归责原则,强调只要合同当事人不履行义务就须承担违约责任,而不考虑其是否有过错;大陆法系国家则以过错责任为一般的归责原则,强调违约责任的构成要件是违约行为和过错,至于损害事实是否也成为违约责任的构成要件,则视具体的违约责任形成而定。对此,我国相关法律也有所涉及。《合同法》第 302 条规定:"承运人应当对运输过程中旅客的伤亡承担损害赔偿责任,但伤亡是旅客自身健康原因造成的或者承运人证明伤亡是旅客故意、重大过失造成的除外。"《民用航空法》第 124 条规定:"因发生在民用航空器上或者在旅客上、下民用航空器过程中的事件,造成旅客人身伤亡的,承运人应当承担责任。"《海商法》第 114 条第 1 款规定:"在本法第 111 条规定的旅客及其行李的运送期间,因承运人或者承运人的受雇人、代理人在受雇或者受委托的范围内的过失引起事故,造成旅客人身伤亡或者行李灭失、损坏的,承运人应当负赔偿责任。"《铁路法》第 58 条第 1 款规定:"因铁路行车事故及其他铁路运营事故造成人身伤亡的,铁路运输企业应当承担赔偿责任;如果人身伤亡是因不可抗力或者是由于受害人自身的原因造成的,铁路运输企业不承担赔偿责任。"从上述有关运输合同损害赔偿的规定看出:不论是空运、水运还是铁路运输,也不论承运人在承运期间是否有过错,都应对运输过程中旅客的伤亡承担损害赔偿责任。可见,我国立法在运输合同旅客伤亡的归责原则上采用了无过错责任原则。

(2)承运人对旅客携带物品毁损、灭失的赔偿责任

旅客携带物品分为旅客随身携带物品和旅客托运的行李(随行但未随身)两类,对此的损害赔偿责任法律做了分别规定。

对旅客随身携带物品损坏的赔偿责任，我国《合同法》第 303 条第 1 款规定："在运输过程中旅客自带物品毁损、灭失，承运人有过错的，应当承担损害赔偿责任。"

对旅客托运的行李损坏的赔偿责任，《合同法》第 303 条第 2 款规定："旅客托运的行李毁损灭失的，适用货物运输的有关规定。"《铁路法》第 17 条规定："铁路运输企业应当对承运的货物、包裹、行李自接受承运时起到交付时止发生的灭失、短少、变质、污染或者损坏，承担赔偿责任……"。

综上，对旅客自带物品毁损、灭失的，承运人承担过错责任；对旅客托运的行李毁损、灭失的，承运人承担无过错责任。过错责任原则在实际运用中实行的是"谁主张谁举证"；无过错责任原则在适用时，承运人不能因证明自身无过错而免除赔偿责任，除非承运人证明有法定免责事由，否则都应当承担赔偿责任。

(3)承运人对旅客托运行李毁损、灭失的赔偿责任

旅客托运的行李物品，不同于旅客自带的行李物品，在运输过程中不受旅客本人控制和照管，而是完全由承运人控制和照顾的，且对托运的行李，旅客在票价之外需额外支付托运费用。因此，承运人对旅客托运的行李物品比旅客随身携带的行李物品负有更高的注意义务，如果托运的行李物品在运输过程中损坏，承运人当然应当比旅客自带行李物品的损坏承担更严格的赔偿责任。这也是《合同法》第 303 条将旅客托运行李与旅客自带行李物品的损害赔偿责任作不同规定的原因。《合同法》第 303 条第 2 款规定了旅客托运行李毁损、灭失的，适用货物运输的有关规定。从《合同法》第 311 条[①]的规定可以看出，对货物在运输中毁损、灭失的，承运人承担无过错责任。此规定也适用于旅客托运行李毁损灭失的情况。

① 《合同法》第 311 条："承运人对运输过程中货物的毁损、灭失承担损害赔偿责任，但承运人证明货物的毁损、灭失是因不可抗力、货物本身的自然性质或者合理损耗以及托运人、收货人的过错造成的，不承担损害赔偿责任。"

综上，对于旅客托运的行李物品在运输过程中的损坏、灭失，除非承运人证明有法定的免责事由，否则应该承担赔偿责任。

三、货运合同

1. 承运人的权利和义务

(1)承运人的货物留置权

承运人的权利主要靠收取运费来获得实现。在承运人全部、正确履行运输义务的情况下，托运人或者收货人有按照规定支付运费、保管费以及其他运输费用的义务。在托运人或者收货人不支付上述费用时，根据《合同法》第315条[①]的规定，承运人享有留置权。如果当事人之间另有约定的，如约定承运人先交付货物，托运人或收货人后支付费用等，承运人交付货物后不再占有货物，也就无从产生留置权。

留置，是指因保管合同、运输合同、加工承揽合同发生的债权，债权人按照合同的约定占有债务人的动产，债务人不按照合同约定的期限履行债务的，债权人有权按照法律规定留置该财产，以该财产折价或者以拍卖、变卖该财产的价款优先受偿。

留置权适用于运费到收的情况。运费到收是指货物的运输费用由收货人支付，到达交付时，收货人应当先交付运费再领取货物。一般承运人在货物的货值低于运输费用时，不办理运费到收业务。

《物权法》对留置的财产与债权的关系专门做了规定，第231条规定："债权人留置的动产，应当与债权属于同一法律关系，但企业之间留置的除外。"留置权的目的在于留置债务人的财产，迫使债务人履行债务，保障债权人债权的实现。但如果允许债权人任意留置与债权的发生没有关系的债务人的财产，则对债权人的保护过大，有违公平原则，也有可能损害其他债权人的利益和交易安

---

① 《合同法》第315条规定："托运人或者收货人不支付运费、保管费以及其他运输费用的，承运人对相应的运输货物享有留置权，但当事人另有约定的除外。"

全。因此,《物权法》明确规定留置的财产,应当与债权属于同一法律关系。同时考虑到,在商业实践中,企业之间的相互交易频繁,交易双方应当追求交易效率,讲究商业信用,如果严格要求留置财产必须与债权的发生具有同一法律关系,有悖交易迅捷和交易安全原则。因此,《物权法》同时规定,对企业之间留置的财产,可以不与债权属于同一法律关系。例如:在运费到收的情况下,如果收货人某企业欠第一批货物的运费,则承运人可以留置其第二批货物,以此主张上批货运费用的债权。但此种做法仅限于企业之间,对个人则强调留置的动产,应当与债权属于同一法律关系。

(2)承运人的货物提存权

承运人在货物不能正常受领时享有提存货物的权利。

根据《合同法》第 316 条的规定[①],在货物运输合同履行中,承运人提存货物的法定事由有两项:一是收货人不明。这主要包括无人主张自己是收货人,通过现有证据(主要是货物运输合同)也无法确认谁是收货人,以及虽有人主张自己是收货人,但根据现有证据,包括货物运输合同及主张人提供的证据,无法认定其即是收货人等情形。二是收货人拒绝受领货物。主要是指虽有明确的收货人,但其对货物质量、品种、数量、运到期限等存有异议或者由于其他原因,与承运人未达成一致意见,而拒绝受领货物。

承运人提存所运输的货物后,运输合同关系即告消灭,该货物毁损、灭失的风险由收货人承担。提存期间,货物的孳息归收货人所有,提存所生费用也均由收货人承担。收货人领取提存物的权利,自提存之日起 5 年内不行使而消灭。提存物扣除提存费用后归国家所有。

(3)承运人的通知义务

承运人应当按约将货物安全运抵目的地,并负有及时通知收

---

① 《合同法》第 316 条规定:"收货人不明或者收货人无正当理由拒绝受领货物的,依照本法第一百零一条的规定,承运人可以提存货物。"

货人的义务。

在货物运输中，对运输期限虽有约定，但因装运时间和在途时间往往不能准确确定，合同中大多以期间的方式约定，收货人一般不能准确知道到货时间。因此，《合同法》第 309 条[①]赋予承运人有及时通知收货人的义务。当然，承运人只有在知道或应当知道收货人的通讯地址或联系方法的情况下，方负有上述通知义务，如果因为托运人或收货人的原因，如托运人在运单上填写的收货人名称、地址不准确，或者收货人更换了填写地址或联系方式而未告知承运人的，承运人免除上述通知义务。

2. 托运人的义务

(1)支付运费的义务

(2)如实申报义务

托运人办理货物运输时，应当如实填报托运单。在托运单中必须申报的事项有：收货人的名称或者姓名、收货地点、货物的性质、重量、数量以及其他有关货物运输的情况。因托运人申报不实或者遗漏重要情况，造成承运人损失的，托运人应当承担损害赔偿责任(《合同法》第 304 条第 2 款)。

(3)按规定向承运人提交审批、检验等文件的义务

《合同法》第 305 条明确要求托运人对需要办理审批、检验手续的货物运输，应将办完有关手续的文件提交承运人。《民用航空法》第 123 条，《海商法》第 67 条对此都作了规定。

(4)按要求包装货物的义务

托运人包装义务的规则如下：第一，合同中对包装方式有约定的，托运人有按照约定方式包装货物的义务。第二，合同中对包装方式没有约定或者约定不明确时，包装方式的确定标准依《合同法》第 156 条规定："……对包装方式没有约定或约定不明确，依照

① 《合同法》第 309 条："货物运输到达后，承运人知道收货人的，应当及时通知收货人，收货人应当及时提货。收货人逾期提货的，应当向承运人支付保管费等费用。"

本法第 61 条的规定仍不能确定的,应当按照通用的方式包装,没有通用方式的应当采取足以保护标的物的包装方式。"第三,托运人违反包装方式的,自行承担法律后果。即托运人违反约定的包装方式的,或者不按通用的包装方式或足以保护运输货物的包装方式而交付运输的,承运人有权拒绝运输。这种处置方法,既有利于托运人,使其免受因包装不当造成的货物损失,也有利于保护承运人的利益,防止因包装不当的货物损失引起的不必要的纠纷。

特别要明确的是,托运人托运危险物品①时必须依法履行义务,按照国家有关危险物品运输的规定对危险物品妥善包装,作出危险物标志和标签,并将有关危险物品的名称、性质和防范措施的书面材料提交承运人。否则,承运人可以拒绝运输,也可以采取相应措施以避免损失的发生,因此产生的费用由托运人承担。

3. 收货人的义务

(1)及时提货及支付逾期提货费用的义务

收货人在收到承运人的提货通知后,应当及时提货并向承运人出示提货凭证。收货人逾期提货的,应当向承运人支付保管费。

(2)支付托运人未付或者少付的运费以及其他费用

一般情况下,运费由托运人在发站向承运人支付,但如果合同约定由收货人在到站支付或者托运人未支付的,收货人应当支付。在运输中发生的其他费用,应由收货人支付的,收货人也必须支付。

但是,因不可抗力造成的货物灭失的运费负担,《合同法》作了特别规定。《合同法》第 314 条规定:"货物在运输过程中因不可抗力灭失,未收取运费的,承运人不得要求支付运费;已收取运费的,托运人可以要求返还。"这体现了在不可抗力等双方均无过错的情况下当事人对风险公平分担的原则。当然,对于运输的货物部分损坏、灭失的,托运人应按货损比例支付相应运费。

① 《合同法》第 307 条明确规定了危险物品,即:易燃、易爆、有毒、有腐蚀性、有放射性等危险的物品。

(3)在一定期限内检验货物的义务

货物运达目的地后，承运人的交付和收货人的验收，是履行合同的重要环节。承运人向收货人交付货物时，需进行相应的交接验收，收货人的验收完毕对承运人和收货人及托运人的责任区分有重要意义，故收货人负有对货物及时进行验收的义务。

《合同法》第 310 条规定："收货人提货时应当按照约定的期限检验货物。对检验货物的期限没有约定或者约定不明确，依照本法第 61 条的规定仍不能确定的，应当在合理期限内检验货物。收货人在约定的期限或者合理期限内对货物的数量、毁损等未提出异议的，视为承运人已经按照运输单证的记载交付的初步证据"。我国《民用航空法》的规定甚为合理、清晰，对承运人和收货人及托运人的责任区分有实践意义。根据该法第 120 条①第 1 款、第 119 条第 4 款②规定：收货人于货物到达目的地点，并在缴付应付款项和履行航空货运单上所列运输条件后，有权要求承运人移交航空货运单并交付货物。收货人的权利依此规定开始后，托运人的权利即告终止。但是，收货人拒绝接受航空货运单或者货物，或者承运人无法同收货人联系的，托运人恢复其对货物的处置权。

4. 承运人对货损的赔偿责任及免责事由

根据《合同法》311 条的规定，承运人应当对自接受货物时起至交付货物时止所发生的货物的毁损、灭失承担损害赔偿责任。显然，法律规定承运人对货损承担无过错责任，并不以承运人有过

---

① 《民用航空法》第 120 条："除本法第一百一十九条所列情形外，收货人于货物到达目的地点，并在缴付应付款项和履行航空货运单上所列运输条件后，有权要求承运人移交航空货运单并交付货物。除另有约定外，承运人应当在货物到达后立即通知收货人。承运人承认货物已经遗失，或者货物在应当到达之日起七日后仍未到达的，收货人有权向承运人行使航空货物运输合同所赋予的权利。"

② 《民用航空法》第 119 条第 4 款："收货人的权利依照本法第一百二十条规定开始时，托运人的权利即告终止；但是，收货人拒绝接受航空货运单或者货物，或者承运人无法同收货人联系的，托运人恢复其对货物的处置权。"

错为承担责任的条件。但法律规定了承运人免责的情况:不可抗力;货物本身的自然性质或者合理损耗;托运人、收货人的过错。司法实践中,承运人要免除赔偿责任的,应当由承运人负举证责任。如果承运人自己不能证明货物有不可抗力、货物本身的自然性质或者合理损耗以及托运人、收货人的过错的情形存在,就要承担损害赔偿责任。

《合同法》第 312 条对货损赔偿数额的确定作了具体规定,货物的毁损、灭失的赔偿额,当事人有约定的,按照其约定;当事人没有约定或者约定不明确的,依照本法第 61 条[①]的规定进行确定,可以协议补充;不能达成补充协议的,按照合同有关条款或者交易习惯确定;仍不能确定的,按照交付或者应当交付时货物到达地的市场价格计算;法律、行政法规对赔偿额的计算方法和赔偿限额另有规定的,依照其规定。在货物运输合同中,由于运输工具和托运人对具体运输方式不同的选择,当事人对运输过程中货物毁损、灭失风险的承担存在差异,因此,一些法律、行政法规针对具体的运输方式中的赔偿额,往往确定了特殊的计算方法和赔偿限额,在这些领域即应依照法律、法规的规定处理。如:《民用航空法》第 128 条规定,民用航空运输承运人的赔偿责任限额由国务院民用航空主管部门制定,报国务院批准后公布执行。《铁路法》第 17 条也有限额赔偿的规定。但如果承运方故意或重大过失造成货损,如:监守自盗、侵占货物、野蛮装卸等,应排除限额赔偿的适用,进行全额赔偿。

四、实例分析

运输合同的履行中,不同运输行业特点各异。《合同法》、《民用航空法》、《海商法》、《铁路法》等对不同行业的旅客、货物运输合同的履行、法律责任等作了规定。以铁路运输合同问题的处理为

① 《合同法》第 61 条:"合同生效后,当事人就质量、价款或者报酬、履行地点等内容没有约定或者约定不明确的,可以协议补充;不能达成补充协议的,按照合同有关条款或者交易习惯确定。"

例，在法律适用上，《铁路法》作为特别法优先于《合同法》被适用。在具体纠纷的处理细节上，往往还涉及到司法解释、行政法规和规章，需要根据实际情况做细致的分析、探讨。

【实例 7】某年 7 月 18 日下午，旅客丁某携带自制雷管一箱，混过某铁路部门的检查，进入候车室内。检票时，人群拥挤，丁某提着装着雷管的箱子，随着人群登上了开往 B 市的列车。丁某找到座位后，把该箱置于座位下面。在火车驶往 B 市的途中，因为多为山路，火车在行进中很颠簸，震动使箱内雷管发生爆炸。丁某自己被炸伤，同时炸伤周围乘客 3 人，炸死 1 人，并炸坏列车设备。事后，被炸伤的 3 位旅客及被炸死的旅客的家属要求某铁路局作出赔偿。某铁路局认为这起爆炸事故是丁某的行为所造成，铁路局没有责任，因而拒绝赔偿。于是，被炸伤的 3 位旅客及被炸死的旅客的家属向法院起诉，要求判令某铁路局承担赔偿责任。

【问题】铁路局是否应该承担责任？

【分析】雷管属于易燃易爆的危险品，根据法律规定严禁旅客随身携带。丁某明知雷管属于法律禁止携带的危险品，却混过铁路安全检查携带雷管乘车，违反了《合同法》第 297 条[①]规定，由此丁某所受的伤害，责任自负。对其他旅客造成损害，丁某应当承担赔偿责任。对此，无论是理论和实践中都容易认定，不存在分歧。

本案中值得探讨的问题是，承运人即铁路局是否对于其他旅客由此所受的损害承担赔偿责任？对此，有观点认为，因为旅客丁某携带自制雷管坐车，发生雷管爆炸事件，旅客丁某对此事有重大的过失，应依法承担责任。而某铁路局对这次爆炸事故没有过错，不应承担损害赔偿责任。故原告向被告的索赔请求不能成立，原

---

① 《合同法》第 297 条："旅客不得随身携带或者在行李中夹带易燃、易爆、有毒、有腐蚀性、有放射性以及有可能危及运输工具上人身和财产安全的危险物品或者其他违禁物品。旅客违反前款规定的，承运人可以将违禁物品卸下、销毁或者送交有关部门。旅客坚持携带或者夹带违禁物品的，承运人应当拒绝运输。"

告应向丁某要求承担损害赔偿责任。此观点值得商榷。

从合同的角度看，除丁某之外其他受伤害的旅客及其亲属，完全可以基于旅客运输合同，将承运人作为被告并要求其先行承担赔偿责任，铁路局承担赔偿责任后，可以向丁某追偿。理由是：依照《铁路法》第 10 条和第 58 条的规定，铁路运输企业应保证旅客和货物运输的安全，因铁路行车事故及其他铁路运营事故造成人身伤亡的，铁路运输企业应当承担赔偿责任，只有不可抗力和旅客自身原因造成的伤亡，铁路运输部门不承担赔偿责任。根据最高人民法院《关于审理铁路运输损害赔偿案件若干问题的解释》第 14 项中关于"第三者责任造成旅客伤亡的赔偿"的规定，在铁路旅客运送期间，因第三者责任造成旅客伤亡，原告向法院要求铁路运输企业先予赔偿的，应予支持。铁路运输企业先予赔付后，有权向有责任的第三者追偿。

依上述规定，分析本案，首先，旅客与铁路局之间存在运输合同关系，保证运输过程中旅客的人身和财产安全是承运人的义务。《合同法》第 290 条规定："承运人应当在约定期间或者合理期间内将旅客、货物安全运输到约定地点。"铁路局未尽到其对旅客的安全保障义务，应当对旅客在运输过程中所受的伤害承担责任。其次，承运人对旅客的人身伤亡承担无过错责任。《合同法》第 302 条规定："承运人应当对运输过程中旅客的伤亡承担损害赔偿责任，但伤亡是旅客自身健康原因造成的或者承运人证明伤亡是旅客故意、重大过失造成的除外。"本条规定的承运人的责任为无过错责任，除有法律规定的免责情形外，承运人无论对旅客的伤亡是否有过错都要承担损害赔偿责任。前述观点认为铁路局对爆炸事故没有过错，不承担赔偿责任，是将承运人的责任理解为过错责任，这与《合同法》的规定显然不相符。第三，因第三人原因造成承运人违约，承运人承担违约责任后，获得对第三人的追偿权（《合同法》第 121 条[①]）。

① 《合同法》第 121 条："当事人一方因第三人的原因造成违约的，应当向对方承担违约责任。当事人一方和第三人之间的纠纷，依照法律规定或者按照约定解决。"

本案中，其他旅客所受伤害，虽然是丁某的行为造成的，但是其他旅客与承运人铁路局是客运合同关系，承运人未尽到安全保障义务，构成违约。尽管该违约是由第三人丁某造成的，但是按照法律规定及合同的相对性原理，承运人应当向其他受到伤害的旅客先行承担责任。承运人在向其他旅客承担了损害赔偿责任之后，可以向丁某追偿。

需要指出的是，以我国现行的法律规定，合同责任的承担不涉及精神损害的赔偿。

从侵权责任的角度分析，2009 年 12 月 26 日通过，于 2010 年 7 月 1 日实施的《侵权责任法》对第三人侵权，做了补充责任的规定。其中第 37 条第二款规定："因第三人的行为造成他人损害的，由第三人承担侵权责任；管理人或者组织者未尽到安全保障义务的，承担相应的补充责任。""法释[2010]5 号"第 13 条也明确规定："铁路旅客运送期间因第三人侵权造成旅客人身损害的，由实施侵权行为的第三人承担赔偿责任。铁路运输企业有过错的，应当在能够防止或者制止损害的范围内承担相应的补充赔偿责任。铁路运输企业承担赔偿责任后，有权向第三人追偿。"上述规定充实了旅客因第三者原因造成伤害的责任承担内容。需要说明的是，客运合同履行中，第三人侵权致旅客伤亡时，承运人与实施侵害的第三人没有侵权的共同故意，不构成共同侵权，应由第三人承担侵权损害赔偿责任。承运人作为安全保障义务人，已经尽到安全保障义务的，不承担责任，未尽到安全保障义务的，承担相应的补充责任。"相应"应当理解为与承运人过错相应，承运人应当在过错范围内承担补充责任，而不是全部损害赔偿责任。承运人承担责任后，获得对第三人的追偿权。

司法实践中，受害方在违约责任和侵权责任之间，可以择一向承运人主张。

【实例 8】某年 10 月 20 日，甲登上北京到某市的列车，把随身携带的一个箱子放在座位上方的行李架上。次日早上 6 点左右，甲去洗漱，待洗漱完毕回到座位，发现自己的箱子掉到地板上已摔坏。甲询问周围的人，得知有一旅客为拿行李，把甲的箱子移到了行李架的边上，没有复位，就下了火车。火车开动时车厢摇摆，箱子掉了下来。甲了解情况后，找到列车长，告知箱子损坏的情况。列车长陪着甲寻找移动箱子的旅客未果。甲要求列车长处理此事，赔偿自己所受损失。列车长称：箱子是甲自带的行李，自己应尽到看管的责任，对行李的损失承运人不承担责任。甲不服，到站后向法院起诉，要求铁路局赔偿其箱子损失 2 万元。

此案在处理上有两种意见：一种支持车长的观点，认为承运人无责任。另一种支持甲的主张，认为甲与承运人之间存在合法有效的运输合同，承运方应该全面履行其及时、安全送达旅客、货物至约定地点的义务。在运输过程中旅客自带行李丢失，属于承运人没有尽到安全保障义务，应当承担责任。

【问题】旅客自带行李毁损、灭失，如何确定责任？

【分析】上述第二种观点实际上没有区分法律对承运人安全保障义务的不同要求。根据法律规定，旅客自带行李毁损、灭失，承运方承担过错责任。从《合同法》第 303 条的规定看，对于旅客随身携带的行李和托运行李，承运人的安全保障义务要求是不同的：对于托运的行李，承运人有更加严格的安全保障义务，因此适用无过错责任原则；而对于旅客自带行李毁坏、灭失，承运人只有在有过错的情况下，才承担赔偿责任。这主要是因为旅客随身携带的物品，一般直接处于旅客本人的照顾和监管之下，并没有交给承运人保管，因此，旅客本身对其物品有妥善照顾的义务，如果因其自身保管照顾不当，造成损坏或丢失，旅客应当自己承担损失，承运人不负赔偿责任。在本案中，除非旅客证明承运人对于其行李的丢失有过错，否则承运人不承担赔偿责任。

【实例 9】　某年 9 月 28 日，某公司将保价额为 20 万元（实际价值 180 万元）的 3 413 件中成药在 A 站办理了货物整车保价运输。当日，货物装载完毕，A 站将该车车门用施封锁 2 枚予以施封并发运。同年 10 月 6 日该车到达目的站时车门原施封锁已失封(中途车站补封 2 枚)。次日,目的站会同铁路公安人员及托运人某公司,收货人某金属材料总公司储运经营部对该批货卸车验货时,发现整车中成药只有 3 221 件零 22 瓶,短少 191 件零 2 瓶。某公司要求承运人按照丢失货物的实际价值 96 764.3 元予以赔偿,目的地铁路局经审核某公司赔偿要求书后,按照托运人所填保价单记载的全批货物价值 20 万元折算,向某公司支付了赔偿金 11 192.5 元。某公司不服,向铁路运输法院起诉,要求判令承运人再赔偿 85 571.83 元。

一审判决:承运人赔偿 11192.50 元。原告不服,上诉。

【问题】对于不足额保价的货物,一旦出现货损,如何进行赔偿?

运输合同当事人双方就案件认定的事实和证据没有异议,但对法律适用及所适用法律的理解上产生了分歧。讨论中出现三种观点:一是,全额赔偿货主的实际损失。二是,由于托运人不足额保价,故按比例赔偿,维持原判。三是,因双方对保价合同的标的意思表示不一致,该保价合同没有成立,应当按一般货物实行限额赔偿。

托运人赞成第一种观点。最高人民法院《关于审理铁路运输损害赔偿案件若干问题的解释》(法发[1994]25 号)第 3 条第 1 款①的规定,是专门就货物在保价不足时所作出的处理规定,也即说明:当货物的保价额在低于(或高于)整批货物的实际价值的情况下,承运人都必须在声明的保价额范围以内赔偿货物损失部分

① 《关于审理铁路运输损害赔偿案件若干问题的解释》(法发[1994]25 号)第 3 条第 1 款:铁路法第十七条第一款(一)项中规定的“按照实际损失赔偿,但最高不超过保价额。”是指保价运输的货物、包裹、行李在运输中发生损失,无论托运人在办理保价运输时,保价额是否与货物、包裹、行李的实际价值相符,均应在保价额内按照损失部分的实际价值赔偿,实际损失超过保价额的部分不予赔偿。

的实际价值，该实际价值也就是《铁路法》第 17 条[①]中的“实际损失”。本案保价额为 20 万元，损失部分货物的实际价值为 96764.33 元，该损失额并未超过 20 万元保价额。因此，承运人应按实际损失赔偿。原审法院应根据最高人民法院《关于审理铁路运输损害赔偿案件若干问题的解释》(法发[1994]25 号)第 3 条第 1 款的规定，判定承运方赔偿全部损失，其根据《铁路货物保价运输办法》第 10 条[②]按比例判赔是错误的。

承运人认为应按第三种观点判决。托运人某公司违背诚实信用原则，未如实申报货物的实际价值，造成双方对保价合同标的认识不一致。保价合同无效。最高人民法院《关于审理铁路运输损害赔偿案件若干问题的解释》第 3 条第 1 款的规定与国务院铁路主管部门的规章不相冲突。

【分析】本案如何判决，关键在于对最高人民法院的司法解释与国务院铁路主管部门的规章的规定的理解。“按照实际损失赔偿，但最高不超过保价额”是指保价运输的货物、包裹、行李在运输中发生损失，无论托运人在办理保价运输时，保价额是否与货物、包裹、行李的实际价值相符，赔偿实际损失的数额最高不应超过保价额，即实际损失超过保价额的部分不予赔偿。

---

① 《合同法》第 17 条：“铁路运输企业应当对承运的货物、包裹、行李自接受承运时起到交付时止发生的灭失、短少、变质、污染或者损坏，承担赔偿责任：(一)托运人或者旅客根据自愿申请办理保价运输的，按照实际损失赔偿，但最高不超过保价额。(二)未按保价运输承运的，按照实际损失赔偿，但最高不超过国务院铁路主管部门规定的赔偿限额；如果损失是由于铁路运输企业的故意或者重大过失造成的，不适用赔偿限额的规定，按照实际损失赔偿。托运人或者旅客根据自愿可以向保险公司办理货物运输保险，保险公司按照保险合同的约定承担赔偿责任。托运人或者旅客根据自愿，可以办理保价运输，也可以办理货物运输保险；还可以既不办理保价运输，也不办理货物运输保险。不得以任何方式强迫办理保价运输或者货物运输保险。”

② 《铁路货物保价运输办法》第 10 条：“保价运输的货物发生损失时的赔偿额，按照实际损失赔偿。全批货物损失时，最高不超过保价金额；一部分损失时，则按损失货物占全批货物的比例乘以保价金额赔偿。”

货物运单是承运人与托运人之间，为运输货物而签订的运输合同。托运人对其在运单和物品清单内所填记事项的真实性，应负完全责任。基于诚信原则，托运人在“货物价格”一栏中，应如实填写货物的实际价格。实际操作中，该实际价格是作为确定货物保价运输保价金额或货物保险运输保险金额的依据。如实声明货物的真实价格是托运人的义务，托运人未尽此义务应承担相应的责任。

针对实践中托运人不足额保价的问题，根据《合同法》、《铁路法》的原则，《铁路货物保价运输办法》第 10 条已经做出了明确规定：首先，确定保价运输的货物发生损失时的赔偿额，按照实际损失赔偿。如：托运人就托运的 10 万元货物保价，运输中造成 8 万元货损，则承运人按实际货损 8 万元赔偿。第二，如果全批货物损失时，赔偿最高不超过保价金额。如：托运人按 10 万元（购买价）就托运的货物保价，运输中全部损失，按当时、当地市价货物价值为 12 万元，承运人应按 10 万元赔偿，而不是按当时、当地价 12 万元赔偿。第三，保价的一部分货物损失时，则按损失货物占全批货物的比例乘以保价金额赔偿。如：实际货物 20 万元，而托运人按 10 万元保价，运输中货物损失一半，则承运人赔偿 5 万元（10 万元×1/2）。

本案法院判决是合法、合理的。同为不足额保价情况，下列案件的处理结果值得商榷：

【实例 10】某年 9 月 11 日，托运人李某从 A 地向 B 地某贸易公司发运山地车，票面记载 600 件，货物实际价值 30 万元，托运人保价 6 万元。同年 10 月 3 日，该车到达 B 地某火车站卸车时，经清点实卸山地车 400 件，比票面记载短少 200 件，价值 10 万元。为此，某贸易公司以 B 地某火车站为被告向法院起诉，要求被告 B 地某火车站赔偿经济损失 10 万元。

被告火车站辩称，不足额保价责任在托运人，托运人要承担由此而产生的法律后果。根据铁道部发布施行的《铁路货物保价运输办法》第 10 条的规定，该批货物托运人只保价 6 万元，因此按比例只能赔偿 1.9 万元。

法院经审理认为，被告在履行运输合同过程中，遗失原告货物，使货物在运输途中破封，承运人应对货物短少承担赔偿责任。但由于该批货物为保价运输的货物，如实声明货物的真实价格是托运人的义务，而原告在办理运输时，未按照货物的实际价值办理保价运输，托运人未尽此义务应承担相应的责任。保价运输承运的货物在运输中发生损失，无论托运人在办理保价运输时，保价额是否与货物的实际价值相符，均应在保价额内按照损失部分的实际价值赔偿，实际损失超过保价额的部分不予赔偿。因此，承运人应当在保价额内承担赔偿责任，其损失中超过保价额的部分应由托运人自行负担。最终，法院判决被告 B 地某火车站赔偿原告李某经济损失 6 万元。

【分析】本书认为：法院的判决结果值得商榷。正如审理法院分析所言，办理保价运输时，如实声明货物的真实价格是托运人的义务，托运人未尽此义务就应当承担相应的后果与责任。而本案托运人未按照货物的实际价值办理保价运输，应该承担不能获得全部实际货损赔偿的不利后果。问题在于，如何确定托运人承担此不利后果的程度？是应该依据铁道部发布施行的《铁路货物保价运输办法》第 10 条规定，按保价额比例获赔 2 万元（货损占全部货物的 1/3）？还是按保价全额获赔 6 万元？实践中易产生分歧。本书在前一实例中已经阐述了观点。

铁路货运中发生货损实行限额赔偿是世界各国通例。因为铁路运输有低成本、低利润、高风险的特点，其运费基本按重量计算，有些物品自身价值很高，但重量轻，因此收取的运费很低，一旦发生货损，如按实际损失赔偿，承运人的损失过大。各国考虑到铁路承运人的情况及其在经济发展中的不可或缺的作用，也为了对铁路经营者给予适当保护，便普遍采取限额赔偿的做法。但实践中限额赔偿又难以满足托运人对货物损失的赔偿要求。为了在铁路承运人与托运人及收货人权益之间寻求一种均衡，针对《铁路法》限额赔偿的规定，我国铁路货运实践中又作出了关于保价运输的规定，作为其补充，从规范和操作环节上为托运人的合法权益提供保障。对托运的货物进行保价运输，托运人只要支付少量的保价费，在运输途中一旦发生货损，即可得到全额赔偿。但托运人也应履行相应义务，即：托运人应当如实声明货物的真实价格，按照货物的实际价值办理保价运输，否则应承担对其不利的后果。

实践中的情况是：在铁路货物运输中，造成全部货损的情况较少发生，由于运输途中情况复杂，有时托运人的货物会部分损失、污染，但此种情况往往仅占承运人所运货物的较小比例。一些托运人对保价运输缺乏正确认识，采取不足额保价的做法，认为小量货损一般不会超过其保价额，一旦出现上述情况的货损，也会在保价额内获得全额赔偿，即：付出小代价以获得利益最大化。如果托运人在不足额保价的情况下却要求承运人对货损足额赔偿，不仅与保价运输设定目的相悖，而且对承运人有失公平。长此以往会助长托运人不按照货物的实际价值办理保价运输的不诚信之风。因此，对不足额保价的托运人，承运人应承担与其保价额度相应的赔偿责任，而“相应”应为相应比例。

【实例 11】甲向天兴石材厂购买价值 11 万元的花岗岩，当即付款 5 万元，余款约定 1 周内付清。订约当日，甲会同石材厂厂长李某等将货物送到火车站，并由李某与车站货代公司办理了委托托运手续。货代公司以自己为托运人，以甲为收货人填写了铁路运单，将货物装入 4 只 10 吨集装箱并施封。办理完毕后，货代公司将领货凭证交给甲。之后，石材厂担心甲提货后不及时支付货款，便请货代公司暂缓发货。一周过后，果真不见甲汇款，石材厂便去电报催促，限甲 10 天内将货款汇来，否则将取消托运。但 10 天过后，仍不见汇款，石材厂即向货代公司提出取消货物托运的申请，货代公司遂向承运人取消了托运。甲因持领货凭证提货无着，即向到站车站查询，方知发站已经取消托运。甲向到站索赔未果，遂持领货凭证起诉至法院，要求发站铁路局依取货凭证交付货物或赔偿其已支付货款 5 万元的损失。

【问题】 1. 在未经收货人同意的情况下，货代公司是否有权取消托运？应该如何操作？

2. 取货凭证的性质如何？是否为物权凭证？原告的赔偿请求是否应得到支持？

【分析】上述货运合同是货代公司以自己为托运人与铁路运输企业签订的，从合同的角度看，作为货运合同的一方当事人，货代公司有权与承运人协商取消托运。但在细化操作上，货代公司与承运人达成取消托运合意后，承运人应当收回已经发出的取货凭证。

需要说明的是，取货凭证与提单、仓单的法律性质不同，不是物权凭证，更多的含义是收货人身份的一种证明。基于铁路货物运输的特点，有时货物已经运抵目的地，为提高货位利用效率，承运人会及时通知收货人取货。但此时收货人可能还未收到托运人传递的取货凭证。实践中，收货人照样可以持自己（或单位）的身份证明，以证明自己即是货运合同上所载收货人，到货物抵达站提供相应的担保后领取货物。而作为物权凭证的提单、仓单的操作是“认单不认人”，只要持有单据，即说明持单人是单上所载物的物权人，理论上不需要提供单外的其他证明文件即可得到单上所载物。反之，没有单据，出具身份证明及担保文件也无法拿到货物。

该实例还涉及到运输合同的变更问题。托运人或取货凭证持有人（经常是收货人，收货人虽不是订立合同的当事人，但却是合同的利害关系人）可以请求货物运输合同中如下具体内容的变更或解除：(1)要求承运人变更到达地；(2)要求承运人将货物交给其他收货人。即变更收货人；(3)要求解除合同，由承运人中止运输、返还货物。

实际操作中需要注意的是，托运人并非可随时要求变更或解除运输合同，其请求变更或解除货物运输合同的时间应是在承运人将货物交付收货人之前。如果承运人已将货物交付收货人，则货物运输合同已经履行完毕，失去了变更和解除的必要和可能。

由于托运人要求变更或解除货物运输合同的情形,是因托运人或收货人的原因所致,并非承运人的过错引起的。而这种变更和解除,一般都会给承运人增加额外负担,加重了承运人的义务,因此,对承运人因变更和解除合同所遭受的损失,托运人负有赔偿责任。

由此可见,上述实例中的收货人甲要求铁路局交付货物的请求不能得到法院的支持,也不能得到承运铁路局5万元货款的赔偿。基于《合同法》第308条①的规定,本案中托运人货代公司与承运人协商变更货运合同并无违法之处,但由于违反了承运人内部的工作程序,未及时收回取货凭证,因此,承运人应承担相应的责任,可以给予收货人适当补偿。至于收货人甲付出的5万元货款,属于甲与天兴石材厂买卖合同关系中解决的问题,与承运人铁路局及本案皆无关,故本案不涉及。

【实例12】某年2月11日,某造纸厂从某铁路局A站发运一批52克凸版印刷卷筒纸。因该批货物包装不符合铁路运输规定,A站与造纸厂签订了《货物运输包装临时协议书》。协议书约定:因货物包装不符合规定,不能保证货物运输安全。但由于托运人一时难以解决包装材料,使之符合规定,因此经双方商定承运人同意以原包装发运。但在运输过程中因货物包装原因所发生的货物损坏、丢失、变质、撒漏、污染等货物损失时,由托运人承担全部责任。之后,双方签订了铁路货物运输合同。合同规定:发站A地,到站B地,托运人某造纸厂,收货人某外贸包装公司,货物品名凸版纸,数量140件,重60吨。托运人同时办理了保价运输,保价金额30万元,铁路运杂费4906.83元。2月15日,货物运抵B站。在卸车时,B站发现其中113件货物不同部位有损坏,当即编制货运记录,B站将货物存放车站仓库,同时向A站拍发了货运事故

① 《合同法》第308条:"在承运人将货物交付收货人之前,托运人可以要求承运人中止运输、返还货物、变更到达地或者将货物交给其他收货人,但应当赔偿承运人因此受到的损失。"

速报，请 A 站速查装车情况并附处理意见。B 站因货场货位紧张，与某外贸包装公司办理完毕货物交付手续后，将该批货物移至某外贸包装公司货位存放待鉴定。由于 B 站与收货人某外贸包装公司未达成赔偿协议，故外贸包装公司诉至法院，请求判令铁路局赔偿其损失。

【问题】《货物运输包装临时协议书》在铁路货物运输合同中的效力如何？铁路局是否应当承担赔偿责任？

【分析】从实例中看出，《货物运输包装临时协议书》虽然是托运人和承运人双方意思表示一致的结果，但保障所运货物的安全是承运人的法定义务①，法定义务不能以约定的方式免除，因此承运人与托运人“不能保证货物运输安全”的约定应当是无效的。

对运抵目的地时货物的毁损，承运人应当依法承担责任。在铁路货运合同中，托运人和收货人也有法定的合同义务，如托运人对托运的货物应当采取足以保护货物的包装方式进行包装②的义务等，如果由于托运人、收货人不履行或者正确、全面履行义务，应由其承担相应责任。实例中，货损是由托运人的不妥善包装造成的，应当责任自负。当然，如果其中承运人也有未尽到法定义务的情形，则也应承担相应的责任。再如果 A 站对货损有重大过失的话，则应当排除其适用限额赔偿，根据法律规定对货主的货损进行全额赔偿③。

---

① 《合同法》第 290 条：“承运人应当在约定期间或者合理期间内将旅客、货物安全运输到约定地点。”

② 《合同法》第 306 条：“托运人应当按照约定的方式包装货物。对包装方式没有约定或者约定不明确的，适用本法第一百五十六条的规定。”《合同法》第 156 条：“出卖人应当按照约定的包装方式交付标的物。对包装方式没有约定或者约定不明确，依照本法第六十一条的规定仍不能确定的，应当按照通用的方式包装，没有通用方式的，应当采取足以保护标的物的包装方式。”

③ 《铁路法》第 17 条：“……(二)未按保价运输承运的，按照实际损失赔偿，但最高不超过国务院铁路主管部门规定的赔偿限额；如果损失是由于铁路运输企业的故意或者重大过失造成的，不适用赔偿限额的规定，按照实际损失赔偿。……”

附录一

中华人民共和国合同法

1999 年 3 月 15 日第九届全国人民代表大会第二次会议通过，自 1999 年 10 月 1 日起施行。

第一章　一般规定

第一条　为了保护合同当事人的合法权益，维护社会经济秩序，促进社会主义现代化建设，制定本法。

第二条　本法所称合同是平等主体的自然人、法人、其他组织之间设立、变更、终止民事权利义务关系的协议。

婚姻、收养、监护等有关身份关系的协议，适用其他法律的规定。

第三条　合同当事人的法律地位平等，一方不得将自己的意志强加给另一方。

第四条　当事人依法享有自愿订立合同的权利，任何单位和个人不得非法干预。

第五条　当事人应当遵循公平原则确定各方的权利和义务。

第六条　当事人行使权利、履行义务应当遵循诚实信用原则。

第七条　当事人订立、履行合同，应当遵守法律、行政法规，尊重社会公德，不得扰乱社会经济秩序，损害社会公共利益。

第八条　依法成立的合同，对当事人具有法律约束力。当事人应当按照约定履行自己的义务，不得擅自变更或者解除合同。

依法成立的合同，受法律保护。

第二章　合同的订立

第九条　当事人订立合同，应当具有相应的民事权利能力和民事行为能力。当事人依法可以委托代理人订立合同。

第十条　当事人订立合同，有书面形式、口头形式和其他形式。

法律、行政法规规定采用书面形式的，应当采月书面形式。当事人约定采用书面形式的，应当采用书面形式。

第十一条　书面形式是指合同书、信件和数据电文（包括电报、电传、传真、电子数据交换和电子邮件）等可以有形地表现所载内容的形式。

第十二条　合同的内容由当事人约定，一般包括以下条款：

（一）当事人的名称或者姓名和住所；

（二）标的；

（三）数量；

（四）质量；

（五）价款或者报酬；

（六）履行期限、地点和方式；

（七）违约责任；

（八）解决争议的方法。

当事人可以参照各类合同的示范文本订立合同。

第十三条　当事人订立合同，采取要约、承诺方式。

第十四条　要约是希望和他人订立合同的意思表示，该意思表示应当符合下列规定：

（一）内容具体确定；

（二）表明经受要约人承诺，要约人即受该意思表示约束。

第十五条　要约邀请是希望他人向自己发出要约的意思表示。寄送的价目表、拍卖公告、招标公告、招股说明书、商业广告等为要约邀请。

商业广告的内容符合要约规定的，视为要约。

第十六条　要约到达受要约人时生效。

采用数据电文形式订立合同，收件人指定特定系统接收数据电文的，该数据电文进入该特定系统的时间，视为到达时间；未指定特定系统的，该数据电文进入收件人的任何系统的首次时间，视为到达时间。

第十七条　要约可以撤回。撤回要约的通知应当在要约到达受要约人之前或者与要约同时到达受要约人。

第十八条　要约可以撤销。撤销要约的通知应当在受要约人发出承诺通知之前到达受要约人。

第十九条　有下列情形之一的，要约不得撤销：

(一)要约人确定了承诺期限或者以其他形式明示要约不可撤销；

(二)受要约人有理由认为要约是不可撤销的，并已经为履行合同作了准备工作。

第二十条　有下列情形之一的，要约失效：

(一)拒绝要约的通知到达要约人；

(二)要约人依法撤销要约；

(三)承诺期限届满，受要约人未作出承诺；

(四)受要约人对要约的内容作出实质性变更。

第二十一条　承诺是受要约人同意要约的意思表示。

第二十二条　承诺应当以通知的方式作出，但根据交易习惯或者要约表明可以通过行为作出承诺的除外。

第二十三条　承诺应当在要约确定的期限内到达要约人。

要约没有确定承诺期限的，承诺应当依照下列规定到达：

(一)要约以对话方式作出的，应当即时作出承诺，但当事人另有约定的除外；

(二)要约以非对话方式作出的，承诺应当在合理期限内到达。

第二十四条　要约以信件或者电报作出的，承诺期限自信件载明的日期或者电报交发之日开始计算。信件未载明日期的，自投寄该信件的邮戳日期开始计算。要约以电话、传真等快速通讯方式作出的，承诺期限自要约到达受要约人时开始计算。

第二十五条　承诺生效时合同成立。

第二十六条　承诺通知到达要约人时生效。承诺不需要通知的，根据交易习惯或者要约的要求作出承诺的行为时生效。

采用数据电文形式订立合同的，承诺到达的时间适用本法第十六条第二款的规定。

第二十七条　承诺可以撤回。撤回承诺的通知应当在承诺通知到达要约人之前或者与承诺通知同时到达要约人。

第二十八条　受要约人超过承诺期限发出承诺的，除要约人及时通知受要约人该承诺有效的以外，为新要约。

第二十九条　受要约人在承诺期限内发出承诺，按照通常情形能够及时到达要约人，但因其他原因承诺到达要约人时超过承诺期限的，除要约人及时通知受要约人因承诺超过期限不接受该承诺的以外，该承诺有效。

第三十条　承诺的内容应当与要约的内容一致。受要约人对要约的内容作出实质性变更的，为新要约。有关合同标的、数量、质量、价款或者报酬、履行期限、履行地点和方式、违约责任和解决争议方法等的变更，是对要约内容的实质性变更。

第三十一条　承诺对要约的内容作出非实质性变更的，除要约人及时表示反对或者要约表明承诺不得对要约的内容作出任何变更的以外，该承诺有效，合同的内容以承诺的内容为准。

第三十二条　当事人采用合同书形式订立合同的，自双方当事人签字或者盖章时合同成立。

第三十三条　当事人采用信件、数据电文等形式订立合同的，可以在合同成立之前要求签订确认书。签订确认书时合同成立。

第三十四条　承诺生效的地点为合同成立的地点。

采用数据电文形式订立合同的，收件人的主营业地为合同成立的地点；没有主营业地的，其经常居住地为合同成立的地点。当事人另有约定的，按照其约定。

第三十五条　当事人采用合同书形式订立合同的，双方当事人签字或者盖章的地点为合同成立的地点。

第三十六条　法律、行政法规规定或者当事人约定采用书面形式订立合同，当事人未采用书面形式但一方已经履行主要义务，对方接受的，该合同成立。

第三十七条　采用合同书形式订立合同，在签字或者盖章之前，当事人一方已经履行主要义务，对方接受的，该合同成立。

第三十八条　国家根据需要下达指令性任务或者国家订货任务的，有关法人、其他组织之间应当依照有关法律、行政法规规定的权利和义务订立合同。

第三十九条　采用格式条款订立合同的，提供格式条款的一方应当遵循公平原则确定当事人之间的权利和义务，并采取合理的方式提请对方注意免除或者限制其责任的条款，按照对方的要求，对该条款予以说明。

格式条款是当事人为了重复使用而预先拟定，并在订立合同时未与对方协商的条款。

第四十条　格式条款具有本法第五十二条和第五十三条规定情形的，或者提供格式条款一方免除其责任、加重对方责任、排除对方主要权利的，该条款无效。

第四十一条　对格式条款的理解发生争议的，应当按照通常理解予以解释。对格式条款有两种以上解释的，应当作出不利于提供格式条款一方的解释。格式条款和非格式条款不一致的，应当采用非格式条款。

第四十二条　当事人在订立合同过程中有下列情形之一，给对方造成损失的，应当承担损害赔偿责任：

（一）假借订立合同，恶意进行磋商；

（二）故意隐瞒与订立合同有关的重要事实或者提供虚假情

况；

（三）有其他违背诚实信用原则的行为。

第四十三条　当事人在订立合同过程中知悉的商业秘密，无论合同是否成立，不得泄露或者不正当地使用。泄露或者不正当地使用该商业秘密给对方造成损失的，应当承担损害赔偿责任。

第三章　合同的效力

第四十四条　依法成立的合同，自成立时生效。

法律、行政法规规定应当办理批准、登记等手续生效的，依照其规定。

第四十五条　当事人对合同的效力可以约定附条件。附生效条件的合同，自条件成就时生效。附解除条件的合同，自条件成就时失效。

当事人为自己的利益不正当地阻止条件成就的，视为条件已成就；不正当地促成条件成就的，视为条件不成就。

第四十六条　当事人对合同的效力可以约定附期限。附生效期限的合同，自期限届至时生效。附终止期限的合同，自期限届满时失效。

第四十七条　限制民事行为能力人订立的合同，经法定代理人追认后，该合同有效，但纯获利益的合同或者与其年龄、智力、精神健康状况相适应而订立的合同，不必经法定代理人追认。

相对人可以催告法定代理人在一个月内予以追认。法定代理人未作表示的，视为拒绝追认。合同被追认之前，善意相对人有撤销的权利。撤销应当以通知的方式作出。

第四十八条　行为人没有代理权、超越代理权或者代理权终止后以被代理人名义订立的合同，未经被代理人追认，对被代理人不发生效力，由行为人承担责任。

相对人可以催告被代理人在一个月内予以追认。被代理人未作表示的，视为拒绝追认。合同被追认之前，善意相对人有撤销的权利。撤销应当以通知的方式作出。

第四十九条　行为人没有代理权、超越代理权或者代理权终止后以被代理人名义订立合同，相对人有理由相信行为人有代理权的，该代理行为有效。

第五十条　法人或者其他组织的法定代表人、负责人超越权限订立的合同，除相对人知道或者应当知道其超越权限的以外，该代表行为有效。

第五十一条　无处分权的人处分他人财产，经权利人追认或者无处分权的人订立合同后取得处分权的，该合同有效。

第五十二条　有下列情形之一的，合同无效：

（一）一方以欺诈、胁迫的手段订立合同，损害国家利益；

（二）恶意串通，损害国家、集体或者第三人利益；

（三）以合法形式掩盖非法目的；

（四）损害社会公共利益；

（五）违反法律、行政法规的强制性规定。

第五十三条　合同中的下列免责条款无效：

（一）造成对方人身伤害的；

（二）因故意或者重大过失造成对方财产损失的。

第五十四条　下列合同，当事人一方有权请求人民法院或者仲裁机构变更或者撤销：

（一）因重大误解订立的；

（二）在订立合同时显失公平的。

一方以欺诈、胁迫的手段或者乘人之危，使对方在违背真实意思的情况下订立的合同，受损害方有权请求人民法院或者仲裁机构变更或者撤销。

当事人请求变更的，人民法院或者仲裁机构不得撤销。

第五十五条　有下列情形之一的，撤销权消灭：

（一）具有撤销权的当事人自知道或者应当知道撤销事由之日起一年内没有行使撤销权；

（二）具有撤销权的当事人知道撤销事由后明确表示或者以自己的行为放弃撤销权。

第五十六条　无效的合同或者被撤销的合同自始没有法律约束力。合同部分无效，不影响其他部分效力的，其他部分仍然有效。

第五十七条　合同无效、被撤销或者终止的，不影响合同中独立存在的有关解决争议方法的条款的效力。

第五十八条　合同无效或者被撤销后，因该合同取得的财产，应当予以返还；不能返还或者没有必要返还的，应当折价补偿。有过错的一方应当赔偿对方因此所受到的损失，双方都有过错的，应当各自承担相应的责任。

第五十九条　当事人恶意串通，损害国家、集体或者第三人利益的，因此取得的财产收归国家所有或者返还集体、第三人。

第四章　合同的履行

第六十条　当事人应当按照约定全面履行自己的义务。

当事人应当遵循诚实信用原则，根据合同的性质、目的和交易习惯履行通知、协助、保密等义务。

第六十一条　合同生效后，当事人就质量、价款或者报酬、履行地点等内容没有约定或者约定不明确的，可以协议补充；不能达成补充协议的，按照合同有关条款或者交易习惯确定。

第六十二条　当事人就有关合同内容约定不明确，依照本法第六十一条的规定仍不能确定的，适用下列规定：

（一）质量要求不明确的，按照国家标准、行业标准履行；没有国家标准、行业标准的，按照通常标准或者符合合同目的的特定标准履行。

（二）价款或者报酬不明确的，按照订立合同时履行地的市场价格履行；依法应当执行政府定价或者政府指导价的，按照规定履行。

（三）履行地点不明确，给付货币的，在接受货币一方所在地履行；交付不动产的，在不动产所在地履行；其他标的，在履行义务一方所在地履行。

（四）履行期限不明确的，债务人可以随时履行，债权人也可以随时要求履行，但应当给对方必要的准备时间。

（五）履行方式不明确的，按照有利于实现合同目的的方式履行。

（六）履行费用的负担不明确的，由履行义务一方负担。

第六十三条　执行政府定价或者政府指导价的，在合同约定的交付期限内政府价格调整时，按照交付时的价格计价。逾期交付标的物的，遇价格上涨时，按照原价格执行；价格下降时，按照新价格执行。逾期提取标的物或者逾期付款的，遇价格上涨时，按照新价格执行；价格下降时，按照原价格执行。

第六十四条　当事人约定由债务人向第三人履行债务的，债务人未向第三人履行债务或者履行债务不符合约定，应当向债权人承担违约责任。

第六十五条　当事人约定由第三人向债权人履行债务的，第三人不履行债务或者履行债务不符合约定，债务人应当向债权人承担违约责任。

第六十六条　当事人互负债务，没有先后履行顺序的，应当同时履行。一方在对方履行之前有权拒绝其履行要求。一方在对方履行债务不符合约定时，有权拒绝其相应的履行要求。

第六十七条　当事人互负债务，有先后履行顺序，先履行一方未履行的，后履行一方有权拒绝其履行要求。先履行一方履行债务不符合约定的，后履行一方有权拒绝其相应的履行要求。

第六十八条　应当先履行债务的当事人，有确切证据证明对方有下列情形之一的，可以中止履行：

（一）经营状况严重恶化；

（二）转移财产、抽逃资金，以逃避债务；

（三）丧失商业信誉；

（四）有丧失或者可能丧失履行债务能力的其他情形，当事人没有确切证据中止履行的，应当承担违约责任。

第六十九条　当事人依照本法第六十八条的规定中止履行的，应当及时通知对方。对方提供适当担保时，应当恢复履行。中止履行后，对方在合理期限内未恢复履行能力并且未提供适当担保的，中止履行的一方可以解除合同。

第七十条　债权人分立、合并或者变更住所没有通知债务人，致使履行债务发生困难的，债务人可以中止履行或者将标的物提存。

第七十一条　债权人可以拒绝债务人提前履行债务，但提前履行不损害债权人利益的除外。

债务人提前履行债务给债权人增加的费用，由债务人负担。

第七十二条　债权人可以拒绝债务人部分履行债务，但部分履行不损害债权人利益的除外。

债务人部分履行债务给债权人增加的费用，由债务人负担。

第七十三条　因债务人怠于行使其到期债权，对债权人造成损害的，债权人可以向人民法院请求以自己的名义代位行使债务人的债权，但该债权专属于债务人自身的除外。

代位权的行使范围以债权人的债权为限。债权人行使代位权的必要费用，由债务人负担。

第七十四条　因债务人放弃其到期债权或者无偿转让财产，对债权人造成损害的，债权人可以请求人民法院撤销债务人的行为。债务人以明显不合理的低价转让财产，对债权人造成损害，并且受让人知道该情形的，债权人也可以请求人民法院撤销债务人的行为。

撤销权的行使范围以债权人的债权为限。债权人行使撤销权的必要费用，由债务人负担。

第七十五条　撤销权自债权人知道或者应当知道撤销事由之

日起一年内行使。自债务人的行为发生之日起五年内没有行使撤销权的，该撤销权消灭。

第七十六条　合同生效后，当事人不得因姓名、名称的变更或者法定代表人、负责人、承办人的变动而不履行合同义务。

第五章　合同的变更和转让

第七十七条　当事人协商一致，可以变更合同。

法律、行政法规规定变更合同应当办理批准、登记等手续的，依照其规定。

第七十八条　当事人对合同变更的内容约定不明确的，推定为未变更。

第七十九条　债权人可以将合同的权利全部或者部分转让给第三人，但有下列情形之一的除外：

（一）根据合同性质不得转让；

（二）按照当事人约定不得转让；

（三）依照法律规定不得转让。

第八十条　债权人转让权利的，应当通知债务人。未经通知，该转让对债务人不发生效力。

债权人转让权利的通知不得撤销，但经受让人同意的除外。

第八十一条　债权人转让权利的，受让人取得与债权有关的从权利，但该从权利专属于债权人自身的除外。

第八十二条　债务人接到债权转让通知后，债务人对让与人的抗辩，可以向受让人主张。

第八十三条　债务人接到债权转让通知时，债务人对让与人享有债权，并且债务人的债权先于转让的债权到期或者同时到期的，债务人可以向受让人主张抵销。

第八十四条　债务人将合同的义务全部或者部分转移给第三人的，应当经债权人同意。

第八十五条　债务人转移义务的，新债务人可以主张原债务人对债权人的抗辩。

第八十六条 债务人转移义务的，新债务人应当承担与主债务有关的从债务，但该从债务专属于原债务人自身的除外。

第八十七条 法律、行政法规规定转让权利或者转移义务应当办理批准、登记等手续的，依照其规定。

第八十八条 当事人一方经对方同意，可以将自己在合同中的权利和义务一并转让给第三人。

第八十九条 权利和义务一并转让的，适用本法第七十九条、第八十一条至第八十三条、第八十五条至第八十七条的规定。

第九十条 当事人订立合同后合并的，由合并后的法人或者其他组织行使合同权利，履行合同义务。当事人订立合同后分立的，除债权人和债务人另有约定的以外，由分立的法人或者其他组织对合同的权利和义务享有连带债权，承担连带债务。

第六章 合同的权利义务终止

第九十一条 有下列情形之一的，合同的权利义务终止：

(一)债务已经按照约定履行；

(二)合同解除；

(三)债务相互抵销；

(四)债务人依法将标的物提存；

(五)债权人免除债务；

(六)债权债务同归于一人；

(七)法律规定或者当事人约定终止的其他情形。

第九十二条 合同的权利义务终止后，当事人应当遵循诚实信用原则，根据交易习惯履行通知、协助、保密等义务。

第九十三条 当事人协商一致，可以解除合同。

当事人可以约定一方解除合同的条件。解除合同的条件成立时，解除权人可以解除合同。

第九十四条 有下列情形之一的，当事人可以解除合同：

（一）因不可抗力致使不能实现合同目的；

（二）在履行期限届满之前，当事人一方明确表示或者以自己的行为表明不履行主要债务；

（三）当事人一方迟延履行主要债务，经催告后在合理期限内仍未履行；

（四）当事人一方迟延履行债务或者有其他违约行为致使不能实现合同目的；

（五）法律规定的其他情形。

第九十五条　法律规定或者当事人约定解除权行使期限，期限届满当事人不行使的，该权利消灭。

法律没有规定或者当事人没有约定解除权行使期限，经对方催告后在合理期限内不行使的，该权利消灭。

第九十六条　当事人一方依照本法第九十三条第二款、第九十四条的规定主张解除合同的，应当通知对方。合同自通知到达对方时解除。对方有异议的，可以请求人民法院或者仲裁机构确认解除合同的效力。

法律、行政法规规定解除合同应当办理批准、登记等手续的，依照其规定。

第九十七条　合同解除后，尚未履行的，终止履行；已经履行的，根据履行情况和合同性质，当事人可以要求恢复原状、采取其他补救措施，并有权要求赔偿损失。

第九十八条　合同的权利义务终止，不影响合同中结算和清理条款的效力。

第九十九条　当事人互负到期债务，该债务的标的物种类、品质相同的，任何一方可以将自己的债务与对方的债务抵销，但依照法律规定或者按照合同性质不得抵销的除外。

当事人主张抵销的，应当通知对方。通知自到达对方时生效。抵销不得附条件或者附期限。

第一百条　当事人互负债务，标的物种类、品质不相同的，经双方协商一致,也可以抵销。

第一百零一条 有下列情形之一,难以履行债务的,债务人可以将标的物提存:

(一)债权人无正当理由拒绝受领;

(二)债权人下落不明;

(三)债权人死亡未确定继承人或者丧失民事行为能力未确定监护人;

(四)法律规定的其他情形。

标的物不适于提存或者提存费用过高的,债务人依法可以拍卖或者变卖标的物,提存所得的价款。

第一百零二条 标的物提存后,除债权人下落不明的以外,债务人应当及时通知债权人或者债权人的继承人、监护人。

第一百零三条 标的物提存后,毁损、灭失的风险由债权人承担。提存期间,标的物的孳息归债权人所有。提存费用由债权人负担。

第一百零四条 债权人可以随时领取提存物,但债权人对债务人负有到期债务的,在债权人未履行债务或者提供担保之前,提存部门根据债务人的要求应当拒绝其领取提存物。

债权人领取提存物的权利,自提存之日起五年内不行使而消灭,提存物扣除提存费用后归国家所有。

第一百零五条 债权人免除债务人部分或者全部债务的,合同的权利义务部分或者全部终止。

第一百零六条 债权和债务同归于一人的,合同的权利义务终止,但涉及第三人利益的除外。

第七章 违约责任

第一百零七条 当事人一方不履行合同义务或者履行合同义务不符合约定的,应当承担继续履行、采取补救措施或者赔偿损失等违约责任。

第一百零八条　当事人一方明确表示或者以自己的行为表明不履行合同义务的，对方可以在履行期限届满之前要求其承担违约责任。

第一百零九条　当事人一方未支付价款或者报酬的，对方可以要求其支付价款或者报酬。

第一百一十条　当事人一方不履行非金钱债务或者履行非金钱债务不符合约定的，对方可以要求履行，但有下列情形之一的除外：

（一）法律上或者事实上不能履行；

（二）债务的标的不适于强制履行或者履行费用过高；

（三）债权人在合理期限内未要求履行。

第一百一十一条　质量不符合约定的，应当按照当事人的约定承担违约责任。对违约责任没有约定或者约定不明确，依照本法第六十一条的规定仍不能确定的，受损害方根据标的的性质以及损失的大小，可以合理选择要求对方承担修理、更换、重作、退货、减少价款或者报酬等违约责任。

第一百一十二条　当事人一方不履行合同义务或者履行合同义务不符合约定的，在履行义务或者采取补救措施后，对方还有其他损失的，应当赔偿损失。

第一百一十三条　当事人一方不履行合同义务或者履行合同义务不符合约定，给对方造成损失的，损失赔偿额应当相当于因违约所造成的损失，包括合同履行后可以获得的利益，但不得超过违反合同一方订立合同时预见到或者应当预见到的因违反合同可能造成的损失。

经营者对消费者提供商品或者服务有欺诈行为的，依照《中华人民共和国消费者权益保护法》的规定承担损害赔偿责任。

第一百一十四条　当事人可以约定一方违约时应当根据违约情况向对方支付一定数额的违约金，也可以约定因违约产生的损失赔偿额的计算方法。

约定的违约金低于造成的损失的，当事人可以请求人民法院或者仲裁机构予以增加；约定的违约金过分高于造成的损失的，当事人可以请求人民法院或者仲裁机构予以适当减少。

当事人就迟延履行约定违约金的，违约方支付违约金后，还应当履行债务。

第一百一十五条　当事人可以依照《中华人民共和国担保法》约定一方向对方给付定金作为债权的担保。债务人履行债务后，定金应当抵作价款或者收回。给付定金的一方不履行约定的债务的，无权要求返还定金；收受定金的一方不履行约定的债务的，应当双倍返还定金。

第一百一十六条　当事人既约定违约金，又约定定金的，一方违约时，对方可以选择适用违约金或者定金条款。

第一百一十七条　因不可抗力不能履行合同的，根据不可抗力的影响，部分或者全部免除责任，但法律另有规定的除外。当事人迟延履行后发生不可抗力的，不能免除责任。

本法所称不可抗力，是指不能预见、不能避免并不能克服的客观情况。

第一百一十八条　当事人一方因不可抗力不能履行合同的，应当及时通知对方，以减轻可能给对方造成的损失，并应当在合理期限内提供证明。

第一百一十九条　当事人一方违约后，对方应当采取适当措施防止损失的扩大；没有采取适当措施致使损失扩大的，不得就扩大的损失要求赔偿。

当事人因防止损失扩大而支出的合理费用，由违约方承担。

第一百二十条　当事人双方都违反合同的，应当各自承担相应的责任。

第一百二十一条　当事人一方因第三人的原因造成违约的，应当向对方承担违约责任。当事人一方和第三人之间的纠纷，依照法律规定或者按照约定解决。

第一百二十二条　因当事人一方的违约行为，侵害对方人身、财产权益的，受损害方有权选择依照本法要求其承担违约责任或者依照其他法律要求其承担侵权责任。

第八章　其他规定

第一百二十三条　其他法律对合同另有规定的，依照其规定。

第一百二十四条　本法分则或者其他法律没有明文规定的合同，适用本法总则的规定，并可以参照本法分则或者其他法律最相类似的规定。

第一百二十五条　当事人对合同条款的理解有争议的，应当按照合同所使用的词句、合同的有关条款、合同的目的、交易习惯以及诚实信用原则，确定该条款的真实意思。

合同文本采用两种以上文字订立并约定具有同等效力的，对各文本使用的词句推定具有相同含义。各文本使用的词句不一致的，应当根据合同的目的予以解释。

第一百二十六条　涉外合同的当事人可以选择处理合同争议所适用的法律，但法律另有规定的除外。涉外合同的当事人没有选择的，适用与合同有最密切联系的国家的法律。

在中华人民共和国境内履行的中外合资经营企业合同、中外合作经营企业合同、中外合作勘探开发自然资源合同，适用中华人民共和国法律。

第一百二十七条　工商行政管理部门和其他有关行政主管部门在各自的职权范围内，依照法律、行政法规的规定，对利用合同危害国家利益、社会公共利益的违法行为，负责监督处理；构成犯罪的，依法追究刑事责任。

第一百二十八条　当事人可以通过和解或者调解解决合同争议。

当事人不愿和解、调解或者和解、调解不成的，可以根据仲裁协议向仲裁机构申请仲裁。涉外合同的当事人可以根据仲裁协议向中国仲裁机构或者其他仲裁机构申请仲裁。当事人没有订立仲裁协议或者仲裁协议无效的，可以向人民法院起诉。当事人应当履行发生法律效力的判决、仲裁裁决、调解书；拒不履行的，对方可以请求人民法院执行。

第一百二十九条　因国际货物买卖合同和技术进出口合同争议提起诉讼或者申请仲裁的期限为四年，自当事人知道或者应当知道其权利受到侵害之日起计算。因其他合同争议提起诉讼或者申请仲裁的期限，依照有关法律的规定。

第九章　买卖合同

第一百三十条　买卖合同是出卖人转移标的物的所有权于买受人，买受人支付价款的合同。

第一百三十一条　买卖合同的内容除依照本法第十二条的规定以外，还可以包括包装方式、检验标准和方法、结算方式、合同使用的文字及其效力等条款。

第一百三十二条　出卖的标的物，应当属于出卖人所有或者出卖人有权处分。法律、行政法规禁止或者限制转让的标的物，依照其规定。

第一百三十三条　标的物的所有权自标的物交付时起转移，但法律另有规定或者当事人另有约定的除外。

第一百三十四条　当事人可以在买卖合同中约定买受人未履行支付价款或者其他义务的，标的物的所有权属于出卖人。

第一百三十五条　出卖人应当履行向买受人交付标的物或者交付提取标的物的单证，并转移标的物所有权的义务。

第一百三十六条　出卖人应当按照约定或者交易习惯向买受人交付提取标的物单证以外的有关单证和资料。

第一百三十七条　出卖具有知识产权的计算机软件等标的物的，除法律另有规定或者当事人另有约定的以外，该标的物的知识产权不属于买受人。

第一百三十八条　出卖人应当按照约定的期限交付标的物。约定交付期间的，出卖人可以在该交付期间内的任何时间交付。

第一百三十九条　当事人没有约定标的物的交付期限或者约定不明确的，适用本法第六十一条、第六十二条第四项的规定。

第一百四十条　标的物在订立合同之前已为买受人占有的，合同生效的时间为交付时间。

第一百四十一条　出卖人应当按照约定的地点交付标的物。

当事人没有约定交付地点或者约定不明确，依照本法第六十一条的规定仍不能确定的，适用下列规定：

（一）标的物需要运输的，出卖人应当将标的物交付给第一承运人以运交给买受人；

（二）标的物不需要运输，出卖人和买受人订立合同时知道标的物在某一地点的，出卖人应当在该地点交付标的物；不知道标的物在某一地点的，应当在出卖人订立合同时的营业地交付标的物。

第一百四十二条　标的物毁损、灭失的风险，在标的物交付之前由出卖人承担，交付之后由买受人承担，但法律另有规定或者当事人另有约定的除外。

第一百四十三条　因买受人的原因致使标的物不能按照约定的期限交付的，买受人应当自违反约定之日起承担标的物毁损、灭失的风险。

第一百四十四条　出卖人出卖交由承运人运输的在途标的物，除当事人另有约定的以外，毁损、灭失的风险自合同成立时起由买受人承担。

第一百四十五条　当事人没有约定交付地点或者约定不明确，依照本法第一百四十一条第二款第一项的规定标的物需要运输的，出卖人将标的物交付给第一承运人后，标的物毁损、灭失的风险由买受人承担。

第一百四十六条　出卖人按照约定或者依照本法第一百四十一条第二款第二项的规定将标的物置于交付地点，买受人违反约定没有收取的，标的物毁损、灭失的风险自违反约定之日起由买受人承担。

第一百四十七条　出卖人按照约定未交付有关标的物的单证和资料的，不影响标的物毁损、灭失风险的转移。

第一百四十八条　因标的物质量不符合质量要求，致使不能实现合同目的的，买受人可以拒绝接受标的物或者解除合同。买受人拒绝接受标的物或者解除合同的，标的物毁损、灭失的风险由出卖人承担。

第一百四十九条　标的物毁损、灭失的风险由买受人承担的，不影响因出卖人履行债务不符合约定，买受人要求其承担违约责任的权利。

第一百五十条　出卖人就交付的标的物，负有保证第三人不得向买受人主张任何权利的义务，但法律另有规定的除外。

第一百五十一条　买受人订立合同时知道或者应当知道第三人对买卖的标的物享有权利的，出卖人不承担本法第一百五十条规定的义务。

第一百五十二条　买受人有确切证据证明第三人可能就标的物主张权利的，可以中止支付相应的价款，但出卖人提供适当担保的除外。

第一百五十三条　出卖人应当按照约定的质量要求交付标的物。出卖人提供有关标的物质量说明的，交付的标的物应当符合该说明的质量要求。

第一百五十四条　当事人对标的物的质量要求没有约定或者约定不明确，依照本法第六十一条的规定仍不能确定的，适用本法第六十二条第一项的规定。

第一百五十五条　出卖人交付的标的物不符合质量要求的，买受人可以依照本法第一百一十一条的规定要求承担违约责任。

第一百五十六条　出卖人应当按照约定的包装方式交付标的物。对包装方式没有约定或者约定不明确，依照本法第六十一条的规定仍不能确定的，应当按照通用的方式包装，没有通用方式的，应当采取足以保护标的物的包装方式。

第一百五十七条　买受人收到标的物时应当在约定的检验期间内检验。没有约定检验期间的，应当及时检验。

第一百五十八条　当事人约定检验期间的，买受人应当在检验期间内将标的物的数量或者质量不符合约定的情形通知出卖人。买受人怠于通知的，视为标的物的数量或者质量符合约定。

当事人没有约定检验期间的，买受人应当在发现或者应当发现标的物的数量或者质量不符合约定的合理期间内通知出卖人。买受人在合理期间内未通知或者自标的物收到之日起两年内未通知出卖人的，视为标的物的数量或者质量符合约定，但对标的物有质量保证期的，适用质量保证期，不适用该两年的规定。

出卖人知道或者应当知道提供的标的物不符合约定的，买受人不受前两款规定的通知时间的限制。

第一百五十九条　买受人应当按照约定的数额支付价款。对价款没有约定或者约定不明确的，适用本法第六十一条、第六十二条第二项的规定。

第一百六十条　买受人应当按照约定的地点支付价款。对支付地点没有约定或者约定不明确，依照本法第六十一条的规定仍不能确定的，买受人应当在出卖人的营业地支付，但约定支付价款以交付标的物或者交付提取标的物单证为条件的，在交付标的物或者交付提取标的物单证的所在地支付。

第一百六十一条　买受人应当按照约定的时间支付价款。对支付时间没有约定或者约定不明确，依照本法第六十一条的规定仍不能确定的，买受人应当在收到标的物或者提取标的物单证的同时支付。

第一百六十二条　出卖人多交标的物的，买受人可以接收或者拒绝接收多交的部分。买受人接收多交部分的，按照合同的价格支付价款；买受人拒绝接收多交部分的，应当及时通知出卖人。

第一百六十三条　标的物在交付之前产生的孳息，归出卖人所有，交付之后产生的孳息，归买受人所有。

第一百六十四条　因标的物的主物不符合约定而解除合同的，解除合同的效力及于从物。因标的物的从物不符合约定被解除的，解除的效力不及于主物。

第一百六十五条　标的物为数物，其中一物不符合约定的，买受人可以就该物解除，但该物与他物分离使标的物的价值显受损害的，当事人可以就数物解除合同。

第一百六十六条　出卖人分批交付标的物的，出卖人对其中一批标的物不交付或者交付不符合约定，致使该批标的物不能实现合同目的的，买受人可以就该批标的物解除。

出卖人不交付其中一批标的物或者交付不符合约定，致使今后其他各批标的物的交付不能实现合同目的的，买受人可以就该批以及今后其他各批标的物解除。

买受人如果就其中一批标的物解除，该批标的物与其他各批标的物相互依存的，可以就已经交付和未交付的各批标的物解除。

第一百六十七条　分期付款的买受人未支付到期价款的金额达到全部价款的五分之一的，出卖人可以要求买受人支付全部价款或者解除合同。

出卖人解除合同的，可以向买受人要求支付该标的物的使用费。

第一百六十八条　凭样品买卖的当事人应当封存样品，并可以对样品质量予以说明。出卖人交付的标的物应当与样品及其说明的质量相同。

第一百六十九条　凭样品买卖的买受人不知道样品有隐蔽瑕疵的，即使交付的标的物与样品相同，出卖人交付的标的物的质量仍然应当符合同种物的通常标准。

第一百七十条　试用买卖的当事人可以约定标的物的试用期间。对试用期间没有约定或者约定不明确，依照本法第六十一条的规定仍不能确定的，由出卖人确定。

第一百七十一条　试用买卖的买受人在试用期内可以购买标的物，也可以拒绝购买。试用期间届满，买受人对是否购买标的物未作表示的，视为购买。

第一百七十二条　招标投标买卖的当事人的权利和义务以及招标投标程序等，依照有关法律、行政法规的规定。

第一百七十三条　拍卖的当事人的权利和义务以及拍卖程序等，依照有关法律、行政法规的规定。

第一百七十四条　法律对其他有偿合同有规定的，依照其规定；没有规定的，参照买卖合同的有关规定。

第一百七十五条　当事人约定易货交易，转移标的物的所有权的，参照买卖合同的有关规定。

第十章　供用电、水、气、热力合同

第一百七十六条　供用电合同是供电人向用电人供电，用电人支付电费的合同。

第一百七十七条　供用电合同的内容包括供电的方式、质量、时间，用电容量、地址、性质，计量方式，电价、电费的结算方式，供用电设施的维护责任等条款。

第一百七十八条　供用电合同的履行地点，按照当事人约定；当事人没有约定或者约定不明确的，供电设施的产权分界处为履行地点。

第一百七十九条　供电人应当按照国家规定的供电质量标准和约定安全供电。供电人未按照国家规定的供电质量标准和约定安全供电，造成用电人损失的，应当承担损害赔偿责任。

第一百八十条　供电人因供电设施计划检修、临时检修、依法限电或者用电人违法用电等原因，需要中断供电时，应当按照国家有关规定事先通知用电人。未事先通知用电人中断供电，造成用电人损失的，应当承担损害赔偿责任。

第一百八十一条　因自然灾害等原因断电，供电人应当按照国家有关规定及时抢修。未及时抢修，造成用电人损失的，应当承担损害赔偿责任。

第一百八十二条　用电人应当按照国家有关规定和当事人的约定及时交付电费。用电人逾期不交付电费的，应当按照约定支付违约金。经催告用电人在合理期限内仍不交付电费和违约金的，供电人可以按照国家规定的程序中止供电。

第一百八十三条　用电人应当按照国家有关规定和当事人的约定安全用电。用电人未按照国家有关规定和当事人的约定安全用电，造成供电人损失的，应当承担损害赔偿责任。

第一百八十四条　供用水、供用气、供用热力合同，参照供用电合同的有关规定。

第十一章　赠与合同

第一百八十五条　赠与合同是赠与人将自己的财产无偿给予受赠人，受赠人表示接受赠与的合同。

第一百八十六条　赠与人在赠与财产的权利转移之前可以撤销赠与。

具有救灾、扶贫等社会公益、道德义务性质的赠与合同或者经过公证的赠与合同，不适用前款规定。

第一百八十七条　赠与的财产依法需要办理登记等手续的，应当办理有关手续。

第一百八十八条　具有救灾、扶贫等社会公益、道德义务性质的赠与合同或者经过公证的赠与合同，赠与人不交付赠与的财产的，受赠人可以要求交付。

第一百八十九条　因赠与人故意或者重大过失致使赠与的财产毁损、灭失的，赠与人应当承担损害赔偿责任。

第一百九十条　赠与可以附义务。

赠与附义务的，受赠人应当按照约定履行义务。

第一百九十一条　赠与的财产有瑕疵的，赠与人不承担责任。附义务的赠与，赠与的财产有瑕疵的，赠与人在附义务的限度内承担与出卖人相同的责任。

赠与人故意不告知瑕疵或者保证无瑕疵，造成受赠人损失的，应当承担损害赔偿责任。

第一百九十二条　受赠人有下列情形之一的，赠与人可以撤销赠与：

（一）严重侵害赠与人或者赠与人的近亲属；

（二）对赠与人有扶养义务而不履行；

（三）不履行赠与合同约定的义务。

赠与人的撤销权，自知道或者应当知道撤销原因之日起一年内行使。

第一百九十三条　因受赠人的违法行为致使赠与人死亡或者丧失民事行为能力的，赠与人的继承人或者法定代理人可以撤销赠与。

赠与人的继承人或者法定代理人的撤销权，自知道或者应当知道撤销原因之日起六个月内行使。

第一百九十四条　撤销权人撤销赠与的，可以向受赠人要求返还赠与的财产。

第一百九十五条　赠与人的经济状况显著恶化，严重影响其生产经营或者家庭生活的，可以不再履行赠与义务。

第十二章　借款合同

第一百九十六条　借款合同是借款人向贷款人借款，到期返还借款并支付利息的合同。

第一百九十七条　借款合同采用书面形式，但自然人之间借款另有约定的除外。借款合同的内容包括借款种类、币种、用途、数额、利率、期限和还款方式等条款。

第一百九十八条　订立借款合同，贷款人可以要求借款人提供担保。担保依照《中华人民共和国担保法》的规定。

第一百九十九条　订立借款合同，借款人应当按照贷款人的要求提供与借款有关的业务活动和财务状况的真实情况。

第二百条　借款的利息不得预先在本金中扣除。利息预先在本金中扣除的，应当按照实际借款数额返还借款并计算利息。

第二百零一条　贷款人未按照约定的日期、数额提供借款，造成借款人损失的，应当赔偿损失。

借款人未按照约定的日期、数额收取借款的，应当按照约定的日期、数额支付利息。

第二百零二条　贷款人按照约定可以检查、监督借款的使用情况。借款人应当按照约定向贷款人定期提供有关财务会计报表等资料。

第二百零三条　借款人未按照约定的借款用途使用借款的，贷款人可以停止发放借款、提前收回借款或者解除合同。

第二百零四条　办理贷款业务的金融机构贷款的利率，应当按照中国人民银行规定的贷款利率的上下限确定。

第二百零五条　借款人应当按照约定的期限支付利息。对支付利息的期限没有约定或者约定不明确，依照本法第六十一条的规定仍不能确定，借款期间不满一年的，应当在返还借款时一并支付；借款期间一年以上的，应当在每届满一年时支付，剩余期间不满一年的，应当在返还借款时一并支付。

第二百零六条　借款人应当按照约定的期限返还借款。对借款期限没有约定或者约定不明确，依照本法第六十一条的规定仍不能确定的，借款人可以随时返还；贷款人可以催告借款人在合理期限内返还。

第二百零七条　借款人未按照约定的期限返还借款的，应当按照约定或者国家有关规定支付逾期利息。

第二百零八条　借款人提前偿还借款的，除当事人另有约定的以外，应当按照实际借款的期间计算利息。

第二百零九条　借款人可以在还款期限届满之前向贷款人申请展期。贷款人同意的,可以展期。

第二百一十条　自然人之间的借款合同,自贷款人提供借款时生效。

第二百一十一条　自然人之间的借款合同对支付利息没有约定或者约定不明确的,视为不支付利息。

自然人之间的借款合同约定支付利息的,借款的利率不得违反国家有关限制借款利率的规定。

第十三章　租赁合同

第二百一十二条　租赁合同是出租人将租赁物交付承租人使用、收益,承租人支付租金的合同。

第二百一十三条　租赁合同的内容包括租赁物的名称、数量、用途、租赁期限、租金及其支付期限和方式、租赁物维修等条款。

第二百一十四条　租赁期限不得超过二十年。超过二十年的,超过部分无效。

租赁期间届满,当事人可以续订租赁合同,但约定的租赁期限自续订之日起不得超过二十年。

第二百一十五条　租赁期限六个月以上的,应当采用书面形式。当事人未采用书面形式的,视为不定期租赁。

第二百一十六条　出租人应当按照约定将租赁物交付承租人,并在租赁期间保持租赁物符合约定的用途。

第二百一十七条　承租人应当按照约定的方法使用租赁物。对租赁物的使用方法没有约定或者约定不明确,依照本法第六十一条的规定仍不能确定的,应当按照租赁物的性质使用。

第二百一十八条　承租人按照约定的方法或者租赁物的性质使用租赁物,致使租赁物受到损耗的,不承担损害赔偿责任。

第二百一十九条　承租人未按照约定的方法或者租赁物的性质使用租赁物,致使租赁物受到损失的,出租人可以解除合同并要求赔偿损失。

第二百二十条　出租人应当履行租赁物的维修义务，但当事人另有约定的除外。

第二百二十一条　承租人在租赁物需要维修时可以要求出租人在合理期限内维修。出租人未履行维修义务的，承租人可以自行维修，维修费用由出租人负担。因维修租赁物影响承租人使用的，应当相应减少租金或者延长租期。

第二百二十二条　承租人应当妥善保管租赁物，因保管不善造成租赁物毁损、灭失的，应当承担损害赔偿责任。

第二百二十三条　承租人经出租人同意，可以对租赁物进行改善或者增设他物。

承租人未经出租人同意，对租赁物进行改善或者增设他物的，出租人可以要求承租人恢复原状或者赔偿损失。

第二百二十四条　承租人经出租人同意，可以将租赁物转租给第三人。承租人转租的，承租人与出租人之间的租赁合同继续有效，第三人对租赁物造成损失的，承租人应当赔偿损失。

承租人未经出租人同意转租的，出租人可以解除合同。

第二百二十五条　在租赁期间因占有、使用租赁物获得的收益，归承租人所有，但当事人另有约定的除外。

第二百二十六条　承租人应当按照约定的期限支付租金。对支付期限没有约定或者约定不明确，依照本法第六十一条的规定仍不能确定，租赁期间不满一年的，应当在租赁期间届满时支付；租赁期间一年以上的，应当在每届满一年时支付，剩余期间不满一年的，应当在租赁期间届满时支付。

第二百二十七条　承租人无正当理由未支付或者迟延支付租金的，出租人可以要求承租人在合理期限内支付。承租人逾期不支付的，出租人可以解除合同。

第二百二十八条　因第三人主张权利，致使承租人不能对租赁物使用、收益的，承租人可以要求减少租金或者不支付租金。

第三人主张权利的，承租人应当及时通知出租人。

第二百二十九条　租赁物在租赁期间发生所有权变动的，不影响租赁合同的效力。

第二百三十条　出租人出卖租赁房屋的，应当在出卖之前的合理期限内通知承租人，承租人享有以同等条件优先购买的权利。

第二百三十一条　因不可归责于承租人的事由，致使租赁物部分或者全部毁损、灭失的，承租人可以要求减少租金或者不支付租金；因租赁物部分或者全部毁损、灭失，致使不能实现合同目的的，承租人可以解除合同。

第二百三十二条　当事人对租赁期限没有约定或者约定不明确，依照本法第六十一条的规定仍不能确定的，视为不定期租赁。当事人可以随时解除合同，但出租人解除合同应当在合理期限之前通知承租人。

第二百三十三条　租赁物危及承租人的安全或者健康的，即使承租人订立合同时明知该租赁物质量不合格，承租人仍然可以随时解除合同。

第二百三十四条　承租人在房屋租赁期间死亡的，与其生前共同居住的人可以按照原租赁合同租赁该房屋。

第二百三十五条　租赁期间届满，承租人应当返还租赁物。返还的租赁物应当符合按照约定或者租赁物的性质使用后的状态。

第二百三十六条　租赁期间届满，承租人继续使用租赁物，出租人没有提出异议的，原租赁合同继续有效，但租赁期限为不定期。

第十四章　融资租赁合同

第二百三十七条　融资租赁合同是出租人根据承租人对出卖人、租赁物的选择，向出卖人购买租赁物，提供给承租人使用，承租人支付租金的合同。

第二百三十八条　融资租赁合同的内容包括租赁物名称、数量、规格、技术性能、检验方法、租赁期限、租金构成及其支付期限和方式、币种、租赁期间届满租赁物的归属等条款。

融资租赁合同应当采用书面形式。

第二百三十九条　出租人根据承租人对出卖人、租赁物的选择订立的买卖合同，出卖人应当按照约定向承租人交付标的物，承租人享有与受领标的物有关的买受人的权利。

第二百四十条　出租人、出卖人、承租人可以约定，出卖人不履行买卖合同义务的，由承租人行使索赔的权利。

承租人行使索赔权利的，出租人应当协助。

第二百四十一条　出租人根据承租人对出卖人、租赁物的选择订立的买卖合同，未经承租人同意，出租人不得变更与承租人有关的合同内容。

第二百四十二条　出租人享有租赁物的所有权。承租人破产的，租赁物不属于破产财产。

第二百四十三条　融资租赁合同的租金，除当事人另有约定的以外，应当根据购买租赁物的大部分或者全部成本以及出租人的合理利润确定。

第二百四十四条　租赁物不符合约定或者不符合使用目的的，出租人不承担责任，但承租人依赖出租人的技能确定租赁物或者出租人干预选择租赁物的除外。

第二百四十五条　出租人应当保证承租人对租赁物的占有和使用。

第二百四十六条　承租人占有租赁物期间，租赁物造成第三人的人身伤害或者财产损害的，出租人不承担责任。

第二百四十七条　承租人应当妥善保管、使用租赁物。

承租人应当履行占有租赁物期间的维修义务。

第二百四十八条　承租人应当按照约定支付租金。承租人经催告后在合理期限内仍不支付租金的，出租人可以要求支付全部租金;也可以解除合同,收回租赁物。

第二百四十九条　当事人约定租赁期间届满租赁物归承租人所有,承租人已经支付大部分租金,但无力支付剩余租金,出租人因此解除合同收回租赁物的,收回的租赁物的价值超过承租人欠付的租金以及其他费用的,承租人可以要求部分返还。

第二百五十条　出租人和承租人可以约定租赁期间届满租赁物的归属。对租赁物的归属没有约定或者约定不明确,依照本法第六十一条的规定仍不能确定的,租赁物的所有权归出租人。

第十五章　承揽合同

第二百五十一条　承揽合同是承揽人按照定作人的要求完成工作,交付工作成果,定作人给付报酬的合同。

承揽包括加工、定作、修理、复制、测试、检验等工作。

第二百五十二条　承揽合同的内容包括承揽的标的、数量、质量、报酬、承揽方式、材料的提供、履行期限、验收标准和方法等条款。

第二百五十三条　承揽人应当以自己的设备、技术和劳力,完成主要工作,但当事人另有约定的除外。

承揽人将其承揽的主要工作交由第三人完成的,应当就该第三人完成的工作成果向定作人负责;未经定作人同意的,定作人也可以解除合同。

第二百五十四条　承揽人可以将其承揽的辅助工作交由第三人完成。承揽人将其承揽的辅助工作交由第三人完成的,应当就该第三人完成的工作成果向定作人负责。

第二百五十五条　承揽人提供材料的,承揽人应当按照约定选用材料,并接受定作人检验。

第二百五十六条　定作人提供材料的,定作人应当按照约定提供材料。承揽人对定作人提供的材料,应当及时检验,发现不符合约定时,应当及时通知定作人更换、补齐或者采取其他补救措施。

承揽人不得擅自更换定作人提供的材料，不得更换不需要修理的零部件。

第二百五十七条　承揽人发现定作人提供的图纸或者技术要求不合理的，应当及时通知定作人。因定作人怠于答复等原因造成承揽人损失的，应当赔偿损失。

第二百五十八条　定作人中途变更承揽工作的要求，造成承揽人损失的，应当赔偿损失。

第二百五十九条　承揽工作需要定作人协助的，定作人有协助的义务。定作人不履行协助义务致使承揽工作不能完成的，承揽人可以催告定作人在合理期限内履行义务，并可以顺延履行期限；定作人逾期不履行的，承揽人可以解除合同。

第二百六十条　承揽人在工作期间，应当接受定作人必要的监督检验。定作人不得因监督检验妨碍承揽人的正常工作。

第二百六十一条　承揽人完成工作的，应当向定作人交付工作成果，并提交必要的技术资料和有关质量证明。定作人应当验收该工作成果。

第二百六十二条　承揽人交付的工作成果不符合质量要求的，定作人可以要求承揽人承担修理、重作、减少报酬、赔偿损失等违约责任。

第二百六十三条　定作人应当按照约定的期限支付报酬。对支付报酬的期限没有约定或者约定不明确，依照本法第六十一条的规定仍不能确定的，定作人应当在承揽人交付工作成果时支付；工作成果部分交付的，定作人应当相应支付。

第二百六十四条　定作人未向承揽人支付报酬或者材料费等价款的，承揽人对完成的工作成果享有留置权，但当事人另有约定的除外。

第二百六十五条　承揽人应当妥善保管定作人提供的材料以及完成的工作成果，因保管不善造成毁损、灭失的，应当承担损害赔偿责任。

第二百六十六条　承揽人应当按照定作人的要求保守秘密，未经定作人许可，不得留存复制品或者技术资料。

第二百六十七条　共同承揽人对定作人承担连带责任，但当事人另有约定的除外。

第二百六十八条　定作人可以随时解除承揽合同，造成承揽人损失的，应当赔偿损失。

第十六章　建设工程合同

第二百六十九条　建设工程合同是承包人进行工程建设，发包人支付价款的合同。

建设工程合同包括工程勘察、设计、施工合同。

第二百七十条　建设工程合同应当采用书面形式。

第二百七十一条　建设工程的招标投标活动，应当依照有关法律的规定公开、公平、公正进行。

第二百七十二条　发包人可以与总承包人订立建设工程合同，也可以分别与勘察人、设计人、施工人订立勘察、设计、施工承包合同。发包人不得将应当由一个承包人完成的建设工程肢解成若干部分发包给几个承包人。

总承包人或者勘察、设计、施工承包人经发包人同意，可以将自己承包的部分工作交由第三人完成。第三人就其完成的工作成果与总承包人或者勘察、设计、施工承包人向发包人承担连带责任。承包人不得将其承包的全部建设工程转包给第三人或者将其承包的全部建设工程肢解以后以分包的名义分别转包给第三人。

禁止承包人将工程分包给不具备相应资质条件的单位。禁止分包单位将其承包的工程再分包。建设工程主体结构的施工必须由承包人自行完成。

第二百七十三条　国家重大建设工程合同，应当按照国家规定的程序和国家批准的投资计划、可行性研究报告等文件订立。

第二百七十四条　勘察、设计合同的内容包括提交有关基础资料和文件（包括概预算）的期限、质量要求、费用以及其他协作条件等条款。

第二百七十五条　施工合同的内容包括工程范围、建设工期、中间交工工程的开工和竣工时间、工程质量、工程造价、技术资料交付时间、材料和设备供应责任、拨款和结算、竣工验收、质量保修范围和质量保证期、双方相互协作等条款。

第二百七十六条　建设工程实行监理的，发包人应当与监理人采用书面形式订立委托监理合同。发包人与监理人的权利和义务以及法律责任，应当依照本法委托合同以及其他有关法律、行政法规的规定。

第二百七十七条　发包人在不妨碍承包人正常作业的情况下，可以随时对作业进度、质量进行检查。

第二百七十八条　隐蔽工程在隐蔽以前，承包人应当通知发包人检查。发包人没有及时检查的，承包人可以顺延工程日期，并有权要求赔偿停工、窝工等损失。

第二百七十九条　建设工程竣工后，发包人应当根据施工图纸及说明书、国家颁发的施工验收规范和质量检验标准及时进行验收。验收合格的，发包人应当按照约定支付价款，并接收该建设工程。建设工程竣工经验收合格后，方可交付使用；未经验收或者验收不合格的，不得交付使用。

第二百八十条　勘察、设计的质量不符合要求或者未按照期限提交勘察、设计文件拖延工期，造成发包人损失的，勘察人、设计人应当继续完善勘察、设计，减收或者免收勘察、设计费并赔偿损失。

第二百八十一条　因施工人的原因致使建设工程质量不符合约定的，发包人有权要求施工人在合理期限内无偿修理或者返工、改建。经过修理或者返工、改建后，造成逾期交付的，施工人应当承担违约责任。

第二百八十二条　因承包人的原因致使建设工程在合理使用期限内造成人身和财产损害的，承包人应当承担损害赔偿责任。

第二百八十三条　发包人未按照约定的时间和要求提供原材料、设备、场地、资金、技术资料的，承包人可以顺延工程日期，并有权要求赔偿停工、窝工等损失。

第二百八十四条　因发包人的原因致使工程中途停建、缓建的，发包人应当采取措施弥补或者减少损失，赔偿承包人因此造成的停工、窝工、倒运、机械设备调迁、材料和构件积压等损失和实际费用。

第二百八十五条　因发包人变更计划，提供的资料不准确，或者未按照期限提供必需的勘察、设计工作条件而造成勘察、设计的返工、停工或者修改设计，发包人应当按照勘察人、设计人实际消耗的工作量增付费用。

第二百八十六条　发包人未按照约定支付价款的，承包人可以催告发包人在合理期限内支付价款。发包人逾期不支付的，除按照建设工程的性质不宜折价、拍卖的以外，承包人可以与发包人协议将该工程折价，也可以申请人民法院将该工程依法拍卖。建设工程的价款就该工程折价或者拍卖的价款优先受偿。

第二百八十七条　本章没有规定的，适用承揽合同的有关规定。

第十七章　运输合同

第一节　一般规定

第二百八十八条　运输合同是承运人将旅客或者货物从起运地点运输到约定地点，旅客、托运人或者收货人支付票款或者运输费用的合同。

第二百八十九条　从事公共运输的承运人不得拒绝旅客、托运人通常、合理的运输要求。

第二百九十条　承运人应当在约定期间或者合理期间内将旅

客、货物安全运输到约定地点。

第二百九十一条　承运人应当按照约定的或者通常的运输路线将旅客、货物运输到约定地点。

第二百九十二条　旅客、托运人或者收货人应当支付票款或者运输费用。承运人未按照约定路线或者通常路线运输增加票款或者运输费用的，旅客、托运人或者收货人可以拒绝支付增加部分的票款或者运输费用。

第二节　客运合同

第二百九十三条　客运合同自承运人向旅客交付客票时成立，但当事人另有约定或者另有交易习惯的除外。

第二百九十四条　旅客应当持有效客票乘运。旅客无票乘运、超程乘运、越级乘运或者持失效客票乘运的，应当补交票款，承运人可以按照规定加收票款。旅客不交付票款的，承运人可以拒绝运输。

第二百九十五条　旅客因自己的原因不能按照客票记载的时间乘坐的，应当在约定的时间内办理退票或者变更手续。逾期办理的，承运人可以不退票款，并不再承担运输义务。

第二百九十六条　旅客在运输中应当按照约定的限量携带行李。超过限量携带行李的，应当办理托运手续。

第二百九十七条　旅客不得随身携带或者在行李中夹带易燃、易爆、有毒、有腐蚀性、有放射性以及有可能危及运输工具上人身和财产安全的危险物品或者其他违禁物品。

旅客违反前款规定的，承运人可以将违禁物品卸下、销毁或者送交有关部门。旅客坚持携带或者夹带违禁物品的，承运人应当拒绝运输。

第二百九十八条　承运人应当向旅客及时告知有关不能正常运输的重要事由和安全运输应当注意的事项。

第二百九十九条　承运人应当按照客票载明的时间和班次运输旅客。承运人迟延运输的，应当根据旅客的要求安排改乘其他班次或者退票。

第三百条　承运人擅自变更运输工具而降低服务标准的，应当根据旅客的要求退票或者减收票款；提高服务标准的，不应当加收票款。

第三百零一条　承运人在运输过程中，应当尽力救助患有急病、分娩、遇险的旅客。

第三百零二条　承运人应当对运输过程中旅客的伤亡承担损害赔偿责任，但伤亡是旅客自身健康原因造成的或者承运人证明伤亡是旅客故意、重大过失造成的除外。

前款规定适用于按照规定免票、持优待票或者经承运人许可搭乘的无票旅客。

第三百零三条　在运输过程中旅客自带物品毁损、灭失，承运人有过错的，应当承担损害赔偿责任。

旅客托运的行李毁损、灭失的，适用货物运输的有关规定。

第三节　货运合同

第三百零四条　托运人办理货物运输，应当向承运人准确表明收货人的名称或者姓名或者凭指示的收货人，货物的名称、性质、重量、数量，收货地点等有关货物运输的必要情况。

因托运人申报不实或者遗漏重要情况，造成承运人损失的，托运人应当承担损害赔偿责任。

第三百零五条　货物运输需要办理审批、检验等手续的，托运人应当将办理完有关手续的文件提交承运人。

第三百零六条　托运人应当按照约定的方式包装货物。对包装方式没有约定或者约定不明确的，适用本法第一百五十六条的规定。

托运人违反前款规定的，承运人可以拒绝运输。

第三百零七条　托运人托运易燃、易爆、有毒、有腐蚀性、有放射性等危险物品的，应当按照国家有关危险物品运输的规定对危险物品妥善包装，作出危险物标志和标签，并将有关危险物品的名称、性质和防范措施的书面材料提交承运人。

托运人违反前款规定的，承运人可以拒绝运输，也可以采取相应措施以避免损失的发生，因此产生的费用由托运人承担。

第三百零八条 在承运人将货物交付收货人之前，托运人可以要求承运人中止运输、返还货物、变更到达地或者将货物交给其他收货人，但应当赔偿承运人因此受到的损失。

第三百零九条 货物运输到达后，承运人知道收货人的，应当及时通知收货人，收货人应当及时提货。收货人逾期提货的，应当向承运人支付保管费等费用。

第三百一十条 收货人提货时应当按照约定的期限检验货物。对检验货物的期限没有约定或者约定不明确，依照本法第六十一条的规定仍不能确定的，应当在合理期限内检验货物。收货人在约定的期限或者合理期限内对货物的数量、毁损等未提出异议的，视为承运人已经按照运输单证的记载交付的初步证据。

第三百一十一条 承运人对运输过程中货物的毁损、灭失承担损害赔偿责任，但承运人证明货物的毁损、灭失是因不可抗力、货物本身的自然性质或者合理损耗以及托运人、收货人的过错造成的，不承担损害赔偿责任。

第三百一十二条 货物的毁损、灭失的赔偿额，当事人有约定的，按照其约定；没有约定或者约定不明确，依照本法第六十一条的规定仍不能确定的，按照交付或者应当交付时货物到达地的市场价格计算。法律、行政法规对赔偿额的计算方法和赔偿限额另有规定的，依照其规定。

第三百一十三条 两个以上承运人以同一运输方式联运的，与托运人订立合同的承运人应当对全程运输承担责任。损失发生在某一运输区段的，与托运人订立合同的承运人和该区段的承运人承担连带责任。

第三百一十四条 货物在运输过程中因不可抗力灭失，未收取运费的，承运人不得要求支付运费；已收取运费的，托运人可以要求返还。

第三百一十五条　托运人或者收货人不支付运费、保管费以及其他运输费用的，承运人对相应的运输货物享有留置权，但当事人另有约定的除外。

第三百一十六条　收货人不明或者收货人无正当理由拒绝受领货物的，依照本法第一百零一条的规定，承运人可以提存货物。

第四节　多式联运合同

第三百一十七条　多式联运经营人负责履行或者组织履行多式联运合同，对全程运输享有承运人的权利，承担承运人的义务。

第三百一十八条　多式联运经营人可以与参加多式联运的各区段承运人就多式联运合同的各区段运输约定相互之间的责任，但该约定不影响多式联运经营人对全程运输承担的义务。

第三百一十九条　多式联运经营人收到托运人交付的货物时，应当签发多式联运单据。按照托运人的要求，多式联运单据可以是可转让单据，也可以是不可转让单据。

第三百二十条　因托运人托运货物时的过错造成多式联运经营人损失的，即使托运人已经转让多式联运单据，托运人仍然应当承担损害赔偿责任。

第三百二十一条　货物的毁损、灭失发生于多式联运的某一运输区段的，多式联运经营人的赔偿责任和责任限额，适用调整该区段运输方式的有关法律规定。货物毁损、灭失发生的运输区段不能确定的，依照本章规定承担损害赔偿责任。

第十八章　技术合同

第一节　一般规定

第三百二十二条　技术合同是当事人就技术开发、转让、咨询或者服务订立的确立相互之间权利和义务的合同。

第三百二十三条　订立技术合同，应当有利于科学技术的进步，加速科学技术成果的转化、应用和推广。

第三百二十四条　技术合同的内容由当事人约定，一般包括以下条款：

(一)项目名称；

(二)标的的内容、范围和要求；

(三)履行的计划、进度、期限、地点、地域和方式；

(四)技术情报和资料的保密；

(五)风险责任的承担；

(六)技术成果的归属和收益的分成办法；

(七)验收标准和方法；

(八)价款、报酬或者使用费及其支付方式；

(九)违约金或者损失赔偿的计算方法；

(十)解决争议的方法；

(十一)名词和术语的解释。

与履行合同有关的技术背景资料、可行性论证和技术评价报告、项目任务书和计划书、技术标准、技术规范、原始设计和工艺文件，以及其他技术文档，按照当事人的约定可以作为合同的组成部分。

技术合同涉及专利的，应当注明发明创造的名称、专利申请人和专利权人、申请日期、申请号、专利号以及专利权的有效期限。

第三百二十五条　技术合同价款、报酬或者使用费的支付方式由当事人约定，可以采取一次总算、一次总付或者一次总算、分期支付，也可以采取提成支付或者提成支付附加预付入门费的方式。

约定提成支付的，可以按照产品价格、实施专利和使用技术秘密后新增的产值、利润或者产品销售额的一定比例提成，也可以按照约定的其他方式计算。提成支付的比例可以采取固定比例、逐年递增比例或者逐年递减比例。

约定提成支付的，当事人应当在合同中约定查阅有关会计账目的办法。

第三百二十六条　职务技术成果的使用权、转让权属于法人或者其他组织的，法人或者其他组织可以就该项职务技术成果订立技术合同。法人或者其他组织应当从使用和转让该项职务技术成果所取得的收益中提取一定比例，对完成该项职务技术成果的个人给予奖励或者报酬。法人或者其他组织订立技术合同转让职务技术成果时，职务技术成果的完成人享有以同等条件优先受让的权利。

职务技术成果是执行法人或者其他组织的工作任务，或者主要是利用法人或者其他组织的物质技术条件所完成的技术成果。

第三百二十七条　非职务技术成果的使用权、转让权属于完成技术成果的个人，完成技术成果的个人可以就该项非职务技术成果订立技术合同。

第三百二十八条　完成技术成果的个人有在有关技术成果文件上写明自己是技术成果完成者的权利和取得荣誉证书、奖励的权利。

第三百二十九条　非法垄断技术、妨碍技术进步或者侵害他人技术成果的技术合同无效。

第二节　技术开发合同

第三百三十条　技术开发合同是指当事人之间就新技术、新产品、新工艺或者新材料及其系统的研究开发所订立的合同。

技术开发合同包括委托开发合同和合作开发合同。

技术开发合同应当采用书面形式。

当事人之间就具有产业应用价值的科技成果实施转化订立的合同，参照技术开发合同的规定。

第三百三十一条　委托开发合同的委托人应当按照约定支付研究开发经费和报酬；提供技术资料、原始数据；完成协作事项；接受研究开发成果。

第三百三十二条　委托开发合同的研究开发人应当按照约定制定和实施研究开发计划；合理使用研究开发经费；按期完成研究

开发工作，交付研究开发成果，提供有关的技术资料和必要的技术指导，帮助委托人掌握研究开发成果。

第三百三十三条　委托人违反约定造成研究开发工作停滞、延误或者失败的，应当承担违约责任。

第三百三十四条　研究开发人违反约定造成研究开发工作停滞、延误或者失败的，应当承担违约责任。

第三百三十五条　合作开发合同的当事人应当按照约定进行投资，包括以技术进行投资；分工参与研究开发工作；协作配合研究开发工作。

第三百三十六条　合作开发合同的当事人违反约定造成研究开发工作停滞、延误或者失败的，应当承担违约责任。

第三百三十七条　因作为技术开发合同标的的技术已经由他人公开，致使技术开发合同的履行没有意义的，当事人可以解除合同。

第三百三十八条　在技术开发合同履行过程中，因出现无法克服的技术困难，致使研究开发失败或者部分失败的，该风险责任由当事人约定。没有约定或者约定不明确，依照本法第六十一条的规定仍不能确定的，风险责任由当事人合理分担。

当事人一方发现前款规定的可能致使研究开发失败或者部分失败的情形时，应当及时通知另一方并采取适当措施减少损失。没有及时通知并采取适当措施，致使损失扩大的，应当就扩大的损失承担责任。

第三百三十九条　委托开发完成的发明创造，除当事人另有约定的以外，申请专利的权利属于研究开发人。研究开发人取得专利权的，委托人可以免费实施该专利。

研究开发人转让专利申请权的，委托人享有以同等条件优先受让的权利。

第三百四十条　合作开发完成的发明创造，除当事人另有约定的以外，申请专利的权利属于合作开发的当事人共有。当事人一方转让其共有的专利申请权的，其他各方享有以同等条件优先受让的权利。

合作开发的当事人一方声明放弃其共有的专利申请权的，可以由另一方单独申请或者由其他各方共同申请。申请人取得专利权的，放弃专利申请权的一方可以免费实施该专利。

合作开发的当事人一方不同意申请专利的，另一方或者其他各方不得申请专利。

第三百四十一条　委托开发或者合作开发完成的技术秘密成果的使用权、转让权以及利益的分配办法，由当事人约定。没有约定或者约定不明确，依照本法第六十一条的规定仍不能确定的，当事人均有使用和转让的权利，但委托开发的研究开发人不得在向委托人交付研究开发成果之前，将研究开发成果转让给第三人。

第三节　技术转让合同

第三百四十二条　技术转让合同包括专利权转让、专利申请权转让、技术秘密转让、专利实施许可合同。

技术转让合同应当采用书面形式。

第三百四十三条　技术转让合同可以约定让与人和受让人实施专利或者使用技术秘密的范围，但不得限制技术竞争和技术发展。

第三百四十四条　专利实施许可合同只在该专利权的存续期间内有效。专利权有效期限届满或者专利权被宣布无效的，专利权人不得就该专利与他人订立专利实施许可合同。

第三百四十五条　专利实施许可合同的让与人应当按照约定许可受让人实施专利，交付实施专利有关的技术资料，提供必要的技术指导。

第三百四十六条　专利实施许可合同的受让人应当按照约定实施专利，不得许可约定以外的第三人实施该专利；并按照约定支付使用费。

第三百四十七条　技术秘密转让合同的让与人应当按照约定

提供技术资料，进行技术指导，保证技术的实用性、可靠性，承担保密义务。

第三百四十八条 技术秘密转让合同的受让人应当按照约定使用技术，支付使用费，承担保密义务。

第三百四十九条 技术转让合同的让与人应当保证自己是所提供的技术的合法拥有者，并保证所提供的技术完整、无误、有效，能够达到约定的目标。

第三百五十条 技术转让合同的受让人应当按照约定的范围和期限，对让与人提供的技术中尚未公开的秘密部分，承担保密义务。

第三百五十一条 让与人未按照约定转让技术的，应当返还部分或者全部使用费，并应当承担违约责任；实施专利或者使用技术秘密超越约定的范围的，违反约定擅自许可第三人实施该项专利或者使用该项技术秘密的，应当停止违约行为，承担违约责任；违反约定的保密义务的，应当承担违约责任。

第三百五十二条 受让人未按照约定支付使用费的，应当补交使用费并按照约定支付违约金；不补交使用费或者支付违约金的，应当停止实施专利或者使用技术秘密，交还技术资料，承担违约责任；实施专利或者使用技术秘密超越约定的范围的，未经让与人同意擅自许可第三人实施该专利或者使用该技术秘密的，应当停止违约行为，承担违约责任；违反约定的保密义务的，应当承担违约责任。

第三百五十三条 受让人按照约定实施专利、使用技术秘密侵害他人合法权益的，由让与人承担责任，但当事人另有约定的除外。

第三百五十四条 当事人可以按照互利的原则，在技术转让合同中约定实施专利、使用技术秘密后续改进的技术成果的分享办法。没有约定或者约定不明确，依照本法第六十一条的规定仍不能确定的，一方后续改进的技术成果，其他各方无权分享。

第三百五十五条　法律、行政法规对技术进出口合同或者专利、专利申请合同另有规定的，依照其规定。

第四节技术咨询合同和技术服务合同

第三百五十六条　技术咨询合同包括就特定技术项目提供可行性论证、技术预测、专题技术调查、分析评价报告等合同。

技术服务合同是指当事人一方以技术知识为另一方解决特定技术问题所订立的合同，不包括建设工程合同和承揽合同。

第三百五十七条　技术咨询合同的委托人应当按照约定阐明咨询的问题，提供技术背景材料及有关技术资料、数据；接受受托人的工作成果，支付报酬。

第三百五十八条　技术咨询合同的受托人应当按照约定的期限完成咨询报告或者解答问题；提出的咨询报告应当达到约定的要求。

第三百五十九条　技术咨询合同的委托人未按照约定提供必要的资料和数据，影响工作进度和质量，不接受或者逾期接受工作成果的，支付的报酬不得追回，未支付的报酬应当支付。

技术咨询合同的受托人未按期提出咨询报告或者提出的咨询报告不符合约定的，应当承担减收或者免收报酬等违约责任。

技术咨询合同的委托人按照受托人符合约定要求的咨询报告和意见作出决策所造成的损失，由委托人承担，但当事人另有约定的除外。

第三百六十条　技术服务合同的委托人应当按照约定提供工作条件，完成配合事项；接受工作成果并支付报酬。

第三百六十一条　技术服务合同的受托人应当按照约定完成服务项目，解决技术问题，保证工作质量，并传授解决技术问题的知识。

第三百六十二条　技术服务合同的委托人不履行合同义务或者履行合同义务不符合约定，影响工作进度和质量，不接受或者逾期接受工作成果的，支付的报酬不得追回，未支付的报酬应当支付。

技术服务合同的受托人未按照合同约定完成服务工作的，应当承担免收报酬等违约责任。

第三百六十三条　在技术咨询合同、技术服务合同履行过程中，受托人利用委托人提供的技术资料和工作条件完成的新的技术成果，属于受托人。委托人利用受托人的工作成果完成的新的技术成果，属于委托人。当事人另有约定的，按照其约定。

第三百六十四条　法律、行政法规对技术中介合同、技术培训合同另有规定的，依照其规定。

第十九章　保管合同

第三百六十五条　保管合同是保管人保管寄存人交付的保管物，并返还该物的合同。

第三百六十六条　寄存人应当按照约定向保管人支付保管费。

当事人对保管费没有约定或者约定不明确，依照本法第六十一条的规定仍不能确定的，保管是无偿的。

第三百六十七条　保管合同自保管物交付时成立，但当事人另有约定的除外。

第三百六十八条　寄存人向保管人交付保管物的，保管人应当给付保管凭证，但另有交易习惯的除外。

第三百六十九条　保管人应当妥善保管保管物。

当事人可以约定保管场所或者方法。除紧急情况或者为了维护寄存人利益的以外，不得擅自改变保管场所或者方法。

第三百七十条　寄存人交付的保管物有瑕疵或者按照保管物的性质需要采取特殊保管措施的，寄存人应当将有关情况告知保管人。寄存人未告知，致使保管物受损失的，保管人不承担损害赔偿责任；保管人因此受损失的，除保管人知道或者应当知道并且未采取补救措施的以外，寄存人应当承担损害赔偿责任。

第三百七十一条　保管人不得将保管物转交第三人保管，但当事人另有约定的除外。

保管人违反前款规定，将保管物转交第三人保管，对保管物造成损失的，应当承担损害赔偿责任。

第三百七十二条　保管人不得使用或者许可第三人使用保管物，但当事人另有约定的除外。

第三百七十三条　第三人对保管物主张权利的，除依法对保管物采取保全或者执行的以外，保管人应当履行向寄存人返还保管物的义务。

第三人对保管人提起诉讼或者对保管物申请扣押的，保管人应当及时通知寄存人。

第三百七十四条　保管期间，因保管人保管不善造成保管物毁损、灭失的，保管人应当承担损害赔偿责任，但保管是无偿的，保管人证明自己没有重大过失的，不承担损害赔偿责任。

第三百七十五条　寄存人寄存货币、有价证券或者其他贵重物品的，应当向保管人声明，由保管人验收或者封存。寄存人未声明的，该物品毁损、灭失后，保管人可以按照一般物品予以赔偿。

第三百七十六条　寄存人可以随时领取保管物。

当事人对保管期间没有约定或者约定不明确的，保管人可以随时要求寄存人领取保管物；约定保管期间的，保管人无特别事由，不得要求寄存人提前领取保管物。

第三百七十七条　保管期间届满或者寄存人提前领取保管物的，保管人应当将原物及其孳息归还寄存人。

第三百七十八条　保管人保管货币的，可以返还相同种类、数量的货币。保管其他可替代物的，可以按照约定返还相同种类、品质、数量的物品。

第三百七十九条　有偿的保管合同，寄存人应当按照约定的期限向保管人支付保管费。

当事人对支付期限没有约定或者约定不明确，依照本法第六十一条的规定仍不能确定的，应当在领取保管物的同时支付。

第三百八十条　寄存人未按照约定支付保管费以及其他费用的，保管人对保管物享有留置权，但当事人另有约定的除外。

第二十章　仓储合同

第三百八十一条　仓储合同是保管人储存存货人交付的仓储物，存货人支付仓储费的合同。

第三百八十二条　仓储合同自成立时生效。

第三百八十三条　储存易燃、易爆、有毒、有腐蚀性、有放射性等危险物品或者易变质物品，存货人应当说明该物品的性质，提供有关资料。

存货人违反前款规定的，保管人可以拒收仓储物，也可以采取相应措施以避免损失的发生，因此产生的费用由存货人承担。

保管人储存易燃、易爆、有毒、有腐蚀性、有放射性等危险物品的，应当具备相应的保管条件。

第三百八十四条　保管人应当按照约定对入库仓储物进行验收。保管人验收时发现入库仓储物与约定不符合的，应当及时通知存货人。保管人验收后，发生仓储物的品种、数量、质量不符合约定的，保管人应当承担损害赔偿责任。

第三百八十五条　存货人交付仓储物的，保管人应当给付仓单。

第三百八十六条　保管人应当在仓单上签字或者盖章。仓单包括下列事项：

（一）存货人的名称或者姓名和住所；

（二）仓储物的品种、数量、质量、包装、件数和标记；

（三）仓储物的损耗标准；

（四）储存场所；

（五）储存期间；

（六）仓储费；

(七)仓储物已经办理保险的,其保险金额、期间以及保险人的名称;

(八)填发人、填发地和填发日期。

第三百八十七条　仓单是提取仓储物的凭证。存货人或者仓单持有人在仓单上背书并经保管人签字或者盖章的,可以转让提取仓储物的权利。

第三百八十八条　保管人根据存货人或者仓单持有人的要求,应当同意其检查仓储物或者提取样品。

第三百八十九条　保管人对入库仓储物发现有变质或者其他损坏的,应当及时通知存货人或者仓单持有人。

第三百九十条　保管人对入库仓储物发现有变质或者其他损坏,危及其他仓储物的安全和正常保管的,应当催告存货人或者仓单持有人作出必要的处置。因情况紧急,保管人可以作出必要的处置,但事后应当将该情况及时通知存货人或者仓单持有人。

第三百九十一条　当事人对储存期间没有约定或者约定不明确的,存货人或者仓单持有人可以随时提取仓储物,保管人也可以随时要求存货人或者仓单持有人提取仓储物,但应当给予必要的准备时间。

第三百九十二条　储存期间届满,存货人或者仓单持有人应当凭仓单提取仓储物。存货人或者仓单持有人逾期提取的,应当加收仓储费;提前提取的,不减收仓储费。

第三百九十三条　储存期间届满,存货人或者仓单持有人不提取仓储物的,保管人可以催告其在合理期限内提取,逾期不提取的,保管人可以提存仓储物。

第三百九十四条　储存期间,因保管人保管不善造成仓储物毁损、灭失的,保管人应当承担损害赔偿责任。因仓储物的性质、包装不符合约定或者超过有效储存期造成仓储物变质、损坏的,保管人不承担损害赔偿责任。

第三百九十五条　本章没有规定的,适用保管合同的有关规定。

第二十一章　委托合同

第三百九十六条　委托合同是委托人和受托人约定，由受托人处理委托人事务的合同。

第三百九十七条　委托人可以特别委托受托人处理一项或者数项事务，也可以概括委托受托人处理一切事务。

第三百九十八条　委托人应当预付处理委托事务的费用。受托人为处理委托事务垫付的必要费用，委托人应当偿还该费用及其利息。

第三百九十九条　受托人应当按照委托人的指示处理委托事务。需要变更委托人指示的，应当经委托人同意；因情况紧急，难以和委托人取得联系的，受托人应当妥善处理委托事务，但事后应当将该情况及时报告委托人。

第四百条　受托人应当亲自处理委托事务。经委托人同意，受托人可以转委托。转委托经同意的，委托人可以就委托事务直接指示转委托的第三人，受托人仅就第三人的选任及其对第三人的指示承担责任。转委托未经同意的，受托人应当对转委托的第三人的行为承担责任，但在紧急情况下受托人为维护委托人的利益需要转委托的除外。

第四百零一条　受托人应当按照委托人的要求，报告委托事务的处理情况。委托合同终止时，受托人应当报告委托事务的结果。

第四百零二条　受托人以自己的名义，在委托人的授权范围内与第三人订立的合同，第三人在订立合同时知道受托人与委托人之间的代理关系的，该合同直接约束委托人和第三人，但有确切证据证明该合同只约束受托人和第三人的除外。

第四百零三条　受托人以自己的名义与第三人订立合同时，第三人不知道受托人与委托人之间的代理关系的，受托人因第三人的原因对委托人不履行义务，受托人应当向委托人披露第三人，委托人因此可以行使受托人对第三人的权利，但第三人与受托人订立合同时如果知道该委托人就不会订立合同的除外。

受托人因委托人的原因对第三人不履行义务，受托人应当向第三人披露委托人，第三人因此可以选择受托人或者委托人作为相对人主张其权利，但第三人不得变更选定的相对人。

委托人行使受托人对第三人的权利的，第三人可以向委托人主张其对受托人的抗辩。第三人选定委托人作为其相对人的，委托人可以向第三人主张其对受托人的抗辩以及受托人对第三人的抗辩。

第四百零四条　受托人处理委托事务取得的财产，应当转交给委托人。

第四百零五条　受托人完成委托事务的，委托人应当向其支付报酬。因不可归责于受托人的事由，委托合同解除或者委托事务不能完成的，委托人应当向受托人支付相应的报酬。当事人另有约定的，按照其约定。

第四百零六条　有偿的委托合同，因受托人的过错给委托人造成损失的，委托人可以要求赔偿损失。无偿的委托合同，因受托人的故意或者重大过失给委托人造成损失的，委托人可以要求赔偿损失。

受托人超越权限给委托人造成损失的，应当赔偿损失。

第四百零七条　受托人处理委托事务时，因不可归责于自己的事由受到损失的，可以向委托人要求赔偿损失。

第四百零八条　委托人经受托人同意，可以在受托人之外委托第三人处理委托事务。因此给受托人造成损失的，受托人可以向委托人要求赔偿损失。

第四百零九条　两个以上的受托人共同处理委托事务的，对委托人承担连带责任。

第四百一十条　委托人或者受托人可以随时解除委托合同。

因解除合同给对方造成损失的，除不可归责于该当事人的事由以外，应当赔偿损失。

第四百一十一条　委托人或者受托人死亡、丧失民事行为能力或者破产的，委托合同终止，但当事人另有约定或者根据委托事务的性质不宜终止的除外。

第四百一十二条　因委托人死亡、丧失民事行为能力或者破产，致使委托合同终止将损害委托人利益的，在委托人的继承人、法定代理人或者清算组织承受委托事务之前，受托人应当继续处理委托事务。

第四百一十三条　因受托人死亡、丧失民事行为能力或者破产，致使委托合同终止的，受托人的继承人、法定代理人或者清算组织应当及时通知委托人。因委托合同终止将损害委托人利益的，在委托人作出善后处理之前，受托人的继承人、法定代理人或者清算组织应当采取必要措施。

第二十二章　行纪合同

第四百一十四条　行纪合同是行纪人以自己的名义为委托人从事贸易活动，委托人支付报酬的合同。

第四百一十五条　行纪人处理委托事务支出的费用，由行纪人负担，但当事人另有约定的除外。

第四百一十六条　行纪人占有委托物的，应当妥善保管委托物。

第四百一十七条　委托物交付给行纪人时有瑕疵或者容易腐烂、变质的，经委托人同意，行纪人可以处分该物；和委托人不能及时取得联系的，行纪人可以合理处分。

第四百一十八条　行纪人低于委托人指定的价格卖出或者高于委托人指定的价格买入的，应当经委托人同意。未经委托人同意，行纪人补偿其差额的，该买卖对委托人发生效力。

行纪人高于委托人指定的价格卖出或者低于委托人指定的价

格买入的，可以按照约定增加报酬。没有约定或者约定不明确，依照本法第六十一条的规定仍不能确定的，该利益属于委托人。

委托人对价格有特别指示的，行纪人不得违背该指示卖出或者买入。

第四百一十九条　行纪人卖出或者买入具有市场定价的商品，除委托人有相反的意思表示的以外，行纪人自己可以作为买受人或者出卖人。

行纪人有前款规定情形的，仍然可以要求委托人支付报酬。

第四百二十条　行纪人按照约定买入委托物，委托人应当及时受领。经行纪人催告，委托人无正当理由拒绝受领的，行纪人依照本法第一百零一条的规定可以提存委托物。

委托物不能卖出或者委托人撤回出卖，经行纪人催告，委托人不取回或者不处分该物的，行纪人依照本法第一百零一条的规定可以提存委托物。

第四百二十一条　行纪人与第三人订立合同的，行纪人对该合同直接享有权利、承担义务。

第三人不履行义务致使委托人受到损害的，行纪人应当承担损害赔偿责任，但行纪人与委托人另有约定的除外。

第四百二十二条　行纪人完成或者部分完成委托事务的，委托人应当向其支付相应的报酬。委托人逾期不支付报酬的，行纪人对委托物享有留置权，但当事人另有约定的除外。

第四百二十三条　本章没有规定的，适用委托合同的有关规定。

第二十三章　居间合同

第四百二十四条　居间合同是居间人向委托人报告订立合同的机会或者提供订立合同的媒介服务，委托人支付报酬的合同。

第四百二十五条　居间人应当就有关订立合同的事项向委托人如实报告。

居间人故意隐瞒与订立合同有关的重要事实或者提供虚假情况，损害委托人利益的，不得要求支付报酬并应当承担损害赔偿责任。

第四百二十六条 居间人促成合同成立的，委托人应当按照约定支付报酬。对居间人的报酬没有约定或者约定不明确，依照本法第六十一条的规定仍不能确定的，根据居间人的劳务合理确定。因居间人提供订立合同的媒介服务而促成合同成立的，由该合同的当事人平均负担居间人的报酬。

居间人促成合同成立的，居间活动的费用，由居间人负担。

第四百二十七条 居间人未促成合同成立的，不得要求支付报酬，但可以要求委托人支付从事居间活动支出的必要费用。

附 则

第四百二十八条 本法自1999年10月1日起施行，《中华人民共和国经济合同法》、《中华人民共和国涉外经济合同法》、《中华人民共和国技术合同法》同时废止。

附录二

最高人民法院关于适用《中华人民共和国合同法》若干问题的解释(一)

(1999年12月1日最高人民法院审判委员会第1090次会议通过)

法释[1999]19号

中华人民共和国最高人民法院公告

《最高人民法院关于适用〈中华人民共和国合同法〉若干问题的解释(一)》已于1999年12月1日由最高人民法院审判委员会第1090次会议通过,现予公布,自1999年12月29日起施行。

一九九九年十二月十九日

为了正确审理合同纠纷案件,根据《中华人民共和国合同法》(以下简称合同法)的规定,对人民法院适用合同法的有关问题作出如下解释:

一、法律适用范围

第一条　合同法实施以后成立的合同发生纠纷起诉到人民法院的,适用合同法的规定;合同法实施以前成立的合同发生纠纷起诉到人民法院的,除本解释另有规定的以外,适用当时的法律规定,当时没有法律规定的,可以适用合同法的有关规定。

第二条　合同成立于合同法实施之前,但合同约定的履行期限跨越合同法实施之日或者履行期限在合同法实施之后,因履行合同发生的纠纷,适用合同法第四章的有关规定。

第三条　人民法院确认合同效力时,对合同法实施以前成立的合同,适用当时的法律合同无效而适用合同法合同有效的,则适用合同法。

第四条 合同法实施以后,人民法院确认合同无效,应当以全国人大及其常委会制定的法律和国务院制定的行政法规为依据,不得以地方性法规、行政规章为依据。

第五条 人民法院对合同法实施以前已经作出终审裁决的案件进行再审,不适用合同法。

二、诉讼时效

第六条 技术合同争议当事人的权利受到侵害的事实发生在合同法实施之前,自当事人知道或者应当知道其权利受到侵害之日起至合同法实施之日超过一年的,人民法院不予保护;尚未超过一年的,其提起诉讼的时效期间为二年。

第七条 技术进出口合同争议当事人的权利受到侵害的事实发生在合同法实施之前,自当事人知道或者应当知道其权利受到侵害之日起至合同法施行之日超过二年的,人民法院不予保护;尚未超过二年的,其提起诉讼的时效期间为四年。

第八条 合同法第五十五条规定的"一年"、第七十五条和第一百零四条第二款规定的"五年"为不变期间,不适用诉讼时效中止、中断或者延长的规定。

三、合同效力

第九条 依照合同法第四十四条第二款的规定,法律、行政法规规定的合同应当办理批准、登记等手续才生效,在一审法庭辩论终结前当事人仍未办理批准手续的,或者仍未办理批准、登记等手续的,人民法院应当认定该合同未生效;法律、行政法规规定合同应当办理登记手续,但未规定登记后生效的,当事人未办理登记手续不影响合同的效力,合同标的物所有权及其他物权不能转移。

合同法第七十七条第二款、第八十七条、第九十六条第二款所列合同变更、转让、解除等情形，依照前款规定处理。

第十条　当事人超越经营范围订立合同，人民法院不因此认定合同无效。但违反国家限制经营、特许经营以及法律、行政法规禁止经营规定的除外。

四、代位权

第十一条　债权人依照合同法第七十三条的规定提起代位权诉讼，应当符合下列条件：

（一）债权人对债务人的债权合法；

（二）债务人怠于行使其到期债权，对债权人造成损害；

（三）债务人的债权已到期；

（四）债务人的债权不是专属于债务人自身的债权。

第十二条　合同法第七十三条第一款规定的专属于债务人自身的债权，是指基于扶养关系、赡养关系、继承关系产生的给付请求权和劳动报酬、退休金、养老金、抚恤金、安置费、人寿保险、人身伤害赔偿请求权等权利。

第十三条　合同法第七十三条规定的“债务人怠于行使其到期债权，对债权人造成损害的”，是指债务人不履行其对债权人的到期债务，又不以诉讼方式或者仲裁方式向其债务人主张其享有的具有金钱给付内容的到期债权，致使债权人的到期债权未能实现。

次债务人（即债务人的债务人）不认为债务人有怠于行使其到期债权情况的，应当承担举证责任。

第十四条　债权人依照合同法第七十三条的规定提起代位权诉讼的，由被告住所地人民法院管辖。

第十五条　债权人向人民法院起诉债务人以后，又向同一人民法院对次债务人提起代位权诉讼，符合本解释第十三条的规定和《中华人民共和国民事诉讼法》第一百零八条规定的起诉条件的，应当立案受理；不符合本解释第十三条规定的，告知债权人向次债务人住所地人民法院另行起诉。

受理代位权诉讼的人民法院在债权人起诉债务人的诉讼裁决发生法律效力以前，应当依照《中华人民共和国民事诉讼法》第一百三十六条第（五）项的规定中止代位权诉讼。

第十六条　债权人以次债务人为被告向人民法院年起代位权诉讼，未将债务人列为第三人的，人民法院可以追加债务人为第三人。

两个或者两个以上债权人以同一次债务人为被告提起代位权诉讼的，人民法院可以合并审理。

第十七条　在代位权诉讼中，债权人请求人民法院对次债务人的财产采取保全措施的，应当提供相应的财产担保。

第十八条　在代位权诉讼中，次债务人对债务人的抗辩，可以向债权人主张。

债务人在代位权诉讼中对债权人的债权提出异议，经审查异议成立的，人民法院应当裁定驳回债权人的起诉。

第十九条　在代位权诉讼中，债权人胜诉的，诉讼费由次债务人负担，从实现的债权中优先支付。

第二十条　债权人向次债务人提起代位权诉讼经人民法院审理后认定代位权成立的，由次债务人向债权人履行清偿义务，债权人与债务人、债务人与次债务人之间相应的债权债务关系即予消灭。

第二十一条　在代位权诉讼中，债权人行使代位权的请求数额超过债务人所负债务额或者超过次债务人对债务人所负债务额的，对超出部分人民法院不予支持。

第二十二条　债务人在代位权诉讼中，对超过债权人代位请求数额的债权部分起诉次债务人的，人民法院应当告之其向有管辖权的人民法院起诉。

债务人的起诉符合法定条件的，人民法院应当受理；受理债务人起诉的人民法院在代位权诉讼裁决发生法律效力以前，应当依法中止。

五、撤销权

第二十三条　债权人依照合同法第七十四条的规定提起撤销权诉讼的，由被告住所地人民法院管辖。

第二十四条　债权人依照合同法第七十四条的规定提起撤销权诉讼时只以债务人为被告，未将受益人或者受让人列为第三人的，人民法院可以追加该受益人或者受让人为第三人。

第二十五条　债权人依照合同法第七十四条的规定提起撤销权诉讼，请求人民法院撤销债务人放弃债权或转让财产的行为，人民法院应当就债权人主张的部分进行审理，依法撤销的，该行为自始无效。

两个或者两个以上债权人以同一债务人为被告，就同一标的提起撤销诉讼的，人民法院可以合并审理。

第二十六条　债权人行使撤销权所支付的律师代理费、差旅费等必要费用，由债务人负担；第三人有过错的，应当适当分担。

六、合同转让中的第三人

第二十七条　债权人转让合同权利后，债务人与受让人之间因履行合同发生纠纷诉至人民法院，债务人对债权人的权利提出抗辩的，可以将债权人列为第三人。

第二十八条　经债权人同意，债务人转移合同义务后，受让人与债权人之间因履行合同发生纠纷诉至人民法院，受让人就债务人对债权人的权利提出抗辩的，可以将债务人列为第三人。

第二十九条　合同当事人一方经对方同意将其在合同中的权利义务一并转让给受让人，对方与受让人因履行合同发生纠纷诉至人民法院，对方就合同权利义务提出抗辩的，可以将出让人列为第三人。

七、请求权竞合

第三十条　债权人依照合同法第一百二十二条的规定向人民法院起诉时作出选择后，在一审开庭以前又变更诉讼请求的，人民法院应当准许。对方当事人提出管辖权异议，经审查异议成立的，人民法院应当驳回起诉。

附录三

最高人民法院关于适用《中华人民共和国合同法》若干问题的解释(二)

(2009 年 2 月 9 日最高人民法院审判委员会第 1462 次会议通过)

法释[2009]5 号

中华人民共和国最高人民法院公告

《最高人民法院关于适用〈中华人民共和国合同法〉若干问题的解释(二)》已于 2009 年 2 月 9 日由最高人民法院审判委员会第 1462 次会议通过,现予公布,自 2009 年 5 月 13 日起施行。

二〇〇九年四月二十四日

为了正确审理合同纠纷案件,根据《中华人民共和国合同法》的规定,对人民法院适用合同法的有关问题作出如下解释:

一、合同的订立

第一条　当事人对合同是否成立存在争议,人民法院能够确定当事人名称或者姓名、标的和数量的,一般应当认定合同成立。但法律另有规定或者当事人另有约定的除外。

对合同欠缺的前款规定以外的其他内容,当事人达不成协议的,人民法院依照合同法第六十一条、第六十二条、第一百二十五条等有关规定予以确定。

第二条　当事人未以书面形式或者口头形式订立合同,但从双方从事的民事行为能够推定双方有订立合同意愿的,人民法院可以认定是以合同法第十条第一款中的“其他形式”订立的合同。

但法律另有规定的除外。

第三条 悬赏人以公开方式声明对完成一定行为的人支付报酬，完成特定行为的人请求悬赏人支付报酬的，人民法院依法予以支持。但悬赏有合同法第五十二条规定情形的除外。

第四条 采用书面形式订立合同，合同约定的签订地与实际签字或者盖章地点不符的，人民法院应当认定约定的签订地为合同签订地；合同没有约定签订地，双方当事人签字或者盖章不在同一地点的，人民法院应当认定最后签字或者盖章的地点为合同签订地。

第五条 当事人采用合同书形式订立合同的，应当签字或者盖章。当事人在合同书上摁手印的，人民法院应当认定其具有与签字或者盖章同等的法律效力。

第六条 提供格式条款的一方对格式条款中免除或者限制其责任的内容，在合同订立时采用足以引起对方注意的文字、符号、字体等特别标识，并按照对方的要求对该格式条款予以说明的，人民法院应当认定符合合同法第三十九条所称“采取合理的方式”。

提供格式条款一方对已尽合理提示及说明义务承担举证责任。

第七条 下列情形，不违反法律、行政法规强制性规定的，人民法院可以认定为合同法所称“交易习惯”：

（一）在交易行为当地或者某一领域、某一行业通常采用并为交易对方订立合同时所知道或者应当知道的做法；

（二）当事人双方经常使用的习惯做法。

对于交易习惯，由提出主张的一方当事人承担举证责任。

第八条 依照法律、行政法规的规定经批准或者登记才能生效的合同成立后，有义务办理申请批准或者申请登记等手续的一方当事人未按照法律规定或者合同约定办理申请批准或者未申请登记的，属于合同法第四十二条第（三）项规定的“其他违背诚实信用原则的行为”，人民法院可以根据案件的具体情况和相对人的请求，判决相对人自己办理有关手续；对方当事人对由此产生的费用和给相对人造成的实际损失，应当承担损害赔偿责任。

二、合同的效力

第九条　提供格式条款的一方当事人违反合同法第三十九条第一款关于提示和说明义务的规定，导致对方没有注意免除或者限制其责任的条款，对方当事人申请撤销该格式条款的，人民法院应当支持。

第十条　提供格式条款的一方当事人违反合同法第三十九条第一款的规定，并具有合同法第四十条规定的情形之一的，人民法院应当认定该格式条款无效。

第十一条　根据合同法第四十七条、第四十八条的规定，追认的意思表示自到达相对人时生效，合同自订立时起生效。

第十二条　无权代理人以被代理人的名义订立合同，被代理人已经开始履行合同义务的，视为对合同的追认。

第十三条　被代理人依照合同法第四十九条的规定承担有效代理行为所产生的责任后，可以向无权代理人追偿因代理行为而遭受的损失。

第十四条　合同法第五十二条第（五）项规定的“强制性规定”，是指效力性强制性规定。

第十五条　出卖人就同一标的物订立多重买卖合同，合同均不具有合同法第五十二条规定的无效情形，买受人因不能按照合同约定取得标的物所有权，请求追究出卖人违约责任的，人民法院应予支持。

三、合同的履行

第十六条　人民法院根据具体案情可以将合同法第六十四条、第六十五条规定的第三人列为无独立请求权的第三人，但不得依职权将其列为该合同诉讼案件的被告或者有独立请求权的第三人。

第十七条　债权人以境外当事人为被告提起的代位权诉讼，人民法院根据《中华人民共和国民事诉讼法》第二百四十一条的规定确定管辖。

第十八条　债务人放弃其未到期的债权或者放弃债权担保，或者恶意延长到期债权的履行期，对债权人造成损害，债权人依照合同法第七十四条的规定提起撤销权诉讼的，人民法院应当支持。

第十九条　对于合同法第七十四条规定的“明显不合理的低价”，人民法院应当以交易当地一般经营者的判断，并参考交易当时交易地的物价部门指导价或者市场交易价，结合其他相关因素综合考虑予以确认。

转让价格达不到交易时交易地的指导价或者市场交易价百分之七十的，一般可以视为明显不合理的低价；对转让价格高于当地指导价或者市场交易价百分之三十的，一般可以视为明显不合理的高价。

债务人以明显不合理的高价收购他人财产，人民法院可以根据债权人的申请，参照《合同法》第七十四条的规定予以撤销。

第二十条　债务人的给付不足以清偿其对同一债权人所负的数笔相同种类的全部债务，应当优先抵充已到期的债务；几项债务均到期的，优先抵充对债权人缺乏担保或者担保数额最少的债务；担保数额相同的，优先抵充债务负担较重的债务；负担相同的，按照债务到期的先后顺序抵充；到期时间相同的，按比例抵充。但是，债权人与债务人对清偿的债务或者清偿抵充顺序有约定的除外。

第二十一条　债务人除主债务之外还应当支付利息和费用，当其给付不足以清偿全部债务时，并且当事人没有约定的，人民法院应当按照下列顺序抵充：

（一）实现债权的有关费用；

（二）利息；

（三）主债务。

四、合同的权利义务终止

第二十二条　当事人一方违反合同法第九十二条规定的义务，给对方当事人造成损失，对方当事人请求赔偿实际损失的，人民法院应当支持。

第二十三条　对于依照合同法第九十九条的规定可以抵销的到期债权，当事人约定不得抵销的，人民法院可以认定该约定有效。

第二十四条　当事人对合同法第九十六条、第九十九条规定的合同解除或者债务抵销虽有异议，但在约定的异议期限届满后才提出异议并向人民法院起诉的，人民法院不予支持；当事人没有约定异议期间，在解除合同或者债务抵销通知到达之日起三个月以后才向人民法院起诉的，人民法院不予支持。

第二十五条　依照合同法第一百零一条的规定，债务人将合同标的物或者标的物拍卖、变卖所得价款交付提存部门时，人民法院应当认定提存成立。

提存成立的，视为债务人在其提存范围内已经履行债务。

第二十六条　合同成立以后客观情况发生了当事人在订立合同时无法预见的、非不可抗力造成的不属于商业风险的重大变化，继续履行合同对于一方当事人明显不公平或者不能实现合同目的，当事人请求人民法院变更或者解除合同的，人民法院应当根据公平原则，并结合案件的实际情况确定是否变更或者解除。

五、违约责任

第二十七条　当事人通过反诉或者抗辩的方式，请求人民法院依照合同法第一百一十四条第二款的规定调整违约金的，人民法院应予支持。

第二十八条　当事人依照合同法第一百一十四条第二款的规

定，请求人民法院增加违约金的，增加后的违约金数额以不超过实际损失额为限。增加违约金以后，当事人又请求对方赔偿损失的，人民法院不予支持。

第二十九条　当事人主张约定的违约金过高请求予以适当减少的，人民法院应当以实际损失为基础，兼顾合同的履行情况、当事人的过错程度以及预期利益等综合因素，根据公平原则和诚实信用原则予以衡量，并作出裁决。

当事人约定的违约金超过造成损失的百分之三十的，一般可以认定为合同法第一百一十四条第二款规定的“过分高于造成的损失”。

六、附　则

第三十条　合同法施行后成立的合同发生纠纷的案件，本解释施行后尚未终审的，适用本解释；本解释施行前已经终审，当事人申请再审或者按照审判监督程序决定再审的，不适用本解释。

参考文献

[1]王泽鉴．民法学说与判例研究．北京:中国政法大学出版社,1997.
[2]祝铭山．运输合同纠纷．北京:中国法制出版社,2004.
[3]崔建远．合同法．北京:法律出版社,2003.
[4]崔建远．合同法总论．北京:中国人民大学出版社,2008.
[5]朱广新．合同法总则．北京:中国人民大学出版社,2008.
[6]王宝发．合同纠纷的预防与解决．北京:法律出版社,2001.
[7]马强．合同法新问题判解研究．北京:人民法院出版社,2005.
[8]马强．债权法新问题与判解研究．北京:人民法院出版社,2002.
[9]隋彭生．合同法案例教程．北京:中国法制出版社,2003.
[10]王利明．中国民法案例与学理研究．北京:法律出版社,1998.
[11]王利明．合同法要义与案例析解(总则)．北京:中国人民大学出版社,2001.
[12]王利明．合同法要义与案例析解(分则)．北京:中国人民大学出版社,2001.
[13]王胜明．中华人民共和国物权法解读．北京:中国法制出版社,2007.
[14]刘文华．新合同法条文精解与典型案例．北京:世界图书出版公司北京公司,1999.
[15]张新宝．侵权责任法原理．北京:中国人民大学出版社,2005.
[16]杨立新．中华人民共和国侵权责任法精解．北京:知识产权出版社,2010.
[17]孙镇平．建设工程合同案例评析．北京:知识产权出版社,2002.
[18]谢怀栻,等．合同法原理．北京:法律出版社,2000.